© Jon Arnold Images/hemis.fr

Madrid

Cofondateurs : Philippe GLOAGUEN et Michel DUVAL

Directeur de collection et auteur
Philippe GLOAGUEN

Rédacteurs en chef adjoints
Amanda KERAVEL
et Benoît LUCCHINI

Directrice de la coordination
Florence CHARMETANT

Directrice administrative
Bénédicte GLOAGUEN

Directeur du développement
Gavin's CLEMENTE-RUÏZ

Direction éditoriale
Catherine JULHE

Rédaction
Isabelle AL SUBAIHI
Mathilde de BOISGROLLIER
Thierry BROUARD
Marie BURIN des ROZIERS
Véronique de CHARDON
Fiona DEBRABANDER
Anne-Caroline DUMAS
Géraldine LEMAUF-BEAUVOIS
Olivier PAGE
Alain PALLIER
Anne POINSOT
André PONCELET

Conseiller à la rédaction
Pierre JOSSE

Administration
Carole BORDES
Éléonore FRIESS

2017/18

hachette

TABLE DES MATIÈRES

PRÉAMBULE

COMMENT Y ALLER ? 35

MADRID UTILE 42

MADRID 64

Important : dernière minute

Sauf rares exceptions, le *Routard* bénéficie d'une parution annuelle à date fixe. Entre deux dates, des événements fortuits (formalités, taux de change, catastrophes naturelles, conditions d'accès aux sites, fermetures inopinées, etc.) peuvent modifier vos projets de voyage. Pour éviter les déconvenues, nous vous recommandons de consulter la rubrique « Guide » par pays de notre site • *routard.com* • et plus particulièrement les dernières ***Actus voyageurs.***

Recommandation à ceux qui souhaitent profiter des réductions et avantages proposés dans le *Routard* par les hôteliers et les restaurateurs.

À l'hôtel, pensez à les demander au moment de la réservation ou, si vous n'avez pas réservé, **à l'arrivée.** Ils ne sont valables que pour les réservations en direct et ne sont pas cumulables avec d'autres offres promotionnelles (notamment sur Internet). Au restaurant, parlez-en **au moment** de la commande et surtout **avant** que l'addition soit établie. Poser votre *Routard* sur la table ne suffit pas : le personnel de salle n'est pas toujours au courant et une fois le ticket de caisse imprimé, il est souvent difficile de modifier le total. En cas de doute, montrez la notice relative à l'établissement dans le *Routard* de l'année et, bien sûr, ne manquez pas de nous faire part de toute difficulté rencontrée.

☎ **112 :** c'est le numéro d'urgence commun à la France et à tous les pays de l'UE, à composer en cas d'accident, agression ou détresse. Il permet de se faire localiser et aider en français, tout en améliorant les délais d'intervention des services de secours.

Spécialités madrilènes

LA RÉDACTION DU ROUTARD

(sans oublier nos 50 enquêteurs, aussi sur le terrain)

Thierry, Anne-Caroline, Éléonore, Olivier, Pierre, Benoît, Alain, Fiona, Gavin's, André, Véronique, Bénédicte, Jean-Sébastien, Mathilde, Amanda, Isabelle, Géraldine, Marie, Carole, Philippe, Florence, Anne.

© R. Delalande et E. Dessons

La saga du *Routard* : en 1971, deux étudiants, Philippe et Michel, avaient une furieuse envie de découvrir le monde. De retour du Népal germe l'idée d'un guide différent qui regrouperait tuyaux malins et itinéraires sympas, destiné aux jeunes fauchés en quête de liberté. 1973. Après 19 refus d'éditeurs et la faillite de leur première maison d'édition, l'aventure commence vraiment avec Hachette. Aujourd'hui, le *Routard*, c'est plus d'une cinquantaine d'enquêteurs impliqués et sincères. Ils parcourent le monde toute l'année dans l'anonymat et s'acharnent à restituer leurs coups de cœur avec passion.

Merci à tous les Routards qui partagent nos convictions : liberté et indépendance d'esprit ; découverte et partage ; sincérité, tolérance et respect des autres.

NOS SPÉCIALISTES MADRID

Anne Poinsot : après avoir tâté de l'histoire, de la sociologie et de la sculpture, c'est au *Routard* qu'Anne nourrit chaque jour sa curiosité éclectique, ses désirs d'ailleurs et son goût du mot juste. Toujours l'œil grand ouvert sur la beauté paradoxale du monde. Entre les rencontres, l'exploration de terrain et les plages d'écriture, elle n'y voit pas le temps passer…

Pierre Josse : sa maman fut une des premières à adhérer aux AJ en 1936. Elle mit Pierre sur un bateau pour ses 17 ans et le laissa naviguer 14 jours pour New York. Voyage fondateur. Il y en eut plein d'autres (une centaine de pays au compteur), notamment en 37 ans de *Routard* (de correcteur à rédac' chef). Ses passions : la rencontre, l'étonnement, puis la transmission.

UN GRAND MERCI À NOS AMI(E)S SUR PLACE ET EN FRANCE

Pour cette nouvelle édition, nous remercions particulièrement :

- **Sabine Schwanz et Pilar Gimeno,** de Turismo de Madrid, pour leur accueil et leur efficacité ;
- **Sabine et Marie-Laure,** qui se reconnaîtront, pour leurs bons tuyaux ;
- **Alejandro Prieto de Vega,** pour sa lecture attentive, ses remarques et ses suggestions ;
- et **toute l'équipe de l'office de tourisme d'Espagne à Paris,** pour son professionnalisme sans faille !

Pictogrammes du Routard

Établissements

- Hôtel, auberge, chambre d'hôtes
- Camping
- Restaurant
- Boulangerie, sandwicherie
- Glacier
- Café, salon de thé
- Café, bar
- Bar musical
- Club, boîte de nuit
- Salle de spectacle
- Office de tourisme
- Poste
- Boutique, magasin, marché
- Accès Internet
- Hôpital, urgences

Sites

- Plage
- Site de plongée
- Piste cyclable, parcours à vélo

Transports

- Aéroport
- Gare ferroviaire
- Gare routière, arrêt de bus
- Station de métro
- Station de tramway
- Parking
- Taxi
- Taxi collectif
- Bateau
- Bateau fluvial

Attraits et équipements

- Présente un intérêt touristique
- Recommandé pour les enfants
- Adapté aux personnes handicapées
- Ordinateur à disposition
- Connexion wifi
- Inscrit au Patrimoine mondial de l'Unesco

Tout au long de ce guide, découvrez toutes les photos de la destination sur • *routard.com* • Attention au coût de connexion à l'étranger, assurez-vous d'être en wifi !

Le *Routard* est imprimé sur un papier issu de forêts gérées.

I.S.B.N. 978-2-01-330207-4

NORD
MONCLOA
Faro, Museo de América
Quevedo
CHAMBERÍ
Calle de Meléndez Valdés
C. de Arapiles
Calle de Rodríguez San Pedro
Calle de San Bernardo
C. de Fuencarral
Argüelles
San Bernardo
Calle de Alberto Aguilera
C. de Carranza
Calle de Romero Robledo
Paseo del Pintor
C. del Marqués de Urquijo
Calle de Ferraz
ARGÜELLES
Calle de la Princesa
Parque del Oeste
Jardines de la Rosaleda
Centro Cultural del Conde Duque
PLAZA DE LAS COMENDADORAS
PLAZA DOS DE MAYO
MALASAÑA
Ventura Rodríguez
Noviciado
Ermita de San Antonio de la Florida
Rosales
Parque de la Montaña
Templo de Debod
Museo Cerralbo
Plaza de España
PLAZA DEL MARQUÉS DE CERRALBO
PLAZA DE ESPAÑA
Paseo de la Florida
Río Manzanares
Madrid Río, coulée verte
Casa de Campo
San Vicente
Gran Vía
AUTOUR DE LA GRAN VÍA
Estación de Príncipe Pío
Príncipe Pío
Cuesta de San Vicente
Real Monasterio de la Encarnación
Santo Domingo
Callao
Campo del Moro
Convento de las Descalzas Reales
Teatro Real
Ópera
Palacio real
LOS AUSTRIAS ET LA LATINA
PLAZA DE LA PUERTA DEL SOL
Sol
Calle Mayor
Catedral de la Almudena
Casa de la Villa
Plaza Mayor
Calle de Bailén
Parque del Emir Mohammed I
PLAZA DE JACINTO BENAVENTE
PUENTE DE SEGOVIA
Calle de Segovia
Paseo de la Virgen del Puerto
Calle Saavedra Fajardo
Museo de los Orígenes
Tirso de Molina
Ronda de Segovia
Parque de las Vistillas
Capilla del Obispo
MADRID RÍO
PLAZA DE LA CEBADA
La Latina
Calle de Toledo
Calle Pablo Casals
Paseo de los Melancólicos
Gran Vía de San Francisco
Calle de la Ribera de Curtidores
Mercado del Rastro
C. de Sepúlveda
Paseo Imperial
Puerta de Toledo
Paseo de los Pontones
Ronda de Toledo
0 200 400 m

Museo Sorolla
Museo Lázaro Galdiano
Paseo de Eduardo Dato
Calle de Juan Bravo
Rubén Darío
Núñez de Balboa
PLAZA CHAMBERÍ
Andén 0
Calle de Trafalgar
Calle de Luchana
Calle de Santa Engracia
Calle de Almagro
Paseo de la Castellana
Calle de Serrano
Velázquez
Fundación Juan March
Calle de José Ortega y Gasset
ALMAGRO
SALAMANCA
Bilbao
Calle de Sagasta
Alonso Martínez
Calle de Génova
Museo de Historia
Tribunal
Museo del Romanticismo
C. de Fernando VI
C. del Gral Castaños
Colón
PLAZA COLÓN
Museo de Cera
C. de B. de Braganza
Biblioteca nacional
Museo arqueológico
Paseo de Recoletos
Serrano
Calle de Goya
Velázquez
Calle del Príncipe de Vergara
Príncipe de Vergara
CHUECA
Chueca
C. de Hortaleza
C. de Barquillo
C. de A. Figueroa
Fundación Mapfre
Calle de Prim
Retiro
Calle de Alcalá
PUERTA DE ALCALÁ
Gran Vía
PLAZA DE CIBELES
Banco de España
Mirador de Cibeles
CentroCentro
Sevilla
Real Academia de Bellas Artes de San Fernando
Calle Carrera de San Jerónimo
Museo Naval
Museo Thyssen-Bornemisza
Paseo del Prado
Calle de A. Maura
Av. de Méjico
Paseo de Colombia
Salón del Estanque
Estanque
Parque del Buen Retiro
Paseo de Venezuela
Paseo de Fernán Núñez
BARRIO DE LAS LETRAS
Calle de Felipe IV
Calle de Alfonso XII
Casa-Museo Lope de Vega
Museo del Prado
Atocha
Antón Martín
Convento de las Trinitarias Descalzas
PASEO DEL ARTE
Paseo de la República de Cuba
Paseo de Uruguay
CaixaForum
Real jardín botánico
LAVAPIÉS
Calle de Santa Isabel
Calle de Atocha
C. de Claudio Moyano
Atocha
Lavapiés
Calle de Argumosa
C. de Valencia
Museo Reina Sofía
Paseo de la Infanta Isabel
Paseo de la Reina Cristina
Casa Encendida
Ronda de Atocha
Paseo de Santa María de la Cabeza
Atocha Renfe
Estación de Atocha
Avenida de la Ciudad de Barcelona
La Tabacalera
Embajadores

MADRID

L'avenue Gran Via

¡ Madrid ahora !

(Madrid aujourd'hui !)

Madrid unit les paradoxes et se joue des extrêmes. Pleinement capitale pour la richesse de ses musées, l'efficacité de ses infrastructures et son dynamisme économique, elle dévoile des ambiances de village au gré de ses quartiers, aux identités bien définies. Orgueilleuse et *castiza* (de bonne race), elle respire aujourd'hui : elle déploie de vastes réseaux de pistes cyclables, et ses avenues monumentales ont été pour la plupart soigneusement nettoyées. Si elle a longtemps tourné le dos à la rivière qui la traverse, la Manzanares – un affluent du Taje –, elle a rendu aux Madrilènes ses berges, parées de jardins, de ponts piétonniers et de nouveaux lieux alternatifs. *Madrid me mata,* proclamaient les graffitis sur les murs en pleine période de Movida. C'est vrai, cette ville est tuante… de plaisir ! Car une fois repu des chefs-d'œuvre du Prado, ébloui par le *Guernica* de Picasso au museo Reina Sofía, ou enchanté par les ruelles du barrio de las Austrias ou du barrio de la Letras, la découverte n'est pas finie.
Son rythme nocturne, cette marée humaine (la *marcha*), qui bat le pavé et déboule de toutes parts à l'heure des vêpres, vous emporte à coup sûr. Les Madrilènes ne sont pas casaniers pour un sou. D'ailleurs, on dit qu'ils sont tous jeunes, même les vieux ! Si vous aimez sortir, tant mieux pour vous ! Quant aux matinaux, ils seront aux anges. Le matin tôt, les rues sont désertes et les larges avenues offrent de superbes perspectives.
Et une fois que l'on s'est perdu dans les plus confidentiels museo Cerralbo ou Casa-Museo Lope de Vega, il reste encore les fêtes de la San Isidro, avec les meilleures courses de taureaux (en mai), une gay pride parmi les plus déglinguées d'Europe, ou les processions de la Virgen de la Paloma (le 15 août) : de grands moments.

Le parque del Buen Retiro

© Felix González/Age fotostock

NOS COUPS DE CŒUR

Se faire une orgie culturelle dans les musées de Madrid. Pour une première visite, on filera sur le paseo del Arte découvrir les plus grands. À commencer par le célèbre Prado, et ses collections uniques au monde. Il présente un fantastique panorama de la peinture espagnole du XVe au XVIIIe s, entre autres : Goya, le Greco, Velázquez, Zurbarán, ou encore Bosch. Poursuivre par le museo Thyssen-Bornemisza pour un tour d'horizon complet de la peinture depuis le XIIIe s, et enfin, l'exceptionnel Centro de Arte Reina Sofía pour l'art contemporain. *p. 96, 104, 107*

***Bon à savoir :** la carte Paseo del Arte donne accès au Prado, au Thyssen et au Reina Sofía. La Madrid Card également.*

Guernica, 1957 © Succession Picasso 2017

2 Recevoir toute l'émotion qui se dégage du Guernica de Picasso au Centro de Arte Reina Sofía.

Dalí, Picabia, Miró, Tàpies, Bacon… autant de raisons suffisantes de se rendre au Centro de Arte Reina Sofía. Mais c'est bien l'œuvre géniale de Picasso qui justifie à elle seule la visite de ce musée dédié à l'art du XXe s. Le 26 avril 1937, l'aviation allemande, légion Condor, pilonne la ville basque de Guernica… et massacre 2 000 civils. Réaction à cette barbarie, Picasso peint cette toile considérée comme son chef-d'œuvre absolu. Visages torturés, membres sectionnés, bouches béantes, tons gris et noirs… elle conserve toute sa capacité émotionnelle. *p. 105*

***Bon à savoir :** fermé mardi ; • museoreinasofia.es •*

3 Apprécier l'architecture résolument contemporaine du CaixaForum : une indéniable réussite.

Le bâtiment étonne : cette ancienne centrale électrique du XIXe s, toute de brique rouge, a été surélevée et posée sur des piliers habillés de revêtements métalliques à la Star Trek. À l'intérieur, un centre culturel sur 3 étages pour accueillir expos, conférences, etc., et une cafétéria au dernier niveau, le tout desservi par un escalier rectangulaire tout en arrondis et à l'axe légèrement décalé : effet visuel garanti. Une œuvre résolument contemporaine que l'on doit au fameux cabinet suisse Herzog & de Meuron. *p. 110*

Bon à savoir : *• obrasocial.lacaixa.es •*

© Paolo Giocoso/SIME/Photononstop

4 **Consacrer au moins une soirée (ou une nuit ?) complète à déguster des tapas en passant de bar en bar : *ir de tapeo !***

La Latina est, par excellence, le quartier des bars à tapas. Comme on dit à Madrid, c'est le quartier pour « ir de tapeo ». Il suffit d'arpenter la calle Cava Baja, où s'alignent en enfilade les bars à tapas de qualité, pour s'en convaincre : les soirs de week-end, l'animation bat son plein ! Plus alternatif, le quartier de Malasaña, dans le prolongement de Chueca, se hisse désormais en rival de La Latina. *p. 146*

© Alex Segre/Alamy/Hemis

5 **Faire comme les Madrilènes et se régaler d'un *chocolate con churros.***

Incontournable depuis la découverte des Amériques, le chocolat chaud espagnol est une boisson riche et nourrissante, épaissie à la fécule de maïs, dense en arômes, faite tout exprès pour y tremper les fameux *churros,* ces beignets allongés du petit déj. Un régal ! Véritable institution, la ***Chocolatería San Ginés*** (pasadizo de San Ginés, 5) : au fond d'un passage depuis 1894, du *chocolate con churros* 24h/24 et 365 jours par an. Adieu régime ! *p. 115*

***Bon à savoir :** les amateurs noteront qu'à Madrid le* chocolate con churros *est généralement servi au petit déj jusque vers 11h-12h, puis en fin d'après-midi, vers 17h-18h.*

6 Marcher sur les traces de la Movida à Madrid, dans les quartiers à la fois populaires et branchés de Chueca et Malasaña, La Latina ou Lavapiés.

Insouciante, créative et dynamique, Madrid foisonne de lieux alternatifs, branchés, déjantés… On ira s'encanailler dans le quartier de La Latina, l'un des cœurs battants de la nuit madrilène avec Chueca, le quartier gay, qui essaime désormais largement du côté de Malasaña, ou du côté de Lavapiés, *le* quartier qui monte. On y trouve de nombreux petits restos et bars animés où l'on se laisse porter par la Movida madrilène… *p. 131, 139, 146, 186*

© Lucas Vallecillos/Age fotostock

7 Sentir le souffle de l'histoire au Palacio real.

Le palais royal fut construit à partir de 1738 sur ordre du roi Felipe V sur le site de l'ancienne forteresse arabe. Une trentaine d'années furent nécessaires pour dresser ce palais colossal de style néoclassique, au charme assez austère. Visite des salles de réception, des appartements royaux, d'une collection consacrée à la musique, de la chapelle… Sans oublier l'Armurerie, qui présente de très belles armes et armures, dont la plupart proviennent de la collection personnelle de l'empereur Charles Quint. Si l'on n'aime pas les armes en tant que telles, on peut toutefois sentir dans ces salles le souffle de la grande histoire. *p. 122*

***Bon à savoir :** • patrimonionacional.es •*

© Lucas Vallecillos/Alamy/Hemis

8 **Retrouver l'esprit des Habsbourg au gré des ruelles du Madrid de las Austrias.**

Car le « Madrid des Autrichiens » est bien celui des descendants de Charles Quint, ceux qui firent de Madrid la capitale du royaume ! Emblématique de l'empreinte qu'ils laissèrent sur la ville, la plaza Mayor et les petites rues alentour, qui descendent ensuite doucement vers La Latina. *p. 111*

9 **Explorer le quartier populaire de Lavapiés avec ses immeubles typiques, sa population cosmopolite et son atmosphère villageoise.**

Ce quartier populaire, d'une sympathique hospitalité, accueille pêle-mêle émigrés, artistes et intellectuels. Le tout forme une joyeuse tour de Babel, avec ses restos et épiceries de tous les coins du monde, ses nombreux théâtres, librairies-cafés et autres établissements alternatifs. Un quartier tendance « branchouille bohème », et l'un de ceux qui réservent le plus de surprises. Une agréable balade, avant d'aller boire un verre sur la place Lavapiés ou le long de la calle de Argumosa, où une ribambelle de bars sympas étalent leurs terrasses… *p. 126*

10 Flâner, le soir, dans le lacis des ruelles du *barrio de las Letras* autour de la plaza de Santa Ana.

Autour de la plaza de Santa Ana, célébrée par Pedro Almodóvar dans *Talons aiguilles*, se trouve l'ancien quartier des imprimeurs. Baptisé aussi *barrio de las Letras* (quartier des Lettres), c'est là qu'ont vécu des écrivains célèbres, comme Cervantès ou Lope de Vega. De nombreuses citations émaillent d'ailleurs le pavé de leurs lettres au bronze poli par les semelles. Depuis la place, un lacis de ruelles, piétonnes pour la plupart, dévale la colline vers le Prado. *p. 95*

Bon à savoir : *c'est aussi un quartier investi chaque soir par des milliers de noctambules de tous âges : nombreux restos, bars, salles de concert, boîtes… Quelle fiesta !*

11 Embarquer sur les traces des plus grands explorateurs au Musée naval, l'un des plus beaux musées maritimes au monde !

La grandeur de l'Espagne du Siècle d'or (XVIe s) reposa avant tout sur sa puissance navale, l'audace et la compétence de ses marins. Tel ce Magellan portugais au service de la couronne de Castille qui accomplit sur la mer le premier tour de la terre, ou encore ce Christophe Colomb qui découvrit le Nouveau Monde. Grandioses maquettes de navires, instruments nautiques, première carte du Nouveau Monde réalisée en 1500 par Juan de la Cosa… Le Musée naval de Madrid est à la mer ce que le Prado est à la peinture : une merveille à ne pas rater. p. 110

Bon à savoir : *fermé lundi ; • armada.mde.es/museonaval •*

© Chris Seba/mauritius images/Age fotostock

12 **Prendre un grand bol d'air pur au parque del Buen Retiro, très agréable après une surdose de trafic automobile.**

C'est le bol d'air de Madrid et le lieu idéal pour la sieste. De belles promenades bordées d'arbustes et de larges allées ouvertes convergent vers le bassin central, où l'on peut s'essayer à la barque. Le parc réserve des surprises au détour d'un chemin : un beau *palacio de Cristal* tout en légèreté et transparence, le *palacio de Velázquez* (palais des expositions), original édifice de brique habillé d'azulejos, un jardin botanique, une roseraie, un observatoire astronomique… Le dimanche matin, tout le monde s'y donne rendez-vous. Kiosque à musique, jongleurs et cartomanciennes animent alors le parc. *p. 156*

© Sergio Pitamitz/Age fotostock

13 Faire une halte au Convento de las Descalzas Reales, l'un des joyaux cachés de Madrid.

Qui devinerait l'existence, derrière cette sobre façade de monastère, d'un important trésor artistique Renaissance ? À l'origine, un palais du XVIe s occupé par Charles Quint, son épouse Isabel et leurs enfants, le futur Philippe II et Doña Juana. Cette dernière, veuve très jeune, décide de prendre le voile : son gentil frère transforme alors le palais familial en couvent franciscain. Ce qui explique la splendeur Renaissance de ce couvent de luxe ! Chapelles plus richement décorées les unes que les autres, collections de tableaux de Rubens, Zurbarán, Bruegel l'Ancien, Titien… Un vrai bijou . *p. 120*

***Bon à savoir :** plaza de las Descalzas Reales, 3. • patrimonionacional.es •*

© Paolo Giocoso/SIME/Photononstop

14 Découvrir, ébahi, un authentique temple égyptien en plein Madrid !

À quelques pas de la plaza de España, voici l'étonnant temple de Debod, offert par l'État égyptien en remerciement de la contribution de l'Espagne au sauvetage du temple d'Abu Simbel (déplacé pour construire le barrage d'Assouan). Érigé au IIe s av. J.-C. en Nubie, ce temple dédié à Amon et Isis est l'un des rares vestiges de la civilisation égyptienne en bon état en dehors du pays. Le tout est situé dans un très beau parc : un plan d'eau et des palmiers pour recréer son environnement. À l'intérieur subsiste la décoration d'origine. De nuit, le temple éclairé est une splendeur. *p. 138*

***Bon à savoir :** paseo del Pintor Rosales ; • templodedebod.memoriademadrid.es •*

15 Lever les yeux au ciel pour admirer les sublimes fresques signées Goya à l'ermitage de San Antonio de la Florida, un autre joyau méconnu de Madrid.

Construite à la fin du XVIIIe s, cette chapelle est bizarrement peu connue. Et pourtant… Illustrant des épisodes de la vie de saint Antoine de Padoue, les fresques furent peintes par Goya en 1798. Ce qui fait leur prodigieux intérêt, c'est leur style résolument profane et leur fraîcheur. Elles brossent un tableau très précis de la société de l'époque, avec ses aristos, grands bourgeois, demi-mondaines, mais aussi pauvres et gens du peuple. Arriver de bonne heure pour profiter de la quiétude de la chapelle… *p. 125*

***Bon à savoir :** sur la* glorieta *du même nom, au bout du paseo de la Florida.*

16 Visiter l'ancienne demeure-atelier du peintre Joaquín Sorolla, l'un des grands artistes de la lumière.

Un petit musée qui mérite d'être découvert. D'abord parce que ça change des immenses palais où l'on ingurgite la peinture comme des gâteaux au chocolat. L'endroit est aussi frais et sympathique que la peinture de l'Espagnol Joaquín Sorolla (1863-1923), et expose aussi la collection de l'artiste. Un grand peintre de la lumière méditerranéenne, qui a su l'exprimer comme nul autre. Et les petits jardins andalous qui entourent la maison-atelier sont une merveille. *p. 157*

Bon à savoir : *autre musée méconnu tout proche, le Museo Lázaro Galdino, un complément indispensable du Prado* • *museosorolla.mcu.es* • *flg.es* •

© Adam Eastland/Alamy/Hemis

17 Partir à la découverte du Madrid alternatif.

Pour humer l'air du temps, commencer par les centres culturels autogérés de Lavapiés. Le plus connu est *la Tabacalera,* installé dans une ancienne fabrique de cigarettes : chaque jour des concerts gratuits, ateliers et cours en tout genre. Plus calme, le jardin communautaire *Esta es una plaza* accueille les promeneurs entre ses carrés de potager bio. Plus lisse car plus institutionnelle, la *Casa Encendida* accueille des expos gratuites, parfois aussi des films et concerts. *Matadero,* sur Madrid Río, au sud de la ville, accueille *fab-lab* et marché de producteurs entre un théâtre, une salle de ciné et un centre de design. *p. 131*

Bon à savoir : • *latabacalera.net* • *estaesunaplaza.blogspot.fr* • *lacasaencendida.es* • *mataderomadrid.org* •

© Alfred Abad/Age fotostock

© Jon Sparks/Alamy/Hemis

18 Débusquer les dernières tendances de la mode du côté de Triball avec ses boutiques de fringues branchées et de créateurs.

Formant un triangle entre les stations de métro Gran Via, Callao et Tribunal, Triball se rêve volontiers comme le TriBeCa new-yorkais. Plébiscité par les bobos, le quartier rassemble les nombreux magasins de fringues branchées et de créateurs. L'activité se concentre sur Fuencarral, une rue piétonne de Chueca littéralement noire de monde le samedi après-midi, mais n'hésitez pas à vous perdre dans les rues adjacentes pour découvrir des petites échoppes. On trouve aussi dans ce coin, en direction de Chueca, pas mal d'*outlet* (magasins d'usine) en particulier de chaussures. *p. 145*

© Reinhard Schmid/SIME/Photononstop

19 Faire provision de turrón et autres délices sucrés à la *Casa Mira*, merveilleuse pâtisserie fondée en 1855.

Rien que la vitrine est un spectacle en soi. Mais c'est surtout la meilleure pâtisserie pour le *turrón* (nougat espagnol). Tradition de Noël, le *turrón* s'offre en Espagne comme les chocolats chez nous. À base de sucre et d'amande, celui dit de Jijona a le grain fin, celui d'Alicante contient des morceaux d'amande plus gros. Goûtez aussi tous ces délices qui tournent en vitrine : les *rosquillas*, le *mazapán* (pâte d'amandes aux parfums divers) et les *polvorones* andalous, biscuits presque en poudre que l'on doit écraser et tasser dans leur papier avant de les gober. *p. 94*

***Bon à savoir :** carrera de San Jerómino, 30 ; ouv tlj.*

20 Le dimanche, tenter de dénicher un trésor au *Rastro,* le plus grand marché aux puces de Madrid.

Gigantesque marché aux puces qui se tient chaque dimanche jusque vers 15h. Une foule énorme : vers 11h, on fait du 10 m à l'heure, et vers midi du sur-place ! Nettement plus animé en été que lors des frimas d'hiver. Fripes, petit artisanat, objets parfois « tombés du camion » (autoradios, portables, montres), ce bric-à-brac rassemble panoplies pour néo-hippies, souvenirs et antiquités en plein centre-ville. Gaffe aux pickpockets. *p. 131*

***Bon à savoir :** calle de la Ribera de Curtidores, à la frontière entre La Latina et Lavapiés.*

© Peter Eastland/Age fotostock

Lu sur routard.com

Movida à Madrid
(tiré du carnet de voyage de Carine Keyvan)

Souvent snobée au profit de Barcelone, la capitale espagnole ne manque pourtant pas d'atouts : musées et centres d'art avant-gardistes, ruelles invitant au shopping, bars de nuit déjantés… Laissez-vous porter par la movida perpétuelle madrilène.

Pour une première visite, filez découvrir les trois grands musées de la ville sur le Paseo del Arte : le musée du Prado, une des plus grandes pinacothèques du monde, le musée de la Reina Sofia qui se concentre sur l'art moderne et la fondation Thyssen-Bornemisza, qui programme aux côtés de sa riche collection permanente, les expos temporaires les plus brillantes. La ville ne s'endort pas sur ses acquis, aussi beaux soient-ils. Le dynamisme artistique se manifeste au travers de fondations qui ont poussé aux quatre coins de la ville ces dernières années. Deux d'entre elles se situent non loin du Paseo del Arte. Soutenues par les banques du même nom, la Casa Encendida et le CaixaForum offrent un bel aperçu de l'avant-garde en matière d'arts visuels. Il faudra sortir du centre historique pour découvrir le site le plus spectaculaire, *Matadero,* un centre pluridisciplinaire (architecture, arts visuels, mode, théâtre, littérature, etc.) qui se loge dans les anciens abattoirs.

Profitez de Madrid pour faire du shopping. La Gran Via rassemble les géants de l'habillement bon marché. Faire des emplettes sur cette artère sera aussi l'occasion de profiter des plus beaux édifices de style avant-guerre. Descendez jusqu'à la Puerta del Sol par la calle de los Preciados si vous cherchez de la mode à petits prix et dirigez-vous plutôt vers le Nord, autour de Fuencarral, du côté de Triball pour des boutiques de créateurs. Enfin, le dimanche, ne manquez pas les puces du Rastro. Ce bric-à-brac rassemble panoplie pour néo hippie, souvenirs et antiquités en plein centre-ville, à deux pas du quartier sud-américain de la Latina.

Oubliez Barcelone, pour la vie nocturne, c'est à Madrid que ça se passe ! Le circuit classique débute par la tournée des bars à « chupitos », dans la zone s'étalant de la Puerta del Sol à la plaza Santa Ana. Pour un apéro plus chic, prenez un peu de hauteur ! De nombreux hôtels ont transformé leur toit en bar-terrasse, idéal pour profiter du coucher du soleil à 360°. On pourra aussi s'encanailler dans des bars alternatifs du quartier de Lavapiés ou du côté de Chueca, le quartier homo, qui abritent de nombreux petits restos décontractés et des bars animés. Au niveau des clubs, citons le Joy Eslava ou El Sol, une véritable institution depuis plus de trente ans.

La plaza de la Paja

© Miguel Martín/Age fotostock

ITINÉRAIRES CONSEILLÉS

Madrid en 2 jours

– ***1er jour :*** l'incontournable ***musée du Prado (1),*** fantastique panorama de la peinture espagnole du XVe au XVIIIe s ainsi que chefs-d'œuvre des écoles italienne et flamande : Goya, le Greco, Velázquez, Zurbarán, ou encore Bosch. Puis un grand bol d'air au **parc du Retiro (2)** voisin, et, après une halte au ***CaixaForum (3),*** étonnant bâtiment, impossible de manquer le ***Museo Centro de Arte Reina Sofía (4),*** pour ses collections d'art du XXe s, espagnol en particulier : l'incomparable Guernica de Picasso, les surréalistes Dalí et Buñuel, mais aussi Picabia, Tàpies, Miró ou Antonio Saura, entre autres célébrités. Après cette journée bien remplie, remonter vers la ***plaza Santa Ana (5), au cœur du barrio de Las Letras,*** et l'animation de ses bars à tapas.

– ***2e jour :*** on commence fort, avec le troisième musée le plus emblématique de la ville, le ***museo Thyssen-Bornemisza (6),*** exceptionnelle collection de peintures du XIIIe au XXe s. Petite balade à travers les ruelles du ***barrio de las Letras (7),*** jusqu'à la ***plaza Puerta del Sol (8)*** puis l'emblématique ***plaza Mayor (9).*** Le ***Palacio real (10)*** n'est qu'à deux pas pour les gloutons culturels, les autres poursuivront la balade dans le quartier de ***La Latina (11),*** riche en petits restos et bars à tapas, ou les petits établissements alternatifs de ***Lavapiés (12).***

Madrid en 5 jours

– ***Jours 1 à 3 :*** comme précédemment, en prenant le temps : un seul musée par jour : ***musée du Prado (1), parc du Retiro (2), CaixaForum (3)*** le 1er jour, en complétant par une soirée dans le quartier branché de ***Chueca (4),*** qui ravira aussi les amateurs de shopping. Le 2e jour, en sortant du ***Museo Centro de Arte Reina Sofía (5),*** escapade sous la verrière de la ***gare d'Atocha (6)*** et son ***étonnant jardin tropical.*** Dans le barrio de las Letras, visite au passage de la délicieuse ***casa-museo Lope de Vega (7).*** Et intéressant trek urbain dans le ***quartier de Lavapiés (8)*** avant de pousser jusqu'à la ***plaza Santa Ana (9)*** et l'animation de ses bars à tapas. Le 3e jour, ***museo Thyssen-Bornemisza (10),*** puis remonter vers la ***plaza Puerta del Sol (11)*** pour découvrir le ***Madrid des Los Austrias*** : l'emblématique ***plaza Mayor (12),*** le ***Palacio Real (13),*** et les délicieuses ruelles de ***La Latina (14),*** avec ses petits restos et ses bars à tapas, en particulier sur la charmante ***plaza de la Paja (15).***

– ***Jours 4 et 5 :*** balade dans le ***Madrid monumental,*** de la ***plaza de Cibeles (16)*** à la ***Gran Vía (17)*** (encore une occasion de shopping, au passage). Visite du ***convento de las Descalzas Reales (18)***

et de son petit frère le ***Real Monasterio de la Encarnación (19).*** Et puis, selon les goûts, escales au très beau ***Museo naval (20),*** ou, pour les amateurs d'art, au ***Museo Real Academia de Bellas Artes de San Fernando (21), aux museo Cerralbo (22), museo Lázaro Galdiano (23)*** ou ***museo Sorolla (24).*** Les curieux pousseront aussi jusqu'à l'étonnant ***templo de Debod (25),*** un authentique temple égyptien à quelques pas de la plaza de España. Histoire de varier les soirées, le quartier de ***Malasaña (26)*** et ses petits bars et restos aux ambiances multiples et variées, de plus en plus branchés tout en gardant un esprit très alternatif.

Madrid et environs en 1 semaine

Comme précédemment, en ajoutant des escapades de 1 journée à ***San Lorenzo El Escorial (1), Alcalà de Henares (2)*** ou ***Aranjuez (3),*** aisément accessibles en transports en commun (train ou bus).

La plaza de Colon et le monument dédié à Christophe Colomb

LES QUESTIONS QU'ON SE POSE AVANT LE DÉPART

Infos détaillées dans le chapitre « Utile » *p. 42*

➢ Quels sont les documents nécessaires ?

Pour les Français, les Belges et les Suisses, pas de visa pour les séjours touristiques, mais une carte d'identité en cours de validité ou un passeport. Les Canadiens, eux, se voient demander leur passeport.

➢ Quelle est la meilleure saison ?

Mai et juin sont très agréables, il fait chaud mais pas trop. En septembre-octobre, la température est exquise et il y a moins de monde. En juillet-août, le thermomètre oscille entre 35 et 40 °C, la chaleur fait chuter les prix des hébergements ! Pendant la Semaine sainte et les différentes ferias, l'animation est démente, mais les hôtels sont complets et les prix prohibitifs.

➢ Quel budget prévoir ?

Une chambre double dans une pension coûte entre 45 et 65 € en moyenne. Un option économique : les auberges de jeunesse privées, qui proposent des dortoirs à partir de 15 €. Mais à moins d'y aller hors saison, réservez longtemps à l'avance pour être sûr d'y trouver de la place. Autre option souvent concluante : les chambres soldées via Internet. Dans les restos, les *menu del día* (menu du jour) tournent autour de 10-14 €, et on peut faire un repas complet pour 15-20 €. En se rabattant sur les *tapas* ou les *raciones a compartir* (à partager), on peut s'en tirer pour moins cher à plusieurs (c'est plus compliqué pour les voyageurs solo). Prévoir un vrai budget pour les visites : rien que pour le musée du Prado, la visite s'élève à 16 € ! Cela dit, nombre de musées et sites proposent des réductions pour les étudiants de moins de 25 ans, les moins de 18 ans (voire des gratuité pour ces derniers), ainsi que pour les plus de 65 ans. En outre, quelques *passes* permettent aussi de réduire un peu la facture.

➢ Comment se déplacer ?

De préférence en métro ou en bus, mais surtout... à pied : certains quartiers sont presque totalement piétons, et c'est la meilleure manière de les découvrir. Bon réseau de pistes cyclables également. Sinon, de nuit en particulier, vous avez toujours la solution du taxi, relativement bon marché.

Y a-t-il des problèmes de sécurité ?

Le vol, la fauche, la tire : quel que soit son nom, c'est la seule chose, à part les notes parfois salées (oui, Madrid est une capitale !), que vous aurez à redouter. En particulier du côté de la plaza Mayor et de la plaza Puerta del Sol, et, la nuit, dans les ruelles un peu vides de Lavapiès. Alors faites attention à votre sac, ce n'est pas un mythe ! Mais comme dans beaucoup de villes touristiques, non ?

➢ Y a-t-il un décalage horaire ?

Non : l'heure est la même qu'en France à toutes les saisons, puisque l'Espagne effectue les changements heure d'hiver/heure d'été aux mêmes dates.

➢ Quel est le temps de vol ?

Il faut compter environ 2h pour les vols directs entre Paris et Madrid.

➢ Côté santé, quelle précautions ?

Pas de précautions particulières : être à jour des vaccins traditionnels, et, en été, prévoir de la crème solaire. Et puis c'est l'Europe, donc penser à emporter sa carte européenne d'assurance maladie (CEAM).

➢ Peut-on y aller avec des enfants ?

Oui, car la ville offre nombre de visites qu'ils apprécieront, le Palais royal par exemple. Mais gardez en tête que l'on se déplace beaucoup à pied, alors ne surchargez pas le programme ! Repérez les meilleurs sites grâce au symbole 👨‍👧 .

➢ Quel est le taux de change ? Comment payer sur place ?

La monnaie est l'euro, ce qui est bien pratique pour les Français. Pour nos amis canadiens et suisses, le taux de change est d'environ 1 € = 1,40 $Ca = 1,1 CHF. Sur place, nombreux distributeurs de billets, change aisé, et on peut régler à peu près partout avec une carte de paiement, hormis dans certains petits *hostales* ou les bars à tapas les plus modestes.

➢ Quelle langue parle-t-on ?

L'espagnol, *claro que sí* ! Cela dit, si le français est rarement pratiqué (les hôteliers font des efforts, mais ce n'est pas généralisé), l'anglais est suffisamment courant pour pouvoir se débrouiller au quotidien si l'espagnol vous fait défaut.

➢ Et la fiesta ?

Bien sûr, la fiesta dans les bars animés de Madrid, puis ses boîtes branchées. Mais aussi partout où l'on peut se retrouver, sur les places, dans la rue... Un vrai mode de vie.

COMMENT Y ALLER ?

EN AVION

Les lignes régulières

▲ AIR FRANCE

Rens et résas au ☎ 36-54 (0,34 €/mn – tlj 6h30-22h), sur • airfrance.fr •, dans les agences Air France et dans ttes les agences de voyages. Fermées dim.

➢ Air France dessert Madrid avec 6 vols direct/j. depuis Paris-Charles-de-Gaulle 2F, et jusqu'à 5 vols directs/j. en partenariat avec *Air Europa* depuis Orly-Ouest.

Air France propose à tous des tarifs attractifs toute l'année, allez directement sur la page « Nos meilleurs tarifs ».

Flying Blue, le programme de fidélité gratuit d'Air France, permet de gagner des *Miles* en voyageant sur les vols Air France, KLM, Hop et les compagnies membres de *Skyteam,* mais aussi auprès des nombreux partenaires non aériens *Flying Blue.* Les *Miles* peuvent ensuite être échangés contre des billets d'avion ou des services (surclassement, bagage supplémentaire, accès salon…) ainsi qu'auprès des partenaires. Pour en savoir plus, rendez-vous sur *• flyingblue.com •*

▲ AIR EUROPA

– Paris : 58 A, rue du Dessous-des-Berges, 75013. ☎ 01-42-65-08-00. • aireuropa.com • Ⓜ Bibliothèque-François-Mitterrand. Bureau ouv lun-ven 9h-17h, mais vous pouvez réserver par tél 24h/24.

➢ Au départ d'Orly-Ouest, Air Europa dessert Madrid avec 4 vols directs/j.

▲ IBERIA

– Paris : aéroport Orly-Ouest, hall 1. Central de résas : ☎ 0825-800-965 (0,12 €/mn + prix d'appel). • iberia.com •

➢ En Espagne, 35 villes desservies, dont Madrid avec, en moyenne, 5 vols/j. depuis Orly-Ouest (env 2h de vol).

Les compagnies *low-cost*

Plus vous réserverez vos billets à l'avance, plus vous aurez des chances d'avoir des tarifs avantageux. En revanche, les pénalités en cas de changement de vol sont assez importantes. Il faut aussi rappeler que plusieurs compagnies facturent maintenant les bagages en soute et limitent leurs poids. En cabine également le nombre de bagages est strictement limité (attention, même le plus petit sac à main est compté comme un bagage à part entière). À bord, c'est service minimum et toutes les prestations sont payantes (boissons, journaux). Attention également, au moment de la résa par Internet, à décocher certaines options qui sont automatiquement cochées (assurances, etc.). Au bout du compte, même si les prix de base restent très attractifs, il convient de prendre en compte les frais annexes pour calculer le plus justement son budget.

▲ BRUSSELS AIRLINES

En Belgique : ☎ 0902-51-600 (0,051 € l'appel, puis 0,75 €/mn) ; en Espagne : ☎ 807-22-00-03 (0,105 € l'appel puis 0,82 €/mn) ; en France : ☎ 0892-64-00-30 (0,34 €/mn). • brusselsairlines.fr •

Dessert Madrid au départ de Bruxelles et au départ de Paris via Bruxelles.

▲ EASYJET

Rens : ☎ 0820-420-315 (en France, 0,12 €/mn + prix d'appel), ☎ 0848-28-28-28 (en Suisse, 0,08 Fs/mn + prix d'appel) et ☎ 902-599-900 (en Espagne, 0,083 €/mn + prix d'appel). • easyjet.com •

➢ Vols pour Madrid depuis Paris-CDG, Lyon, Genève et Bâle-Mulhouse.

▲ RYANAIR

Rens : ☎ 0892-56-21-50 (en France, 0,34 €/mn + prix d'appel), ☎ 0902-33-660 (en Belgique, 1 €/mn + prix d'appel), ☎ + 44-871-24-600-11 (pour l'Espagne, 0,10 £/mn + prix appel international ; nº en Angleterre, réponse en espagnol). • ryanair.com •

➢ Dessert Madrid au départ de Paris-Beauvais, Marseille et Bruxelles (Charleroi).

▲ **VUELING**

Rens : ☎ 0899-232-400 (en France, 1,34 € l'appel puis 0,34 €/mn) ; ☎ 0902-33-429 (en Belgique, 0,75 €/mn + prix d'appel) ; ☎ 0900-000-370 (en Suisse, 1,50 Fs/mn + prix d'appel) ; ☎ 807-300-745 (en Espagne, 0,91 €/mn + prix d'appel). • vueling.com •

Une compagnie espagnole.

➢ Dessert Madrid depuis Paris-CDG en vol direct et Madrid depuis Bordeaux, Brest, Bruxelles, Lille, Lyon, Marseille, Nantes, Nice, Rennes, Strasbourg et Toulouse via Barcelone.

LES ORGANISMES DE VOYAGES

En France

▲ **POP VOYAGE**

Rens et résas : ☎ 0899-18-94-78 (1,35 € l'appel + 0,34 €/mn). • popvoyages.com • Lun-ven 10h-12h, 14h-19h.

Spécialiste des voyages en autocar à destination de toutes les grandes cités européennes (dont Madrid). Week-ends, séjours et circuits en bus toute l'année, grands festivals et événements européens. Formules pour tout public, individuel ou groupe, au départ de toutes les grandes villes de France.

▲ **(R)ÉVOLUTION VOYAGES**

• r-evolutionvoyages.com •

– Lyon : 92, cours Vitton, 69006. ☎ 04-78-05-16-08.

– Séville : c/ Garcia de Vinuesa, 22, 41001.

(R)Évolution Voyages est une agence réceptive franco-espagnole, basée à Lyon et à Séville, dédiée à la création de séjours, week-ends, circuits sur-mesure, sur toute l'Espagne. À la manière d'un(e) Madrilène, savourez les meilleures tapas de la ville lors de balades gourmandes, explorez ses joyaux historiques et culturels, vibrez au rythme des soirées flamenco, et imprégnez-vous de l'ambiance de la capitale espagnole.

Madrid regorge de bonnes adresses, d'activités et de curiosités, que petits et grands pourront découvrir au travers des programmes « à la carte » élaborés par leurs équipes.

▲ **TUI**

Rens et résas auens et résas au ☎ 0825-000-825 (0,20 €/mn + prix appel) • tui.fr • dans les agences de voyages TUI présentes dans toute la France.

TUI, numéro 1 mondial du voyage, propose tous les circuits Nouvelles Frontières, ainsi que les clubs Marmara et un choix infini de vacances pour une expérience unique. TUI propose des offres et services personnalisés tout au long de vos vacances, avant, pendant et après le voyage.

Un circuit accompagné dans une destination de rêves, un séjour détente au soleil sur l'une des plus belles plages du monde, un voyage sur mesure façonné pour vous, ou encore des vacances dans un hôtel ou dans un club, les conseillers TUI peuvent créer avec vous le voyage idéal adapté à vos envies. Ambiance découverte, familiale, romantique, dynamique, zen, chic... TUI propose des voyages à deux, en famille, seul ou entre amis, parmi plus de 180 destinations à quelques heures de chez vous ou à l'autre bout du monde.

▲ **VOYAGEURS DU MONDE EN ESPAGNE ET AU PORTUGAL**

Le spécialiste du voyage en individuel sur mesure. • voyageursdumonde.fr •

– Paris : La Cité des Voyageurs, 55, rue Sainte-Anne, 75002. ☎ 01-42-86-17-20. Ⓜ Opéra ou Pyramides. Lun-sam 9h30-19h. Avec une librairie spécialisée sur les voyages.

– Également des agences à Bordeaux, Grenoble, Lille, Lyon, Marseille, Montpellier, Nantes, Nice, Rennes, Rouen, Strasbourg et Toulouse. Également Bruxelles et Genève.

Parce que chaque voyageur est différent, que chacun a ses rêves et ses

idées pour les réaliser, Voyageurs du Monde conçoit, depuis plus de 30 ans, des projets sur mesure. Les séjours proposés sur 120 destinations sont élaborés par leurs 180 conseillers voyageurs. Spécialistes par pays et même par région, ils vous aideront à personnaliser les voyages présentés à travers une trentaine de brochures d'un nouveau type et sur le site internet où vous pourrez également découvrir les hébergements exclusifs et consulter votre espace personnalisé. Au cours de votre séjour, vous bénéficiez des services personnalisés Voyageurs du Monde, dont la possibilité de modifier à tout moment votre voyage, l'assistance d'un concierge local, la mise en place de rencontres et de visites privées, et l'accès à votre carnet de voyage via une application iPhone et Android. Voyageurs du Monde est membre de l'association ATR (Agir pour un tourisme responsable) et a obtenu sa certification « Tourisme responsable AFAQ AFNOR ».

Comment aller à Roissy et à Orly ?

Toutes les infos sur notre site Routard.com à l'adresse suivante : ● *bit.ly/aeroports-routard* ●

Voir aussi au sein du guide les agences locales que nous avons sélectionnées.

En Belgique

▲ AIRSTOP

☎ 070-233-188. ● airstop.be ● Lun-ven 9h-18h30, sam 10h-17h.

– Anvers : Jezusstraat, 16, 2000.

– Gand : Maria Hendrikaplein, 65, 9000.

– Louvain : Mgr. Ladeuzeplein, 33, 3000.

Airstop offre une large gamme de prestations, du vol sec au séjour tout compris à travers le monde.

▲ SERVICE VOYAGES ULB

● servicevoyages.be ● 25 agences dont 12 à Bruxelles.

– Bruxelles : campus ULB, av. Paul-Héger, 22, CP 166, 1000. ☎ 02-650-40-20.

– Bruxelles : pl. Saint-Lambert, 1200. ☎ 02-742-28-80.

– Bruxelles : chaussée d'Alsemberg, 815, 1180. ☎ 02-332-29-60.

Service Voyages ULB, c'est le voyage à l'université. Billets d'avion sur vols charters et sur compagnies régulières à des prix compétitifs.

▲ TAXISTOP

Pour ttes les adresses Taxistop : ☎ 070-222-292. ● taxistop.be ●

– Bruxelles : rue Thérésienne, 7a, 1000.

– Gent : Maria Hendrikaplein, 65, 9000.

– Ottignies : bd Martin, 27, 1340.

Taxistop propose un système de covoiturage, ainsi que d'autres services comme l'échange de maisons ou le gardiennage.

▲ TUI

– Nombreuses agences dans le pays dont Bruxelles, Charleroi, Liège, Mons, Namur, Waterloo, Wavre, et au Luxembourg.

Voir texte dans la partie « En France ».

▲ VOYAGEURS DU MONDE

– Bruxelles : 23, chaussée de Charleroi, 1060. ☎ 02-543-95-50.

● voyageursdumonde.com ●

Le spécialiste du voyage en individuel sur mesure.

Voir texte dans la partie « En France ».

En Suisse

▲ STA TRAVEL

☎ 058-450-49-49. ● statravel.ch ●

– Fribourg : rue de Lausanne, 24, 1701. ☎ 058-450-49-80.

– Genève : rue Pierre Fatio, 19, 1204. ☎ 058-450-48-00.

– Genève : rue Vignier, 3, 1205. ☎ 058-450-48-30.

– Lausanne : bd de Grancy, 20, 1006. ☎ 058-450-48-50.

– Lausanne : à l'université, Anthropole, 1015. ☎ 058-450-49-20.

Agences spécialisées notamment dans les voyages pour jeunes et étudiants. 150 bureaux STA et plus de 700 agents du même groupe répartis dans le monde entier sont là pour donner un coup de main *(Travel Help)*. STA propose des tarifs avantageux : vols secs *(Blue Ticket)*, hôtels, écoles

NOS NOUVEAUTÉS

NOS MEILLEURS HÉBERGEMENTS INSOLITES EN FRANCE (mars 2017)

Rien de tel pour retrouver son âme d'enfant que de dormir dans un arbre, ou au milieu d'un lac dans une cabane flottante, ou à six pieds sous terre dans une chambre troglodytique. Il y en a pour tous les goûts avec plus de 200 adresses dénichées en France, les « + » et les « - », mais aussi les activités incontournables à faire en famille ou entre amis à proximité de chaque adresse. Sans oublier la photo de chaque établissement. Le plus dur sera de choisir, entre l'île déserte, la réserve animalière, le phare, la roulotte, le combi VW, la bulle transparente au milieu de la forêt ou le vieux camping-car américain en alu, à deux pas de l'Arc de Triomphe !

CAPITALES BALTES (avril 2017)

Tallinn, Riga, Vilnius, trois capitales si proches et pourtant si surprenantes. Elles mêlent leurs racines entre des mondes disparates : scandinave, slave et germanique. Estonie, Lettonie, Lituanie, on les mélange souvent, mais très vite, on distingue leurs particularismes. Tallinn, secrète et magique, a gardé le charme d'une cité médiévale. La vieille ville, et son lacis de rues dominées par ses clochers, est classée au Patrimoine mondial de l'Unesco. Même reconnaissance pour le centre historique de Riga, où se mêlent un superbe noyau médiéval à un centre-ville Art nouveau. Après les musées, savourez sa vie nocturne, la plus folle des trois pays. À Vilnius, la baroque au coeur de collines boisées, découvrez le labyrinthe de ruelles étroites et la végétation lui donnant des airs de village. Malgré les 50 ans de présence soviétique, vous serez surpris par la modernité et le dynamisme qui anime leurs habitants.

de langues, *work & travel,* circuits d'aventure, voitures de location, etc. Délivre la carte internationale d'étudiant et la carte *Jeune.*

▲ **TUI**

– Genève : rue Chantepoulet, 25, 1201. ☎ 022-716-15-70.

– Lausanne : bd de Grancy, 19, 1006. ☎ 021-616-88-91.

Voir texte « TUI » dans la partie « En France ».

Au Québec

▲ **EXOTIK TOURS**

Rens sur • exotiktours.com • ou auprès de votre agence de voyages.

Exotik Tours offre une importante programmation en été comme en hiver sur la Méditerranée et l'Europe. L'hiver, des séjours sont proposés dans le Bassin méditerranéen et en Asie (Thaïlande et Bali). Durant cette saison, on peut également opter pour des combinés plage + circuit. Dans la rubrique « Grands voyages », le voyagiste suggère des périples en petits groupes ou en individuel. Au choix : l'Amérique du Sud, le Pacifique Sud, l'Afrique (Afrique du Sud, Kenya, Tanzanie), l'Inde et le Népal.

▲ **TOURS CHANTECLERC**

• tourschanteclerc.com •

Tours Chanteclerc est un tour-opérateur qui publie différentes brochures de voyages : Europe, Amérique du Nord, Amérique du Sud, Asie et Pacifique Sud, Afrique et le Bassin méditerranéen en circuits ou en séjours. Il s'adresse aux voyageurs indépendants qui réservent un billet d'avion, un hébergement (dans toute l'Europe), des excursions ou une location de voiture. Également spécialiste de Paris, le tour-opérateur offre une vaste sélection d'hôtels et d'appartements dans la Ville lumière.

EN TRAIN

Comment aller à Madrid ?

➢ ***RENFE-SNCF en Coopération :*** en partenariat avec la SNCF et la RENFE, les TGV Euroduplex circulent entre Paris et Barcelone à raison de 2-4 trains/j., 10h07-14h07 depuis Paris, 9h25-13h20 depuis Barcelone. Compter environ 6h25 de voyage jusqu'à Barcelone. Ils desservent les gares de Valence, Nîmes, Montpellier, Narbonne, Perpignan, Figueres et Gérone. Certains font en outre halte à Sète et Agde en été et Béziers. Il existe aussi 1 train/j. au départ de Lyon (5h de trajet) et Toulouse (env 3h). De Barcelone, correspondance possible, toujours en train grande vitesse (AVE, en gare de Barcelona-Sants) pour Madrid. Compter en tout env 10h de trajet entre Paris et Madrid, correspondance comprise. Également 1 train/j. depuis Marseille pour Madrid (7h40). *• voyages-sncf.com • renfe.com •*

Les *passes* internationaux

Avec les ***passes InterRail,*** les résidents européens peuvent voyager dans 30 pays d'Europe, dont l'Espagne. Plusieurs formules et autant de tarifs, en fonction de la destination et de l'âge. À noter que le *pass InterRail* n'est pas valable dans votre pays de résidence. Cependant, l'*InterRail Global Pass* offre une réduction de 50 % de votre point de départ jusqu'au point frontière en France. *• interrail.eu •*

– Pour les grands voyageurs, l'***InterRail Global Pass*** est valable dans l'ensemble des 30 pays européens concernés, intéressant si vous comptez parcourir plusieurs pays au cours du même périple. 2 formules flexibles : utilisable 5 j. sur une période de validité de 10 j., ou 10 j. sur une période de validité de 22 j. (192-374 € selon âge et formule). 3 formules « continues » : *pass* 15 j., 22 j. et 1 mois (325-626 € selon âge et formule). Ces 5 formules existent aussi en version 1re classe !

Les voyageurs de plus de 60 ans bénéficient d'une réduction sur le tarif de l'*InterRail Global Pass* en 1re et 2de classes (tarif senior). Également des tarifs enfants 4-12 ans et 12-26 ans.

– Si vous ne parcourez que l'Espagne, le ***One Country Pass*** vous suffira.

D'une période de validité de 1 mois, et utilisable, selon les formules, 3, 4, 6 ou 8 jours en discontinu : compter 173-297 € selon formule. Là encore, ces formules se déclinent en version - de 25 ans et 1re classe (mais ce n'est pas le même prix, bien sûr). Pour voyager dans 2 pays, vous pouvez combiner 2 *One Country Pass.* Au-delà, il est préférable de prendre l'*InterRail global Pass.*
– *InterRail* offre également la possibilité d'obtenir des réductions ou avantages à travers toute l'Europe avec ses partenaires bonus (musées, chemins de fer privés, hôtels, etc.). Tous ces prix ne sont qu'indicatifs.
Pour plus de renseignements, s'adresser à la gare ou boutique SNCF la plus proche.

Renseignements et réservations

– ***Internet :*** *• voyages-sncf.com •*
– ***Téléphone :*** *☎ 36-35 (0,34 € TTC/mn).*
– Également dans les gares, les boutiques SNCF et les agences de voyages agréées.

EN VOITURE

Pour rejoindre Madrid au départ de Paris

➢ À Paris, prendre l'A 10, direction Bordeaux ; un peu après Bordeaux, la sortie no 1 en direction de Toulouse et Bayonne. 9 km sur l'A 630 avant de récupérer l'A 63-E 5 en direction de Bayonne. Poursuivre sur l'E 5-AP-1 puis, après Bayonne et la frontière espagnole, prendre l'E 70-AP-1 en direction de Bilbao. Environ 30 km après Zarautz, prendre l'AP-1 en direction de Vitoria-Gasteiz, puis l'E 5 en direction de Burgos. Dépasser Burgos, poursuivre sur l'A 1-E 5 jusqu'à Madrid (arrivée par le nord de la ville).

Le covoiturage

Le principe est économique, écologique et convivial. Il s'agit de mettre en relation un chauffeur et des passagers afin de partager le trajet et les frais, que ce soit de manière régulière ou de manière exceptionnelle (pour les vacances, par exemple). Les conducteurs sont invités à proposer leurs places libres sur *• blablacar.fr •* (disponible sur Web et sur mobile). L'inscription est gratuite.

EN BUS

▲ **EUROLINES**
Rens : ☎ 0892-89-90-91 (0,34 €/mn + prix d'appel), tlj 8h-21h ; dim 10h-18h. • eurolines.fr •
– Paris : 55, rue Saint-Jacques, 75005. Lun-ven 9h30-18h30 ; sam 10h-13h, 14h-17h. No d'urgence : ☎ 01-49-72-51-57.
– Vous trouverez également les services d'Eurolines sur • routard.com • Eurolines propose 10 % de réduc pour les jeunes (12-25 ans) et les seniors. 2 bagages gratuits/pers en Europe.
– Gare routière internationale à Paris : 28, av. du Général-de-Gaulle, 93541 Bagnolet Cedex. Ⓜ Gallieni.
Première *low-cost* par bus en Europe, Eurolines dessert Madrid depuis de nombreuses villes françaises. Eurolines propose également des hébergements à petits prix sur les destinations desservies.
– *Pass Europe :* pour un prix fixe valable 15 ou 30 j., vous voyagez autant que vous le désirez sur le réseau entre 51 villes européennes. Également un *minipass* pour visiter 2 capitales européennes (7 combinés possibles).

MADRID UTILE

ABC de Madrid

- ❑ ***Superficie :*** 604,3 km².
- ❑ ***Population :*** env 3 142 000 hab., 6 448 000 pour le Grand Madrid (estimations).
- ❑ ***Densité :*** 5 168 hab./km².
- ❑ ***Altitude :*** 657 m.
- ❑ ***Statut :*** capitale de l'Espagne et capitale de la communauté autonome de Madrid.
- ❑ ***Chef de l'État :*** le roi Felipe VI, depuis juin 2014.
- ❑ ***Taux de chômage :*** 16,3 % (mi-2016, 20,1 % pour l'Espagne).
- ❑ ***Inflation :*** -0,6 % (estimation mi-2016).
- ❑ ***Monnaie :*** l'euro.
- ❑ ***Langues officielles :*** l'espagnol *(castellano).*
- ❑ ***Maire de la ville :*** Manuela Carmena (*Ahora Madrid,* depuis juin 2015)
- ❑ ***Président de la communauté de Madrid :*** Cristina Cifuentes (*PP,* depuis juin 2015)

AVANT LE DÉPART

Adresses utiles

En France

ℹ ***Office espagnol de tourisme :*** *pas d'accueil du public, mais rens touristiques lun-jeu 9h-17h et ven 9h-14h au ☎ 01-45-03-82-50, sur • paris@tourspain.es • ou sur • spain.info/fr_fr •* Nombreuses brochures très bien faites téléchargeables sur le site internet.

■ ***Consulat d'Espagne :*** *165, bd Malesherbes, 75017 Paris. ☎ 01-44-29-40-00. • cog.paris@maec.es • exteriores.gob.es/consulados/paris • Ⓜ Wagram ou Malesherbes. Lun-jeu 8h30-14h30, ven 8h30-14h, 1er sam du mois (sf j. fériés) 8h30-12h.* Autres consulats généraux à Bayonne, Bordeaux, Lyon-Villeurbanne, Marseille, Montpellier, Pau, Perpignan, Strasbourg et Toulouse.

■ ***Ambassade d'Espagne :*** *22, av. Marceau, 75008 Paris. ☎ 01-44-43-18-00. • emb.paris@maec.es • exteriores.gob.es/embajadas/paris • Ⓜ Alma-Marceau. Lun-ven 9h-13h30, 15h-18h.*

En Belgique

ℹ ***Office de tourisme d'Espagne :*** *rue Royale, 97, Bruxelles 1000. ☎ 02-280-19-26/29. • spain.info/be • Accueil du public lun-ven 9h-14h. Accueil tél lun-jeu jusqu'à 17h, ven jusqu'à 15h.*

■ ***Consulat général d'Espagne :*** *rue Ducale, 85-87, Bruxelles 1000. ☎ 02-509-87-70/86. • cog.bruselas@maec.es • exteriores.gob.es/consulados/bruselas • Lun-ven 8h30-14h.*

■ ***Ambassade d'Espagne :*** *rue de la Science, 19, Bruxelles 1040. ☎ 02-230-03-40. • emb.bruselas@maec.es • exteriores.gob.es/embajadas/bruselas • Lun-ven 9h-13h.*

En Suisse

Office de tourisme d'Espagne : *Seefeldstrasse, 19, 8008 Zurich. ☎ 44-25-36-050. • spain.info/ch • Lun-ven 9h-17h.* Comme en France, renseignements très complets par téléphone, ou des brochures à télécharger sur leur site internet.

■ **Consulat général d'Espagne :** *Marienstrasse, 12, 3005 Berne. ☎ 031-356-22-20/23. • cog.berna@maec.es • exteriores.gob.es/consulados/berna • Lun-ven 8h30-13h30, sam 8h30-12h30.*

■ **Consulat général d'Espagne :** *av. Louis-Casaï, 58, case postale 59, 1216 Cointrin (Genève). ☎ 022-749-14-60. • cog.ginebra@maec.es • exteriores.gob.es/consulados/ginebra • Lun-ven 8h15-13h, sam 8h15-12h.*

■ **Ambassade d'Espagne :** *Kalcheggweg, 24, 3000 Berne 15. ☎ 031-350-52-52. • emb.berna@maec.es • exteriores.gob.es/embajadas/berna • Lun-ven 8h-15h30.*

Au Canada

Bureau de tourisme d'Espagne : *2 Bloor St West, 34th floor, suite 3402, Toronto M4W 3E2 (Ontario). ☎ (416) 961-3131. • spain.info/ca • Ⓜ Bloor-Yonge. Lun-ven 9h-15h.*

■ **Consulat général d'Espagne :** *2 Bloor St East, suite 1201, Toronto M4W 1A8 (Ontario). ☎ (416) 977-1661 ou 3923. • cog.toronto@maec.es • exteriores.gob.es/consulados/toronto • Au 12e étage. Lun-ven 9h-12h30.*

■ **Consulat général d'Espagne :** *1 Westmount Sq, suite 1456, Montréal H3Z 2P9 (Québec). ☎ (514) 935-5235. • cog.montreal@maec.es • exteriores.gob.es/consulados/montreal • Lun-ven 9h-13h.*

■ **Ambassade d'Espagne :** *74 Stanley Ave, Ottawa K1M 1P4 (Ontario). ☎ (613) 747-2252 ou 7293. Fax : (613) 744-1224. • emb.ottawa@maec.es • exteriores.gob.es/embajadas/ottawa •* ***Section consulaire*** *à la même adresse. Lun-ven 9h-13h.*

Formalités

Pour les ressortissants français, belges et suisses, la carte d'identité en cours de validité ou le passeport suffisent pour entrer sur le territoire espagnol. Les ressortissants canadiens se verront demander leur passeport en cours de validité (pour les séjours touristiques de moins de 90 jours).

Pensez à scanner passeport, carte de paiement, et *vouchers* d'hôtel. Ensuite, adressez-les-vous par e-mail, en pièces jointes, sans oublier les e-billets d'avion. En cas de perte ou de vol, rien de plus facile pour les récupérer dans un cybercafé. Les démarches administratives en seront bien plus rapides. Merci tonton Routard !

Assurances voyages

■ ***Routard Assurance*** *(c/o AVI International) : 40-44, rue Washington, 75008 Paris. ☎ 01-44-63-51-00. • avi-international.com • Ⓜ George-V.* Depuis 20 ans, *Routard Assurance,* en collaboration avec *AVI International,* spécialiste de l'assurance voyage, propose aux voyageurs un contrat d'assurance complet à la semaine qui inclut le rapatriement, l'hospitalisation, les frais médicaux, le retour anticipé et les bagages. Ce contrat se décline en différentes formules : individuel, senior, famille, *light* et annulation. Pour les séjours longs (2 mois à 1 an), consultez le site. L'inscription se fait en ligne et vous recevrez dès la souscription tous vos documents d'assurance par e-mail.

■ ***AVA :*** *25, rue de Maubeuge, 75009 Paris. ☎ 01-53-20-44-20. • ava.fr • Ⓜ Cadet.* Un autre courtier fiable pour ceux qui souhaitent s'assurer en cas de décès-invalidité-accident lors d'un voyage à l'étranger, mais surtout pour bénéficier d'une assistance rapatriement, perte de bagages et annulation. Attention, franchises pour leurs contrats d'assurance voyage.

■ ***Pixel Assur :*** *18, rue des Plantes, BP 35, 78601 Maisons-Laffitte. ☎ 01-39-62-28-63. • pixel-assur.com • RER A : Maisons-Laffitte.* Assurance de matériel photo et vidéo tous risques (casse, vol, immersion) dans le monde entier. Devis en ligne basé sur le prix d'achat de votre matériel. Avantage : garantie à l'année.

Carte internationale d'étudiant (carte ISIC)

Elle prouve le statut d'étudiant dans le monde entier et permet de bénéficier de tous les avantages, services et réductions dans les domaines du transport, de l'hébergement, de la culture, des loisirs, du shopping...
La carte ISIC permet aussi d'accéder à des avantages exclusifs (billets d'avion spécial étudiants, hôtels et auberges de jeunesse, assurances, cartes SIM internationales, location de voiture...).

Renseignements et inscriptions

– ***En France :*** *• isic.fr • 13 € pour 1 année scolaire.*
– ***En Belgique :*** *• isic.be •*
– ***En Suisse :*** *• isic.ch •*
– ***Au Canada :*** *• isiccanada.com •*

Carte d'adhésion internationale aux auberges de jeunesse (carte FUAJ)

Cette carte vous ouvre les portes des 4 000 auberges de jeunesse du réseau *HI-Hostelling International* en France et dans le monde. Vous pouvez ainsi parcourir 90 pays à des prix avantageux et bénéficier de tarifs préférentiels avec les partenaires des Auberges de Jeunesse *HI*. Enfin, vous intégrez une communauté mondiale de voyageurs partageant les mêmes valeurs : plaisir de la rencontre, respect des différences et échange dans un esprit convivial. Il n'y a pas de limite d'âge pour séjourner en auberge de jeunesse. Il faut simplement être adhérent.

Renseignements et inscriptions

– ***En France :*** *• hifrance.org •*
– ***En Belgique :*** *• lesaubergesdejeunesse.be •*
– ***En Suisse :*** *• youthhostel.ch •*
– ***Au Canada :*** *• hihostels.ca •*
Si vous prévoyez un séjour itinérant, vous pouvez réserver plusieurs auberges en une seule fois en France et dans le monde : *• hihostels.com •*

ARGENT, BANQUES, CHANGE

À titre d'information, et sous réserve des fluctuations des taux, 1 € = 1,09 Fs = 1,45 $Ca.
– D'une manière générale, les ***banques*** sont ouvertes du lundi au vendredi de 8h30 à 14h. Pour ceux qui sont concernés (nos amis suisses et canadiens, entre autres), les commissions sont sensiblement variables d'une banque à l'autre. Pour ne pas perdre au change, s'abstenir de changer en face des sites touristiques.
– Partout dans Madrid, on peut retirer de l'argent aux ***distributeurs automatiques*** *(cajero automático)* avec les cartes *MasterCard, Visa* et *Maestro.*

– En Espagne, l'euro (prononcer « é-ou-ro ») se décline euros au pluriel et se divise en *céntimos.*

Cartes de paiement

Quand vous partez à l'étranger, pensez à téléphoner à votre banque pour relever le plafond de retrait aux distributeurs et pour les paiements par carte, quitte à le faire rebaisser à votre retour.
Avant de partir, notez donc bien le numéro d'opposition propre à votre banque (il figure souvent au dos des tickets de retrait, sur votre contrat, ou à côté des distributeurs de billets), ainsi que le numéro à seize chiffres de votre carte. Bien entendu, conservez ces informations en lieu sûr et séparément de votre carte.
Par ailleurs, l'assistance médicale se limite aux 90 premiers jours du voyage et l'assistance véhicule aux cartes haut de gamme (renseignez vous auprès de votre banque). Et surtout, n'oubliez pas aussi de VÉRIFIER LA DATE D'EXPIRATION DE VOTRE CARTE BANCAIRE avant votre départ !
En zone Euro, pas de frais bancaire sur les paiements par carte. Les retraits sont soumis aux mêmes conditions tarifaires que ceux effectués en France (gratuits pour la plupart des cartes).
Une carte perdue ou volée peut être rapidement remplacée. En appelant sa banque, un système d'opposition, d'avance d'argent et de remplacement de carte pourront être mis en place afin de poursuivre son séjour en toute quiétude.
En cas de perte, de vol, ou de fraude, quelle que soit la carte que vous possédez, chaque banque gère elle-même le processus d'opposition et le numéro de téléphone correspondant.

– ***Carte Bleue Visa :*** *numéro d'urgence (Europe Assistance) : ☎ (00-33) 1-41-85-85-85 (24h/24).* • *visa.fr* •
– ***Carte MasterCard :*** *numéro d'urgence : ☎ (00-33) 1-45-16-65-65.* • *mastercardfrance.com* •
– ***Carte American Express :*** *numéro d'urgence : ☎ (00-33) 1-47-77-72-00.* • *americanexpress.fr* •

Petite mesure de précaution : si vous retirez de l'argent dans un distributeur, utilisez de préférence les distributeurs attenant à une agence bancaire. En cas de pépin avec votre carte (carte avalée, erreurs de code secret...), vous aurez un interlocuteur dans l'agence, pendant les heures ouvrables.

Besoin d'argent liquide

En cas de ***besoin urgent d'argent liquide*** (perte ou vol de billets, chèques de voyage, carte de paiement), vous pouvez être dépanné en quelques minutes grâce au système *Western Union Money Transfer.* Pour cela, demandez à quelqu'un de vous déposer de l'argent en euros dans l'un des bureaux *Western Union* ; liste sur • *westernunion.fr* • L'argent vous est transféré en moins de 15 mn. La commission, assez élevée, est payée par l'expéditeur. Possibilité d'effectuer un transfert en ligne 24h/24 par carte de paiement (*Visa* ou *MasterCard* émise en France).

ACHATS

Mettez-vous à l'heure espagnole : la très grande majorité des magasins ferment pour la pause du milieu de journée vers 13h30-14h, pour rouvrir à 17h. Sauf les

grands centres commerciaux, les grandes surfaces, certaines boutiques de chaînes internationales, etc., qui sont tout de même assez nombreux à Madrid ! Et en plein centre-ville, surtout en saison touristique, pas mal de commerces, même petits, sont désormais ouvert en continu.
Bien que ralentie par la crise, l'Espagne a un niveau de vie proche de ceux de la France ou de la Belgique. Rien à voir avec l'Espagne de papa, où l'on pouvait acheter des tas de choses pour une bouchée de pain... *O tempora, o mores...*
Il reste cependant des articles à des prix intéressants. Les chaussures, les articles en cuir, et les vêtements des marques espagnoles (pour beaucoup, désormais internationales) offrent un bon rapport qualité-prix. À Madrid, il y a de belles antiquités, des marchés aux puces sympas et des *outlets* de fringues et de chaussures à damner les *fashionistas.* Enfin, les productions gastronomiques régionales méritent plus qu'un simple coup d'œil : vin, jambon, chorizo, conserves, etc.
Sachez aussi que les ***soldes*** d'hiver commencent juste après l'Épiphanie (6 janvier) et finissent fin février, et ceux d'été durent tous les mois de juillet et août, mais les remises sont moins importantes qu'en France. C'est pas beau, ça ?

BUDGET

Dans l'ensemble, le coût de la vie est comparable à celui de la France. Toutefois, les prix semblent avoir évolué légèrement à la baisse consécutivement à la crise actuelle. Il est encore possible de trouver des pensions à partir de 45 €. Les tarifs varient largement en fonction du jour de la semaine (plus cher le week-end dans les coins touristiques), des haute et basse saisons (*temporada alta* ou *baja*). La Semaine sainte est la plus chère de toute, avec souvent un tarif spécial rien que pour elle ! De même pour les fêtes et jours fériés, qui créent des pics de demande, surtout s'ils sont agrémentés d'un pont ! Au bout du compte, vous pourriez bien payer une chambre deux fois plus cher qu'un jour de semaine en basse saison...

Recommandation à ceux qui souhaitent profiter des réductions et avantages proposés dans le *Routard* par les hôteliers et les restaurateurs.
À l'hôtel, pensez à les demander au moment de la **réservation** ou bien lors de votre **arrivée.** Elles ne sont **valables que pour les réservations en direct** et ne sont pas cumulables avec d'autres offres promotionnelles (notamment sur Internet). Au restaurant, parlez-en **au moment** de la commande et surtout **avant** que l'addition ne soit établie. Poser votre *Routard* sur la table ne suffit pas : le personnel de salle n'est pas toujours au courant et une fois le ticket de caisse imprimé, il est souvent difficile de modifier le total. En cas de doute, montrez la notice relative à l'établissement dans le *Routard* de l'année, bien sûr, et ne manquez pas de nous faire part de toute difficulté rencontrée.

Hôtels comme restos, les prix sont généralement affichés avec la taxe sur la valeur ajoutée *(IVA)* de 10 % incluse, à quelques exceptions près. Dans la mesure du possible, nous avons choisi de vous indiquer les prix ***taxe comprise.*** Sachez aussi que certains établissements modestes ajoutent une commission pour tout règlement par carte de paiement (s'ils l'acceptent).

Hébergement

Les prix indiqués sont ceux d'une ***chambre double,*** généralement sans le petit déj (sauf indication contraire) mais ***avec IVA.*** Cette échelle est évidemment indicative et peut varier légèrement. Pour ce qui est des petits déjeuners, beaucoup de pension, maintenant souvent nommée *hostal,* n'en servent pas : nous le signalons. De même, nous signalons lorsque le petit déjeuner est inclus dans le prix de la chambre. En revanche, les quelques fois où nous indiquons son prix, il s'entend, bien sûr, par personne, comme tous les repas. Les tarifs ayant de plus en plus tendance à varier selon les lois de l'offre et la demande, n'hésitez pas à passer par Internet pour les réservations, car les offres intéressantes sont fréquentes, surtout pour les établissements un peu chic.

– ***Bon marché :*** de 15 à 20 € par personne (en AJ) ou de 30 à 50 € pour une chambre double.
– ***Prix moyens :*** de 50 à 70 €.
– ***Chic :*** de 70 à 90 €.
– ***Plus chic :*** de 90 à 120 €.
– ***Très chic :*** plus de 120 €.

Nourriture

Le pain, au même titre que la bouteille d'eau, est généralement facturé (sauf s'il est inclus dans le menu). Si on le refuse, il n'est évidemment pas compté (quoique...).

On peut évidemment manger à tous les prix. Mais si c'est la qualité que vous recherchez, cela vous reviendra presque aussi cher qu'en France. Avec les tapas, on peut s'en sortir plus honorablement, si l'on n'est pas trop gourmand. Les fourchettes de prix indiquées ci-dessous sont calculées sur la base d'un ***repas complet pour une personne, taxe (IVA)*** incluse mais sans la boisson.

– ***Très bon marché :*** moins de 8 €.
– ***Bon marché :*** de 8 à 15 €.
– ***Prix moyens :*** de 15 à 25 €.
– ***Plus chic :*** 25-35 €.
– ***Très chic :*** plus de 35 €.

À noter que le midi, beaucoup de restaurants proposent un *menú del día,* généralement bien ficelé et complet (entrée, plat, dessert, pain, et souvent boisson), autour de 10-14 €. N'hésitez pas, il est difficile de trouver un meilleur rapport qualité-prix, même s'il ne faut pas toujours s'attendre à des produits haut de gamme... Encore que, il y a parfois de bonnes surprises et des petits menus remarquables (nous ne manquons pas de les signaler !).

Visites, parking, etc.

Les musées et sites sont généralement payants, de même que les églises les plus visitées (voir plus loin « Musées et sites »).

Si vous vous déplacez en voiture, sachez que les parkings ne sont pas donnés à Madrid (où la circulation est de toute façon galère, et où nous vous conseillons de vous déplacer à pied ou d'utiliser les transports en commun). Le prix pour 24h peut grimper jusqu'à 32 €. Certains hôtels disposent de leur propre parking, souvent moins onéreux, ou ont des accords (et donc des réductions) avec les parkings les plus proches : renseignez-vous lors de votre réservation ou à votre arrivée à la réception.

CLIMAT

En règle générale, tempéré et sec. Le climat de la Meseta (le plateau castillan, dans lequel trône Madrid) est de type continental : air très sec, été assez chaud (par exemple, souvent plus de 40 °C à Madrid en juillet-août) et hiver plutôt frais.
L'époque de voyage la plus favorable pour l'ensemble de la péninsule, et en particulier Madrid, est le printemps ou l'automne. On y bénéficie de températures agréables, sans la foule. Cela dit, en été, il suffit de se mettre à l'heure espagnole, en faisant une vraie pause aux heures les plus chaudes (qui compensera d'ailleurs les nuits passées à courir les bars à tapas !), ou en se réfugiant à ces heures là dans les musées climatisés ou les parcs de la ville.

FÊTES ET JOURS FÉRIÉS

Les 1er janvier, 6 janvier (Épiphanie), Semaine sainte (du vendredi au dimanche de Pâques), 1er mai, 2 mai (fête de la région et de l'Indépendance), 15 août (Assomption), 12 octobre (fête nationale), 1er novembre (fête de la Toussaint), 10 novembre (fête de l'Almudena), 6 décembre (fête de la Constitution), 8 décembre (fête de l'Immaculée Conception) et 25 décembre.
La San Isidro (15 mai), fête du saint patron de la ville, est l'occasion de 10 jours de fêtes et de spectacles dans tout Madrid avec les plus grands toreros du moment : une semaine de corridas exceptionnelles.

HÉBERGEMENT

Pas trop de problèmes d'hébergement à Madrid : la ville regorge de *pensiones* et *hostales*. Pourtant, en haute saison et pendant les grands événements, plus la soirée avance, plus les chances de trouver une chambre s'amenuisent. Idem pour les week-ends qui sont très chargés. Penser à téléphoner pour savoir s'il reste de la place. Les pensions bon marché ne prennent pas toujours de réservation par téléphone, ou alors exigent un numéro de carte de paiement, et encaissent en général directement la première nuit (difficile de se faire rembourser par la suite...). Évidemment, plus vous restez longtemps et plus vous pouvez négocier le prix (à partir de 3-4 nuits ou pour un week-end complet).
– Autre point à ne pas négliger, la climatisation (dans nos commentaires : l'AC) ou le ventilo. Malgré ses défauts, elle est conseillée en été, surtout en centre-ville.
– Et puis, n'oubliez pas, vous êtes dans une grande ville qui est loin de s'endormir une fois la nuit tombée, bien au contraire ! Alors, quelle que soit la catégorie de l'hôtel, ***sachez que les chambres sur rue sont en général bruyantes.*** Selon votre rythme de vie (et de sorties !), prenez vos précautions, et si vous tenez au calme, préférez une chambre intérieure (quoique... les cours raisonnent bien, elles aussi !)... ou sortez les boules Quies !

HORAIRES

Les ***horaires des repas*** sont plus tardifs que ceux pratiqués en France. Le petit déjeuner se prend de 8h à 11h, le déjeuner de 13h30-14h à 16h et le dîner de 21h à 23h (à la fraîche). Quant aux ***boîtes de nuit,*** certaines ne commencent à s'animer que vers 3h... Il faut avoir une santé de fer pour vivre ici ! Les ***magasins*** sont généralement ouverts du lundi au samedi de 9h30 ou 10h à 13h30 ou

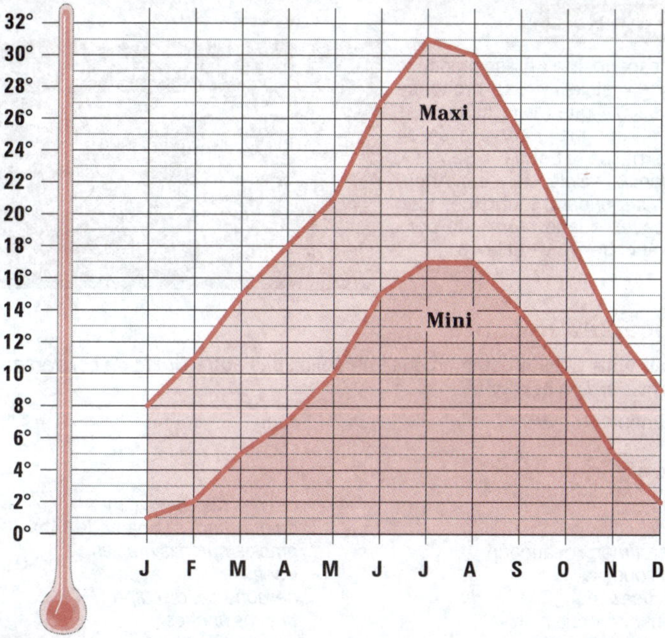

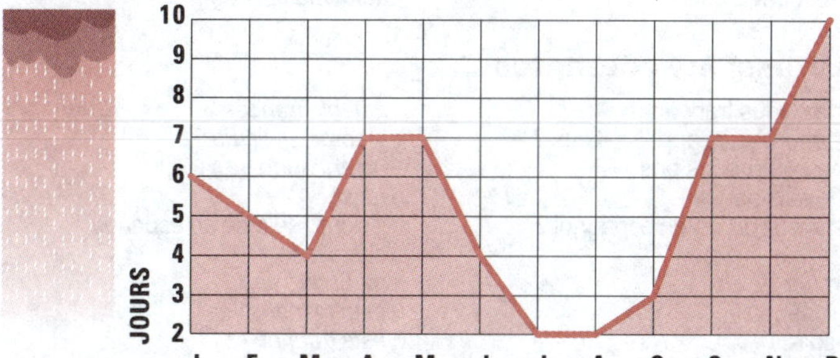

Nombre de jours de pluie

MADRID
Moyenne des températures atmosphériques

14h, et de 16h30 ou 17h à 20h ou 21h. Ils respectent la sacro-sainte *siesta* (la pause, quoi), quoique à Madrid cela tende à se raréfier ! En été, certains commerces restent ouverts jusqu'à 22h ou 23h. Les supermarchés, grands magasins (type *Corte Inglès*) et boutiques de chaînes, en revanche, sont ouverts toute la journée sans interruption. Pour les banques, voir plus haut « Argent, banques, change ».

LANGUE

En espagnol, le « ñ » se prononce « gne » et le « v » se prononce plus « b » que « v » : *España* se dit « Espagna », *cerveza* se dit « cerbessa », *Sevilla,* « Sebilla », *Valencia,* « Balencia », etc. Attention cependant, tout excès nuit. Essayez quand même de pondérer entre le « v » et le « b ».

PARLER LE FRANÇAIS COMME UNE VACHE ESPAGNOLE

C'est vrai que les vaches, surtout espagnoles, parlent mal le français. Cette expression datant du XVIIe s vient en fait d'une altération du mot « basque ». Avec leur accent si particulier, on comprend mieux l'expression !

Vocabulaire usuel

Pour vous aider à communiquer, n'oubliez pas notre *Guide de conversation du routard* en espagnol.

oui/non	*sí/no*

Politesse

bonjour	*buenos días* (le matin) *buenas tardes* (à partir de 14h)
merci/merci beaucoup	*gracias/muchas gracias*
s'il vous plaît	*por favor*
excusez-moi	*perdóneme, disculpe*
bonsoir/bonne nuit	*buenas noches*
au revoir/à bientôt	*adiós/hasta luego*

Expressions courantes

parlez-vous français ?	*¿ habla francés ?*
comment vous appelez-vous ?	*¿ cómo se llama ?*
je ne comprends pas	*no entiendo*
je ne sais pas	*no sé*
comment dit-on en espagnol ?	*¿ cómo se dice en español/ castellano ?*
demain	*mañana*
ce matin	*esta mañana*
ce soir	*esta noche*
OK, c'est bon, d'accord	*vale*

Vie pratique

ville	*ciudad*
centre	*centro*
bureau de poste	*correos*
office de tourisme	*oficina de turismo*
banque	*banco*
mot de passe (accès wifi)	*contraseña*

Transports

gare routière	*estación de autobuses*
gare ferroviaire	*estación de ferrocarriles*
billet	*billete*

à quelle heure le train arrive-t-il... / part-il ?	*¿ a qué hora llega (sale) el tren... ?*
où faut-il changer de train ?	*¿ dónde hay que cambiar de tren ?*

Argent

payer	*pagar*
prix	*precio*
combien ça coûte ?	*¿ cuánto cuesta/vale ?*
guichet automatique	*cajero automático, bancomat*
carte de paiement	*tarjeta de crédito*
pas cher, bon marché	*barato*
cher	*caro*

À l'hôtel et au restaurant

hôtel	*hotel*
auberge	*albergue*
pension	*hostal, fonda, pensión*
chambre	*habitación*
chambre double	*habitación doble/de dos camas*
pourriez-vous me la montrer (la chambre) ?	*¿ me la puede enseñar, por favor (la habitación) ?*
service compris	*servicio incluido*
petit déjeuner	*desayuno*
déjeuner	*almuerzo*
dîner	*cena*
repas	*comida*
je voudrais la note	*quisiera la cuenta*

Quelques abréviations courantes

calle	*c/* (rue)
avenida	*avda* (avenue)
carretera	*ctra* (route, chemin)
plaza	*pl.* (place)
travesía	*trav.* (passage)

Le temps

jour	*día*
semaine	*semana*
lundi	*lunes*
mardi	*martes*
mercredi	*miércoles*
jeudi	*jueves*
vendredi	*viernes*
samedi	*sábado*
dimanche	*domingo*
matin	*mañana*
midi	*mediodía*
après-midi	*tarde*
soir	*noche*
minuit	*medianoche*
heure	*hora*

Chiffres

1	*uno, una*	14	*catorce*
2	*dos*	15	*quince*
3	*tres*	16	*dieciseis*
4	*cuatro*	17	*diecisiete*
5	*cinco*	18	*dieciocho*
6	*seis*	19	*diecinueve*
7	*siete*	20	*veinte*
8	*ocho*	50	*cincuenta*
9	*nueve*	100	*ciento, cien*
10	*diez*	200	*doscientos*
11	*once*	500	*quinientos*
12	*doce*	1000	*mil*
13	*trece*		

LIVRES DE ROUTE

– ***Don Quichotte de la Manche*** (1605), de Miguel de Cervantes, roman ; éd. Du Chêne, 2009 ; illustré par Salvador Dalí. Voilà un classique, indispensable pour quiconque désire comprendre l'âme espagnole. Voici, avec un humour décapant, les aventures d'un vieil hidalgo de la Manche. Don Quichotte est « un homme sensé atteint de folie, un fou doué de bon sens » dont le but est de venger les offenses, de redresser les torts et, bien sûr, d'effrayer les géants. Mais son problème, c'est l'anachronisme. Il n'est plus de son temps ! Et il transforme sans cesse la réalité. Des moulins à vent deviennent des géants à abattre, un troupeau de moutons une armée ennemie... Ascète efflanqué épris d'idéal, Don Quichotte voyage à travers l'Espagne, de la Manche jusqu'à Barcelone, en compagnie de Sancho Panza, son fidèle serviteur. Tout semble séparer ces deux hommes opposés jusqu'à la caricature, l'idéaliste mystique et le bon vivant terre à terre. Et pourtant, l'un n'est rien sans l'autre. Publié pour la première fois en 1605, ce chef-d'œuvre universel a fêté ses 400 ans en 2005. Après la Bible, ce serait le deuxième best-seller mondial.

LE PLAGIAT DE *DON QUICHOTTE*

À sa sortie, le roman de Cervantes connut un succès considérable ; 8 ans plus tard, un auteur sans scrupule publia une suite de l'ouvrage, dans laquelle il dénigrait vertement Cervantes... Certains affirment que c'est son ennemi préféré, l'écrivain Lope de Vega, qui s'y colla ! Furieux, Cervantes décida d'écrire sa suite des tribulations du chevalier, en le faisant mourir à la fin. L'histoire était donc définitivement close.

– ***La Manche de Don Quichotte*** (2005), de Denis Tillinac, illustrations de Yan Méot ; La Table ronde. L'auteur et le dessinateur effectuent un voyage initiatique et empreint d'humour dans la Manche où, à chaque coin de rue (jusque dans leurs assiettes), plane le fantôme du célèbre héros de Cervantes.

– ***La Vie de Lazarillo de Tormes*** (1554), anonyme, autobiographie ; Garnier-Flammarion, éd. bilingue, 1994 (un peu difficile à trouver). Écrite par un inconnu, *La Vie de Lazarillo de Tormes* est un véritable joyau de la littérature espagnole. Cette historiette gorgée à cœur de truculence, d'intelligence vive et de bons mots fut éditée vers 1554. L'histoire est simple : un garçon est confié dès son plus jeune âge à un aveugle dont il devient le serviteur. Ensuite, du mendiant aveugle, il passe chez un prêtre avare, chez un écuyer famélique et chez un marchand d'indulgences. Notre apprenti Peter Pan devient le larbin de tout le monde et ne veut servir personne. Malicieux, il accède à la sagesse en rivalisant de cynisme et de coups bas. Peinture sociale géniale, pamphlet d'un sombre siècle, ce semblant d'autobiographie ouvre la voie d'une tradition picaresque que Cervantes renouvellera avec el señor Quijote et son valet Sancho Panza.

– ***Voyage en Espagne*** (1843), de Théophile Gautier, récit de voyage ; éd. Flammarion, 1999, GF nº 367. Gautier est un romantique impénitent, tout autant fasciné par la violence des courses de taureaux que par l'élan de spiritualité qu'il décèle dans les églises espagnoles.

– ***L'Espoir*** (1937), d'André Malraux, roman ; Gallimard Poche, 1996 : Folio nº 16. Malraux a vécu en direct les événements de la guerre d'Espagne ; de fait, son roman est aussi une sorte de chronique où la réflexion politique prend une place centrale. Face aux franquistes, il préfère très clairement l'organisation et le pragmatisme des communistes à l'autogestion anarchiste.

– ***Toreros de salón*** (1963), de Camilo José Cela, nouvelles ; éd. Gallimard, 1994. Chez Camilo José Cela, malgré une ironie mordante et parfois un soupçon de tendresse, on apprécie surtout la retenue et le refus du jugement de valeur. En quelques portraits, il campe ces toreros de salon et leurs taureaux, au ridicule plus accusé encore.

– ***Cinq heures avec Mario*** (1966), de Miguel Delibes, roman ; Verdier, 2010. Un professeur de lycée vient de mourir. Carmen, sa femme, le veillera toute la nuit. Sur la table de chevet, la Bible, dont il avait surligné quelques passages. Dans un curieux soliloque, elle recrée la réalité de sa vie de petite bourgeoise franquiste et frustrée face à un homme qu'elle croyait connaître. Et en profite pour vider son sac. Un livre d'une douce cruauté, qui va au-delà d'une critique sociale d'un milieu ou d'une époque, celle de l'Espagne sous Franco.

– ***Le Labyrinthe aux olives*** (1982), d'Eduardo Mendoza, polar ; Points, 1998, nº 460. Ceux qui ont lu *Le Mystère de la crypte ensorcelée* connaissent déjà le héros de cette aventure burlesque, cette fois évadé tout droit d'un asile d'aliénés. Mendoza nous fait voyager dans l'Espagne contemporaine, entre Madrid et Barcelone, sur les traces d'une mallette bourrée de pesetas.

– ***Meurtre au comité central*** (1981), de M. V. Montalbán, polar ; 10/18, 1999, nº 2197. Le détective barcelonais Pepe Carvalho enquête à Madrid sur l'assassinat du secrétaire général du PC espagnol, tout juste sorti de la clandestinité. Une occasion d'explorer avec lui un coin de l'Espagne de l'après-franquisme.

– ***Amour, Prozac et autres curiosités*** (1999), de Lucía Etxebarría, roman ; 10/18, 2001, nº 3253. Cristina, Rosa et Ana : une bombe sexuelle, une amazone technocrate et une ménagère dépressive. Trois sœurs que tout sépare... sauf peut-être la drogue, sous toutes ses formes. Histoires croisées du mal de vivre dans les rues madrilènes de la post-Movida, entre crudité et douceur, désespoir et humour (caustique), fatalisme et optimisme. Attention ! « Femmes au bord de la crise de nerfs » !

– ***Les Soldats de Salamine*** (2001), de Javier Cercas, roman ; LGF, 2005, Le Livre de Poche. Entre fiction et réalité, ce roman entremêle le destin de trois personnages. Un des fondateurs de la Phalange, organisation fasciste, échappe à la fusillade des républicains qui se retirent vers la France à la fin de la guerre civile.

– ***Anatomie d'un instant*** (2009), de Javier Cercas, roman ; éd. Babel, 2013. « Tout le monde à terre ! » La menace retentit le 23 février 1981, à 18h21 précises, à Madrid : c'est tout un parlement qui est pris en otage par un groupe franquiste de *guardias civiles.* Cercas retrace la nuit la plus tendue de la Transition démocratique espagnole, 5 ans après la mort de Franco, à travers ces 400 pages, et dresse ainsi un portrait de l'Espagne des années 1980.

– ***L'Art de voler*** (2011), d'Antonio Altarriba et Kim, bande dessinée ; éd. Denoël, 2011. La biographie à peine romancée du père d'Altarriba. Né en 1910, sa vie illustre à merveille l'Espagne du XXe s : les pénuries du début du siècle, la dictature de Primo de Rivera, l'espoir de la République en 1931, le traumatisme de la guerre civile, le silence sous quarante années de franquisme, jusqu'à la démocratie. Nombreux sont les Espagnols à se retrouver dans cette vie marquée par les échecs, les condamnations, et la frustration idéologique et intellectuelle. C'est aussi un bel hommage à cet homme qui se refusa toujours à abdiquer face à l'obscurantisme, et choisit jusqu'au bout la liberté, celle de voler en plein ciel...

MADRID GRATUIT

Quelques musées et sites sont gratuits pour tous toute l'année : la Casa-museo Lope de Vega, le museo de la Biblioteca nacional de España, l'Ermita de San Antonio de la Florida, le Templo de Debod, le Museo de la Villa, Conde Duque Centro Cultural (le musée, pas les spectacles), le Museo ABC, et Andén 0 – Estación Chamberí. Est également tout à fait gratuit l'accès à divers centres culturels, alternatifs ou non, et en général à leurs expos (moins souvent à leur programmation de théâtre, spectacles, concerts, etc) : La Tabacalera, la Casa Encendida, les expos de CentroCentro (et l'accès au mirador le 1er mercredi du mois), les expos de la *fundación Juan March*, et une bonne partie des expos et activités du centre culturel *Matadero* (mais pas tout : pas le théâtre, etc.). Tous les parcs sont également en libre accès, dont le superbe parc del Buen Retiro, et le vaste projet Madrid Ría, qui longe le Manzanares de ses pistes cyclables.
Même les grands musées permettent de découvrir leurs collections gratuitement, en offrant un créneau horaire : ainsi le Prado est gratuit du lundi au samedi 18h-20h, et le dimanche 17h-19h (attention à la file d'attente cependant, qui peut grignoter une bonne partie de ces 2h !). Même politique au Museo Reina Sofia, gratuit en semaine de 19h à 21h, et de 13h30 à 19h le dimanche (mais seule une partie du musée est alors accessible). Quant au Museo Thyssen-Bornemisza, c'est le lundi de 12h à 16h.
Plusieurs sont gratuits le samedi à partir de 14h ou 14h30, ainsi que le dimanche : le Museo Cerralbo (qui offre une plage supplémentaire de gratuité jeu 17h-20h), le Museo del Romanticismo, le Museo Arqueológico Nacional, le Museo Sorolla, et le Museo del Traje.
Le convento de las Descalzas Reales et le Real Monasterio de la Encarnación, quand à eux, sont gratuits pour les ressortissants de l'UE à partir de 16h les mercredi et jeudi. Et du côté du Palacio Real, c'est tous les jours du lundi au jeudi, à partir de 18h d'avril à septembre, de 16h d'octobre à mars (sans oublier le spectacle de la grande relève de la garde, tous les 1er mercredi du mois à midi). La Real Academia de Bellas Artes de San Bernardo se distingue : le mercredi, c'est gratuit ! Au Museo de América, c'est le dimanche. Plus compliqué, le Museo Lazaro Galdiano : tous les jours de 15h30 à 16h30, et le dimanche de 14h à 15h
Enfin, les étudiants de moins de 25 ans, les jeunes de moins de 18 ans, les chômeurs et les plus de 65 ans bénéficient souvent soit d'une réduction, soit de la gratuité (à condition, bien sûr, de produire un justificatif – carte d'étudiant, pièce d'identité, etc.).

MUSÉES ET SITES

Madrid possède d'excellents musées, dont le célèbre Prado qui présente des collections uniques au monde et lui vaut une place dans le peloton de tête, mesdames et messieurs bonjour, des capitales artistiques européennes. Dans les musées nationaux, entrée gratuite avec la carte internationale d'étudiant. Parfois, vous ne paierez que moitié prix. Le mercredi, certains sont gratuits pour les ressortissants de l'UE. Pour être plus sûr, renseignez-vous à l'entrée de chaque musée car les réductions ou gratuités sont rarement indiquées. Pour les plus accros, voici le détail des différents *pass* et cartes.

Passes touristiques

- ***Madrid Card :*** elle donne accès à environ 50 musées de Madrid et ses environs (dont le Prado, la fondation Thyssen-Bornemisza et le Centro de Arte Reina Sofía), au Palais royal, à des visites guidées (par exemple celle du stade Bernabéu), ainsi qu'à des réductions pour certains restos, spectacles et magasins. Les prix : 47, 60, 67, 77 € selon la durée (24h, 48h, 72h et 120h) ; pour les enfants (moins de 12 ans), respectivement 34, 42, 44 et 47 €. Faites vos calculs pour être sûr de rentrer dans vos frais, car ce n'est pas donné. Un bon plan (environ 5 % moins cher) est d'acheter ces *passes* sur le site internet : • *madridcard.com* • Sinon, à l'office de tourisme de la plaza Mayor. *Infos : depuis la France,* ☎ *(00-34) 91-360-47-72 ; en Espagne :* ☎ *902-08-89-08.*
- ***Bono Patrimonio Nacional nº 2 :*** donne accès pendant 1 an (1 seule entrée/site) aux sites gérés par *Patrimonio Nacional* situés dans la Communauté de Madrid. À Madrid même : *Palacio real de Madrid, Monasterio de las Descalzas reales, Real Monasterio de la Encarnación.* Dans le reste de la Communauté : *Real Sitio de San Lorenzo de El Escorial, Real Sitio de Aranjuez, Real Sitio de El Pardo, Abadía Benedictina de la Santa Cruz del Valle de los Caídos.* En vente 30 € aux guichets de ces monuments (réduc étudiants et plus de 65 ans). • *patrimonionacional.es/bonos-patrimonio-nacional* •
- ***Abono Paseo del Arte :*** un forfait valable 1 an qui permet l'entrée une fois dans chacun des 3 musées suivants : au Prado, à la fondation Thyssen et au Centro Reina Sofía ; en vente 28 € à chacun des guichets de ces musées (expos temporaires non comprises). Avoir son passeport ou sa carte d'identité sur soi.
- ***Abono Ocho Museo de Madrid :*** une carte valable 15 j. et qui, pour 16 €, permet de visiter gratuitement 8 des musées nationaux suivants, au choix : Museo del Romanticismo, Museo Nacional de Antropología, Museo Nacional de Artes Decorativas, Museo del Traje, Museo Cerralbo, Museo de América, Museo Arqueológico Nacional et Museo Sorolla. Existe aussi en version ***Cuatro Museo*** (valable 10 j., pour 8 € : même principe, 4 musées au choix dans la liste précédente). On se procure l'*abono* au guichet du premier musée visité. Attention, n'inclut ni le Museo del Prado, ni le Museo Nacional Centro de Arte Reina Sofía.

POSTE

Les timbres *(sellos)* s'achètent dans les postes *(correos),* ouvertes en général du lundi au vendredi de 8h30 à 20h-20h30 (14h30 dans les petites villes) et le samedi de 9h30 à 13h-14h. On en trouve aussi dans les bureaux de tabac *(estancos),* reconnaissables à leur panonceau marron et jaune constitué d'un « T » stylisé. Tarif pour l'Europe : 1,15 €. La poste restante se dit *apartado de correos.* Toutes les infos sur les tarifs et services postaux : • *correos.es* •
Les services postaux sont plutôt lents et leur fiabilité n'est pas garantie à 100 % : il n'est pas rare qu'une carte postale mette plusieurs semaines avant d'arriver à bon port.

RESTAURANTS

Pas toujours évident de s'y retrouver. La jungle des *bodegas, tascas, tabernas, bares de tapas, marisquerías, mesones* et *restaurantes,* a quelque chose d'impénétrable, sans compter les horaires des repas (on mange souvent 2h plus tard qu'en France, le midi comme le soir !). Il faut se laisser tenter, oser plonger dans la foule à la recherche du comptoir et de ses gros jambons, choisir un plat sans forcément comprendre ce qu'il y a dedans... C'est en goûtant qu'on devient connaisseur !

En Espagne, il y a moins de restos tels qu'on les connaît que dans le reste de l'Europe. En revanche, la plupart des bars et cafés offrent de quoi se restaurer à bon prix : *tapilla* ou *tapita* (minitapas) souvent gratuites avec une consommation, *pinchos* généralement payants, *tostadas* (tartines), *tapas* et *raciones* (assiettes de tapas) – qui peuvent n'être que *media raciones.* Il y a aussi le *bocadillo* (sandwich) et le *sándwich* (toast ou croque-monsieur). On peut, selon l'importance de son appétit ou tout simplement pour goûter des spécialités, commander *una tapa* (une petite portion), *una media ración* (une petite assiette) ou *una ración* (une assiette entière). Voir aussi la rubrique « Tapas ». On reste souvent debout au comptoir dans les bars, mais nombreux sont les établissements à combiner le bar à tapas avec quelques tonneaux ou tables hautes façon *taberna,* et une salle de resto plus chic séparée. Comme ça, il y en a pour tous les goûts et tous les budgets.

UNE AUBERGE ESPAGNOLE

Autrefois, dans ces auberges, on pouvait dormir. En revanche, la nourriture venait souvent à manquer ou était de piètre qualité. Voilà pourquoi il était conseillé de venir avec ses propres victuailles. L'expression indique aujourd'hui un lieu où l'on mange... ce que l'on apporte.

– En dehors des bars à tapas, que ceux qui veulent manger assis se rassurent, la ville compte aussi de « vrais » restos. Aucun problème pour déjeuner pas cher à Madrid : quasiment tous les restos affichent des ***menus*** *(menú del día).* Pas toujours proposé, il faut parfois le demander, mais il est en principe obligatoire. Il est composé d'une entrée, d'un plat de résistance au choix et d'un dessert (la boisson et le pain sont en général inclus). Ces menus sont souvent copieux et d'un bon rapport qualité-prix, hormis dans les restos vraiment touristiques où la cuisine peut être très moyenne. Notons également que les Espagnols sont plutôt carnassiers et qu'il est souvent difficile pour un végétarien d'y trouver son compte (sauf dans les grandes villes). Cependant, le soir, c'est plus difficile, et vous constaterez qu'en termes de budget, les restaurants que l'on indique, pour la plupart, appartiennent à la catégorie « Prix moyens ».

– Une pratique répandue dans les restos, c'est de commander un plat à plusieurs, dans lequel chacun « picore » à sa guise. Cela permet de limiter les frais et de goûter à diverses spécialités.

Parmi les bars, plusieurs variétés :
– ***Tasca :*** bar à tapas, où l'on mange souvent accoudé au comptoir. On dit aussi tout simplement un ***bar de tapas.***
– ***Cervecería :*** « brasserie », au sens littéral, donc bar à bières.
– ***Bodega :*** « cave à vins », en pratique une sorte de bar à vins.
– ***Taberna :*** taverne.
Mais tous ces noms désignent un peu la même chose : un bar où l'on consomme bières, vins et tapas...
Parmi les « restaurants », on distingue également :
– ***Mesón :*** restaurant assez bon marché et préparant une cuisine familiale typique. Une sorte de cantine, quoi !
– ***Comedor :*** salle à manger dans un établissement hôtelier ou dans un bar.
– ***Asador :*** sorte de grill ou rôtisserie, dans laquelle on sert principalement de la viande grillée.
– ***Marisquería :*** restaurant de poisson et fruits de mer (*mariscos* = fruits de mer).

– ***Restaurante :*** c'est ce qui se rapproche le plus du restaurant classique, c'est-à-dire un lieu où l'on s'assied pour manger même si, en pratique, on trouve souvent un comptoir à tapas dans la salle d'à côté.
– ***Les freiduría :*** comme son nom l'indique, on y trouve toutes sortes de fritures, surtout du poisson.

SANTÉ

Pour un séjour temporaire en Espagne, pensez à vous procurer la carte européenne d'assurance maladie. Il vous suffit d'appeler votre centre de Sécurité sociale (ou de vous connecter au site internet de votre centre, encore plus rapide !) qui vous l'enverra sous une quinzaine de jours. Cette carte fonctionne avec tous les pays membres de l'Union européenne. C'est une carte plastifiée bleue du même format que la carte Vitale. *Attention,* elle est valable 2 ans, elle est gratuite et personnelle (chaque membre de la famille doit avoir la sienne, y compris les enfants). *Attention bis,* la carte n'est pas valable pour les soins délivrés dans les établissements privés.

SITES INTERNET

• ***routard.com*** • Rejoignez la plus grande communauté francophone de voyageurs ! Échangez avec les routarnautes : forums, photos, avis d'hôtels. Retrouvez aussi toutes les informations actualisées pour choisir et préparer vos voyages : plus de 200 fiches pays, une centaine de dossiers pratiques et un magazine en ligne pour découvrir tous les secrets de votre destination. Enfin, comparez les offres pour organiser et réserver votre voyage au meilleur prix. Routard.com, le voyage à portée de clics !
• ***spain.info/fr_FR*** • Le site officiel de l'office de tourisme avec, entre autres, des brochures à télécharger. Et pour Madrid et sa région • ***turismomadrid.es*** • ainsi que • ***esmadrid.com*** • plus spécialisé sur la ville.
• ***elpais.com*** • ***elmundo.es*** • Les sites des quotidiens nationaux, pour lire les nouvelles fraîches du jour.
• ***picasso.fr*** • Le site officiel du grand maître, supervisé par son fils, Claude Picasso. Graphiquement réussi (encore heureux !).
• ***eldeseo.es*** • En espagnol. Site dédié à Pedro Almodóvar, le génie du cinéma espagnol. Vous y trouverez des dossiers complets sur chacun de ses films et de nombreuses actualités concernant le réalisateur.
• ***mundotoro.com*** • ***portaltaurino.net*** • ***allianceanticorrida.fr*** • Des sites pour et contre les corridas.
• ***clubbingspain.com*** • Toute l'actu des meilleurs DJs et des plus grosses boîtes d'Espagne.
• ***winesfromspain.com*** • À consulter avant de choisir une bouteille au petit bonheur la chance !
• ***marca.com*** • En espagnol et en anglais, le site du quotidien sportif *Marca* pour vous tenir au courant des exploits sportifs de vos hôtes espagnols.

TABAC

Comme dans la plupart des pays européens, il est strictement interdit de fumer dans tous les lieux publics y compris les cafés, les restaurants et les discothèques, ainsi que sur les lieux de travail. Cette interdiction s'applique à toutes les administrations publiques et entreprises privées, aux gares, aéroports, stations de métro, mais aussi aux espaces extérieurs faisant face aux écoles et hôpitaux. Petite exception : les hôtels peuvent conserver 30 % de leurs chambres pour les fumeurs. Désormais, la seule possibilité pour les bars est d'aménager des espaces fumeurs, interdits aux mineurs. Sinon il reste les terrasses. Les contrevenants se voient infliger de lourdes amendes, dont le montant augmente graduellement : 30 € à la première infraction, 600 € à la deuxième et 10 000 € à la troisième !

LE DANGER DU TABAC

Rodrigo de Jerez, compagnon de Christophe Colomb et fumeur à ses heures, fut condamné à 10 ans de prison par l'Inquisition espagnole pour satanisme... En effet, on pensait que seul le diable pouvait exhaler de la fumée par la bouche.

TÉLÉCOMS, TÉLÉPHONE

Téléphone

Appels internationaux

– ***Espagne → France :*** 00 + 33 puis le numéro de votre correspondant à 9 chiffres (c'est-à-dire le numéro à 10 chiffres sans le 0).
– ***France, Belgique ou Suisse → Espagne :*** 00 + 34 + numéro du correspondant à 9 chiffres.
– ***Espagne → Belgique :*** 00 + 32 + numéro du correspondant à 8 chiffres.
– ***Espagne → Suisse :*** 00 + 41 + numéro du correspondant à 8 ou 9 chiffres.
– ***Appels en PCV*** *(servicio directo país)* ***pour la Belgique :*** ☎ *900-99-00-32 (33 pour la France).* On obtient une opératrice du pays concerné.

Appels intérieurs

Pour les ***appels locaux*** (par exemple, de Madrid à Madrid) et ***nationaux*** (par exemple, de Madrid à Saragosse), on compose le numéro complet à 9 chiffres. Renseignements en Espagne : ☎ *11-888.*

Internet

Avec l'essor du wifi, il devient plus difficile de trouver des cafés Internet, et ceux que nous vous indiquons ne feront peut-être pas de vieux os... Votre meilleure chance, ce sont les *locutorios,* des centres d'appel et d'Internet, ouverts en général tous les jours et jusque tard le soir. Sinon, la plupart des hébergements et un nombre croissant de cafés, restos et même de zones publiques (certaines places ou les abords des offices de tourisme) proposent aujourd'hui un accès wifi, le plus souvent gratuit.

Téléphone portable en voyage

On peut utiliser son propre téléphone portable en Espagne avec l'option « Europe » ou « Monde ».
– ***À savoir :*** un téléphone tri-bande ou quadri-bande est nécessaire pour certaines destinations, mais ce n'est pas le cas de l'Espagne. Pour être sûr que votre appareil est compatible avec votre destination, renseignez-vous auprès de votre opérateur.
– ***Activer l'option « international » :*** pour les abonnés récents, elle est en général activée par défaut. En revanche, si vous avez souscrit à un contrat depuis plus de 3 ans, pensez à contacter votre opérateur pour souscrire à l'option (gratuite). Attention toutefois à le faire au moins 48h avant le départ.

– ***Le « roaming » :*** c'est un système d'accords internationaux entre opérateurs. Concrètement, cela signifie que lorsque vous arrivez dans un pays, au bout de quelques minutes, le nouveau réseau s'affiche automatiquement sur l'écran de votre téléphone.
– Vous recevez rapidement un SMS de votre opérateur qui propose un ***pack voyageurs*** plus ou moins avantageux, incluant un forfait limité de consommations téléphoniques et de connexion internet. À vous de voir...
– ***Tarifs :*** ils sont propres à chaque opérateur et varient en fonction des pays (le globe est découpé en plusieurs zones tarifaires). ***N'oubliez pas qu'à l'international, vous êtes facturé aussi bien pour les appels sortants que pour les appels entrants.*** Ne papotez donc pas des heures en imaginant que c'est votre interlocuteur qui payera ! Utilisez le wifi à l'étranger et non les réseaux 3G ou 4G, au risque de faire exploser les compteurs, avec au retour de voyage des factures de plusieurs centaines d'euros ! Le plus sage consiste à ***désactiver la connexion*** « données à l'étranger » (dans « Réseau cellulaire »). Pensez également à ***supprimer la mise à jour automatique de votre messagerie,*** qui consomme elle aussi des octets sans vous avertir (option « Push mail »). Optez pour le mode manuel. Cependant, la majorité des fournisseurs de téléphonie mobile offrent aujourd'hui des ***journées incluses dans le forfait***, avec appels téléphoniques, SMS, voire MMS et connexion internet en 3G limitée. Les destinations incluses dans votre forfait évoluant sans cesse, ne manquez pas de consulter le site de votre fournisseur.

Bons plans pour utiliser son téléphone à l'étranger

– ***Acheter une carte SIM/puce sur place :*** c'est une option très avantageuse pour certaines destinations. Il suffit d'acheter à l'arrivée une carte SIM locale prépayée chez l'un des nombreux opérateurs *(Telefónica, Movistar, Vodafone* ou, moins cher, *Yoigo),* représentés dans les boutiques de téléphonie mobile un peu partout dans le pays et souvent à l'aéroport. On vous attribue alors un numéro de téléphone local et un petit crédit de communication, pour 10 à 25 €. Avant de signer le contrat et de payer, essayez donc, si possible, la carte SIM du vendeur dans votre téléphone – préalablement débloqué – afin de vérifier si celui-ci est compatible. Ensuite, les cartes permettant de recharger votre crédit de communication s'achètent facilement un peu partout : kiosques à journaux, supermarchés, tabacs, épiceries...
– ***Se connecter sur les réseaux wifi*** est le meilleur moyen d'avoir accès au Web gratuitement ou à moindre coût. La majorité des hôtels, restos et bars disposent désormais d'un réseau, souvent gratuit.
– Une fois connecté grâce au wifi, à vous les joies de la ***téléphonie par Internet*** ! Le logiciel ***Skype,*** le plus répandu, vous permet d'appeler vos correspondants gratuitement s'ils sont eux aussi connectés, ou à coût très réduit si vous voulez les joindre sur leur téléphone. Autres applications qui connaissent un succès mondial, ***Viber*** et ***Whatsapp*** permettent d'appeler et d'envoyer des SMS, des photos et des vidéos aux quatre coins de la planète, sans frais. Il suffit de télécharger – gratuitement – l'appli sur son smartphone, celle-ci se synchronise avec votre liste de contacts et détecte automatiquement ceux qui ont *Viber/Whatsapp*.

Urgence : en cas de perte ou de vol de votre téléphone portable

Suspendre aussitôt sa ligne permet d'éviter de douloureuses surprises au retour du voyage ! Voici les numéros des quatre opérateurs français, accessibles depuis la France et l'étranger :

– ***SFR :*** *depuis la France, ☎ 1023 ; depuis l'étranger, 📱 + 33-6-1000-1023.*
– ***Bouygues Télécom :*** *depuis la France comme depuis l'étranger, ☎ + 33-800-29-1000 (service et appel gratuits).*
– ***Orange :*** *depuis la France comme*

depuis l'étranger, 📱 *+ 33-6-07-62-64-64.*
– **Free :** *depuis la France,* ☎ *3244 ; depuis l'étranger :* ☎ *+ 33-178-56-95-60.*

Vous pouvez aussi demander la suspension de votre ligne depuis le site internet de votre opérateur.
Avant de partir, notez (ailleurs que dans votre téléphone portable !) votre numéro IMEI, utile pour bloquer à distance l'accès à votre téléphone en cas de perte ou de vol. Comment avoir ce numéro ? Il suffit de taper sur votre clavier *#06# puis reportez-vous au site • *mobilevole-mobilebloque.fr* •

TRANSPORTS URBAINS

Un site très pratique (à condition d'avoir quelques notions d'espagnol) récapitule l'ensemble des transports de la capitale espagnole, avec possibilité d'éditer un itinéraire, etc. : • *crtm.es* •

Métro (plan détachable)

Rens : ☎ *902-44-44-03 (y compris pour les objets perdus).* • *metromadrid.es* • *Tlj 6h-1h30.*
Réseau excellent et rapide, rames et stations très propres. Avec le prolongement ces dernières années d'un certain nombre de lignes et la création de 3 lignes de tramway excentrées (appelées *Metro Ligero* ou *ML1, 2* et *3*), la tarification peut sembler complexe à première vue. Dans les faits, si vous visitez la ville en touriste, vous n'utiliserez que le métro proprement dit (et éventuellement le *Metro Ligero 1*). Tous les types de ticket ou abonnement s'achètent dans les stations de métro (au guichet ou à des automates, de plus en plus fréquents – CB acceptées), ou dans certains kiosques à journaux. Le métro est gratuit pour les enfants de moins de 4 ans. À noter également que vous pouvez transporter gratuitement votre vélo dans le métro, toute la journée les week-ends et jours fériés et aux heures creuses en semaine *(10h-12h30, 21h-fin du service).*
– Prix d'un trajet à l'unité : 1,50 € pour Madrid centre (zona A) + *ML1.* Au-delà de 5 stations, c'est 0,10 € par station supplémentaire (plafonné à 2 €). De toute façon, sélectionnez votre trajet, la machine vous indiquera le prix à payer. Pour le *combinado Metro + Metros Ligeros 1, 2* et *3* : 3 €.
– *Pass* de 10 trajets (utilisable par plusieurs personnes en même temps), appelé ***MetroBús,*** qui vaut pour les bus urbains, le métro A et le *ML1,* très pratique et prix intéressant : 12,20 € pour le centre-ville (18,30 € *Metro + Metros Ligeros 1, 2* et *3*). Le seul à être systématiquement rentable. Attention, si vous le prenez dès votre arrivée à l'aéroport, il faut ajouter les 3 € de supplément aéroport (ce qui porte le *MétroBús* à 15,20 € pour un utilisateur individuel, et à 18,20 € si on compte utiliser le *pass* à deux).
– Les ***abonos turísticos*** de 1, 2, 3, 5 ou 7 jours. Il en existe 2 versions et autant de tarifs, en fonction des zones couvertes. Le ***tarif A,*** destiné surtout aux visiteurs de passage qui se contentent du centre, couvre : le métro, le *ML1,* les bus urbains et les lignes *Cercanías* urbaines ; respectivement 8,40 €, 14,20 €, 18,40 €, 26,80 €, 35,40 € (réduc de 50 % pour les moins de 11 ans). Le ***tarif T*** inclut la totalité des transports urbains de la communauté de Madrid (donc les *ML2* et *ML3,* les lignes *Cercanías* et les autobus interurbains – dont Álcala de Henares, San Lorenzo de El Escorial et Aranjuez), ainsi que l'extension des bus jusqu'à Tolède, Cuenca et Guadalajara ; respectivement 17 €, 28,40 €, 35,40 €, 50,80 €, 70,80 € (réduc de 50 % pour les moins de 11 ans). Pas forcément intéressant, cela dépend de vos projets : le tarif A est difficilement rentable. En revanche, si vous envisagez d'explorer aussi les environs, le T peut valoir le coup.

Bus

Rens : ☎ 902-50-78-50. • emtmadrid.es •
Même tarification que pour le métro (voir précédemment), seuls les tickets à l'unité peuvent s'acheter directement auprès du conducteur (pour les *MetroBús* et autres abonnements : dans les stations de métro, etc.). On composte son billet à la montée, à l'avant.
Réseau dense et pratique, particulièrement rapide. Fonctionne 6h-23h30. Les bus de nuit, les *búhos* (hiboux), prennent ensuite le relais : 27 lignes desservent tous les quartiers madrilènes ; ils partent en sem, ttes les 35 mn, 23h45-4h (et un dernier à 5h10). Ven-sam et veilles de fêtes, 23h45-5h30 ttes les 15-20 mn de la plaza de Cibeles *(plan détachable E4).*
– Objets perdus dans les bus : c/ Cerro de la Plata, 4. Ⓜ Pacífico. ☎ 902-50-78-50. Lun-ven 8h-14h (rens par tél tlj 7h-21h).

Bus touristique

– Infos : lun-ven 9h-14h, 16h-19h, ☎ 902-02-47-58. • madridcitytour.es • Compter 21 € pour le forfait (adulte) 1 j. et 25 € pour 2 j. Réduc moins de 16 ans et plus de 65 ans : 10 € pour 1 j., 13 € pour 2 j. ; billet famille (2 adultes, 2 enfants : 53 €) ; gratuit jusqu'à 6 ans.
Achat du billet dans nombre d'hôtels, dans les bus, dans leur kiosque d'info *(c/ Felipe IV, près du musée du Prado, zoom détachable E4 ; et pl. d'España, 7, plan détachable C3)* ou dans la plupart des kiosques à journaux du centre-ville. Ces bus rouges panoramiques à impériale « *Madrid City Tour* » sillonnent la ville selon 3 itinéraires différents, 9h-22h en hte saison (mars-oct), 10h-18h le reste de l'année, avec une fréquence de 10-15 mn. On y monte et on en descend autant de fois que l'on veut dans la journée. À bord, explications en 8 langues, mais pas toujours bien synchronisées avec le parcours. Et en été, difficile d'avoir une place sur l'impériale.

Vélos

Comme de nombreuses capitales, Madrid s'est équipée d'un système de vélos en libre service, doublé d'un réseau de pistes cyclables. Et pour affronter plus aisément les nombreuses collines de la ville, les vélos sont électriques (et pèsent quand même 22 kg...) ! C'est le *Bicimad,* avec environ 160 bornes réparties dans toute la ville. Outre l'abonnement annuel, il existe des cartes *Uso Ocasional* de 1, 3 ou 5 jours, qui se prennent directement aux automates des stations avec une carte bancaire. La carte *Ocasional* en elle-même est gratuite (même si une caution de 150 € est bloquée). La facturation se fait à l'heure (2 € la 1re heure, 4 € la 2e heure, puis majoration de 4 € si on dépasse les 2h), et la carte de paiement est débitée en une seule fois, à la fin de la période d'abonnement (et la caution est alors débloquée). *Ttes infos sur • bicimad.com • (existe aussi une appli pour localiser les stations et les places vides, réserver une bécane, etc.) et aussi sur • infobicimadrid.es • pour les pistes cyclables.*

Cercanías

– Infos et horaires : • renfe.com/viajeros/cercanias/madrid •
Entre le train de banlieue pour ses destinations et le métro pour ses arrêts centraux (essentiellement le long des paseo del Prado, de Recoletos et de la Castellana), un peu l'équivalent du RER parisien. Une dizaine de lignes, gérées par la *RENFE.* Toutes passent au moins par l'une des 2 principales gares ferroviaires (Atocha et Chamartín), 5 lignes les relient même entre elles. Desservent aussi Alcalá de Henares, Aranjuez ou El Escorial. Achat des billets dans les gares, aux guichets (attention, il peut y avoir la queue) ou aux automates.

Taxis

Pas de problème pour en trouver, ils pullulent, et fonctionnent au compteur. Blancs, portière avant barrée en diagonale d'une bande rouge, ils sont coiffés d'un signal lumineux : vert, c'est libre ; rouge, déjà occupé ! La prise en charge est de 2,40 € en journée du lundi au vendredi, et de 2,90 € le w-e et 21h-6h du mat. Puis tarification au kilomètre, qui reste très raisonnable (1,05-1,25 € suivant zone et les horaires). Surtaxe : env 3 € vers ou depuis une gare routière ou ferroviaire (ainsi que pour le parc des expositions). Tarif fixe depuis l'aéroport jusque dans le centre de Madrid : 30 €. Les bagages sont gratuits. Si le prix semble trop élevé, demander un reçu officiel. Gaffe, tous les taxis n'acceptent pas les cartes de paiement : prévoir des espèces. En cas de grosse bisbille avec un chauffeur, relever le numéro du taxi et contacter le service de réclamation des taxis : ☎ *010.*

*🚗 **Taxis : Radio Taxi,** ☎ 91-405-55-00 ou 91-447-51-80 et **Teletaxi,** ☎ 91-371-21-31 ou 902-501-130, entre autres. **Radio Taxi Independiente :** ☎ 91-405-12-13 ou 15-00. **Radio Taxi de Madrid** (☎ 91-547-82-00 ou 85-00) dispose aussi d'un service adapté aux pers handicapées.*

– Objets perdus dans un taxi : paseo del Molino, 7, Legazpi. ☎ 91-527-95-90. Lun-ven 8h30-14h (ou, dans les 48h après la perte de l'objet et à condition d'avoir noté le nº d'immatriculation du taxi... : ☎ 914-80-46-13 ; lun-ven 7h30-15h).

Voiture

Vous êtes tombé sur la tête ou quoi ? La voiture peut vous être utile uniquement le soir. Dans la journée, en semaine, sérieux encombrements et difficultés pour se garer. Dans la rue, ne stationnez que lorsque la bande le long du trottoir est de couleur bleue (les lignes vertes, c'est pour les résidents !). Ticket à l'horodateur le plus proche. Gratuit la nuit de 21h à 9h, le samedi après 15h et le dimanche.

Attention à la fourrière *(grúa),* très présente, de jour comme de nuit (voir les coordonnées dans « Adresses et infos utiles. Urgences »... au cas z'où !).

URGENCES

Numéros utiles

- ***Toutes urgences :*** ☎ *112.*
- ***Policía nacional :*** ☎ *091.*
- ***Policía urbana :*** ☎ *092.*
- ***Pompiers :*** ☎ *080.*
- ***Samu :*** ☎ *061.*
- Pour tous les accidents de la circulation survenus sur l'ensemble du territoire espagnol (hors Catalogne), appeler le ***Central de tráfico*** : ☎ *011.*

■ ***Consulat général de France à Madrid :*** *c/ Marqués de la Ensenada, 10. ☎ 91-700-78-00. • consulfrance-madrid.org • Ⓜ Colón. Lun-ven 9h-13h15.* Hors des horaires d'ouverture, et en cas de situation d'extrême urgence, le répondeur téléphonique du consulat communique un numéro de portable à contacter.

Avoir un passeport européen, ça peut être utile !

L'Union européenne a organisé une assistance consulaire mutuelle pour les ressortissants de l'UE en cas de problème en voyage. Vous pouvez y faire appel lorsque la France (c'est rare) ou la Belgique (c'est plus fréquent) ne disposent pas d'une représentation dans le pays où vous vous trouvez. Concrètement, cette assistance vous permet de demander de l'aide à l'ambassade ou au consulat (pas

à un consulat honoraire) de n'importe quel État membre de l'UE. Leurs services vous indiqueront s'ils peuvent directement vous aider ou vous préciseront ce qu'il faut faire.
Leur assistance est, bien entendu, limitée aux situations d'urgence : décès, accidents ayant entraîné des blessures ou des lésions, maladie grave, rapatriement pour raison médicale, arrestation ou détention. En cas de ***perte ou de vol de votre passeport,*** ils pourront également vous procurer un ***document provisoire*** de voyage.
Cette entraide consulaire entre les États membres de l'UE ne peut, bien entendu, vous garantir un accueil dans votre langue. En général, une langue européenne courante sera pratiquée.

L'abréviation « c/ », que vous retrouverez dans les diverses adresses d'hôtels, restaurants, etc., tout au long de ce guide, signifie tout simplement « calle », c'est-à-dire « rue ».

MADRID

• Pour se repérer dans Madrid, se reporter au plan détachable (centre, zoom et transports en commun) en fin de guide. • Plan d'ensemble *p. 68-69*

ARRIVER À MADRID

En avion

✈ ***Aéroport Adolfo Suárez Madrid-Barajas*** *(plan d'ensemble)* **:** *à 13 km au nord-est du centre-ville de Madrid.* L'aéroport est divisé en 2 pôles distincts, d'un côté les terminaux 1, 2 et 3, de l'autre, à plusieurs km, le terminal 4 (et son satellite 4S). Les T1, T2 et T3 étant en enfilade, on peut se rendre à pied d'un terminal à l'autre. Néanmoins, une navette gratuite (*bus tránsito* – affichette noir-blanc-jaune) circule entre les différentes portes d'embarquement. En revanche, depuis les T1, T2 et T3, prévoir min 15-20 mn pour rallier le T4 en métro ou en navette. Et entre le T4 et le T4S, une navette souterraine fait la liaison : là encore, compter une bonne marge de 15-20 mn.

■ ***Informations générales :*** *☎ 91-305-86-56 et 902-40-47-04.*

ℹ ***Office de tourisme :*** *dans les terminaux T2 (hall des arrivées) et T4 (hall 10),* • *esmadrid.com* • *☎ 91-454-44-10. Tlj 9h-20h.* Documentation et plans de la ville. On y parle parfois le français.

■ ***Réservations d'hôtels :*** à côté des offices de tourisme, au niveau des arrivées internationales.

■ ***Consignes :*** *24h/24, env 6 €/2h, 10 €/24h.* Une consigne très pratique dans la passerelle d'accès entre le T1, le T2 et la station de métro, une autre dans le T4. Les bagages sont scannés avant d'être acceptés.

Comment se rendre dans le centre ?

➢ ***Airport Express Bus :*** 24h/24 ! Très pratique pour les arrivées nocturnes à Barajas, comme c'est souvent le cas avec les compagnies *low-cost.* Un bus jaune, qui part du T4, s'arrête au T1 et au T2 puis continue vers Madrid, avec 2 arrêts (angle c/ O'Donnell et c/ Doctor Esquerdo – correspondance avec la ligne 6 du métro), plaza de Cibeles (*plan détachable E4* ; correspondances avec les bus municipaux, y compris les bus de nuit *búhos,* et avec la ligne 2 du métro – station Banco de España) avant d'arriver à la *estación RENFE* d'Atocha (*plan détachable E-F6,* **1** ; trains *AVE,* réseau *Cercanías,* etc.). Départs ttes les 15-20 mn en journée, ttes les 35 mn de nuit, trajet env 40 mn (hors période de pointe !), pour 5 € (billet dans le bus). Même trajet et même fréquence dans l'autre sens. Attention, entre 23h30 et 6h, terminus et départ plaza de Cibeles *(plan détachable E4),* et non à RENFE Atocha.

➢ ***En métro :*** depuis le terminal T2 comme depuis le terminal T4. 2 stations distinctes : « Aeropuerto T1, T2 y T3 » et, à 2 stations de plus,

« Aeropuerto T4 » (le terminus). La ligne 8 (rose) assure la connexion 6h05-2h, avec un terminus à *Nuevos Ministerios.* Compter env 20 mn depuis le T4, 12 mn depuis les autres terminaux jusqu'à *Nuevos Ministerios,* et 45 mn-1h jusqu'à plaza del Sol (correspondances incluses). Prix : 1,50 € + supplément aéroport 3 € (si vous achetez dès votre arrivée à l'aéroport le *MetroBús* de 10 trajets, il vous coûtera 15,20 € au lieu de 12,20 €).

➢ ***En cercanías*** *(trains régionaux)* **:** au départ du T4 seulement. Ligne C1, qui dessert Chamartín (gare ferroviaire), Nuevos Ministerios, Atocha (gare ferroviaire), et continue en contournant la ville par le sud-ouest jusqu'à Príncipe Pío (autre gare). Env ttes les 30 mn 5h59-22h58. Trajet env 26 mn jusqu'à Atocha, 11 mn jusqu'à Chamartín. Tarif : 2,60 €. À noter que c'est gratuit pour les passagers qui ont un billet pour un AVE et le prennent directement à Atocha (de même, si l'on vient directement d'un AVE pour gagner l'aéroport).

➢ ***Bus 200 :*** 5h10-23h30. Fréquence moyenne de 13 mn (w-e et j. fériés : 15-20 mn en journée ; 20-25 mn le soir). On le prend aux arrivées internationales (T4, T2 ou T1), au rez-de-chaussée. Prix : 1,50 €. Il vous dépose à la gare routière *(intercambiador)* de l'Avenida de América *(plan détachable G1,* ***2****)* en 20 mn s'il n'y a pas d'encombrement. Intéressant surtout si vous repartez directement de l'*intercambiador* América, qui dessert le nord et le nord-est du pays.

➢ ***En taxi :*** le prix du trajet de l'aéroport au centre-ville est forfaitaire et tourne autour de 30 € (supplément aéroport de 5,50 € compris).

En train

■ ***Informations concernant l'ensemble des trains (RENFE) :*** *☎ 902-320-320.* • *renfe.com* • Sachez aussi que, pour quelques euros de plus, on peut vous livrer votre billet à domicile !

Madrid possède 3 gares principales :

🚂 ℹ Au sud, ***estación de Atocha*** *(plan d'ensemble et plan détachable E-F6,* ***1****)* : *glorieta Emperador Carlos V.* Ⓜ *Atocha.* ***Office de tourisme de la communauté de Madrid*** *dans le hall d'arrivée Cercanias au 1er étage, lun-sam 8h (9h dim)-20h. Consigne automatique (gardée, avec scan des bagages) du côté Ronda de Atocha, tlj 5h30-22h20 (sam à partir de 6h15, dim 6h30) : 3,10-5,20 € selon taille du casier.* Vaut le coup d'œil pour son dôme translucide, son jardin d'hiver planté de palmiers et son bassin à tortues. Arrivées des *AVE* en provenance de Barcelone (via Saragosse), Séville (via Cordoue), Valence, Huesca (via Saragosse), Málaga (via Cordoue), Valladolid, Cuenca (et Albacete), des *AVANT* de Tolède. Arrivée des *Alvia* venant d'Alicante, Cadix, Ciudad Real, Cordoue, Séville, Huelva, Logroño, Pampelune. Arrivée des *Altaria* depuis Algésiras, Ciudad Real, Grenade. Plus les *trains régionaux (cercanías)* : Ávila (passe aussi par Chamartín), Ségovie (par Chamartín également), Aranjuez, Alcalá de Henares, etc.

🚂 ℹ Au nord, ***estación de Chamartín*** *(plan d'ensemble,* ***2****)* : *avda Pío XII.* Ⓜ *Chamartín.* ***Office de tourisme de la communauté de Madrid*** *dans le hall (au niveau du quai 18) lun-sam 8h-20h, dim et j. fériés 9h-14h. Consigne 7h-23h : 3,10-5,20 € selon taille du casier.* Arrivée depuis Lisbonne, et des *AVE* en provenance de Valladolid (via Ségovie). Arrivée des trains *Talgo régionaux* : La Corogne, Pontevedra, Saint-Jacques-de-Compostelle, Badajoz, Almería (passe aussi par Atocha). Et aussi des trains de et pour Salamanque, San Sebastián, Irún, Murcie, Carthagène, León, Saragosse, Vitoria-Gasteiz.

🚂 À l'ouest, ***estación de Príncipe Pío*** *(plan d'ensemble et plan détachable B3,* ***3****)* : *ctra de Castilla. ☎ 91-580-35-90.* Dessert surtout les proches environs de Madrid.

➢ Plusieurs lignes de train *Cercanías,* plus commode que le métro, relient les 3 gares entre elles : C1, C7 et C10.

En bus

Les différentes stations de bus de Madrid sont intelligemment reliées par la ligne 6 du métro (« *circular* »). De plus, la plupart des *intercambiador* (station intermodale) sont desservies aussi par des lignes de *cercanías*. Voir également • *mueveteporamadrid.es* • pour le détail des accès aux différents terminaux, et • *crtm.es* • pour tous les transports au sein de la Communauté de Madrid (mais le site est uniquement en espagnol, et pas des plus simple).

Estación del Sur *(plan d'ensemble,* ***1****) : c/ Méndez Alvaro, 83. ☎ 91-468-42-00. • estacionautobusesmadrid.com • Ⓜ Méndez Alvaro.* La ***principale gare routière*** de Madrid. Elle est récente, énorme et c'est le lieu de la majorité des départs et arrivées nationaux et internationaux *(notamment Eurolines, ☎ 91-506-33-60).* Consigne au sous-sol. *Alsa* dessert quasi ttes les destinations dont Grenade et Valladolid : *☎ 902-42-22-42 ; • alsa.es •* *Avanzabus* et ses filiales (dont *Auto-Res*) sont spécialisées sur l'ouest de la Castille-León (Salamanque, Zamora, Ávila, etc.), l'Estrémadure, la Galice et la région de Valence : *☎ 914-68-42-00 ; • avanzabus.com •* *Socibus* dessert Séville, Cadiz, Cordoue, Huelva et Jerez de la Frontera. *☎ 902-22-92-22 ; • socibus.es •* On y trouve aussi la Cie *Cevesa (☎ 902-39-31-32 ; • cevesa.es •)* qui dessert Plasencia.

Intercambiador Avenida de América *(plan d'ensemble et plan détachable G1,* ***2****) : avda de América, 9. ☎ 902-30-20-10 ou 91-745-63-00. Ⓜ Avenida de América.* *Alsa* est très présente ici : dessert Bilbao, San Sebastián, Vitoria-Gasteiz, Burgos, Santander, Pampelune, Logroño, Soria, Guadalajara et Alcalá de Henares. Également quelques départs pour Grenade.

Intercambiador de Moncloa *(plan d'ensemble et plan détachable B1,* ***4****) : c/ Princesa, 89. Ⓜ Moncloa.* Essentiellement des liaisons au sein de la Communauté de Madrid, avec la Cie *Herranz (☎ 918-96-90-28 ; • autocaresherranz.com •),* en particulier les liaisons avec ***San Lorenzo de El Escorial*** et ***Los Caídos,*** entre autres. Quelques liaisons de la Cie *Alsa* également avec Valladolid, León ou Palencia (mais plus de fréquences à *l'Intercambiador Avenida de América*). Et de *La Sepulvedana (☎ 902-11-96-99 ; • lasepulvedana.es •)* avec ***Ségovie.***

Intercambiador de Príncipe Pío *(plan d'ensemble et plan détachable A3,* ***5****) : Ⓜ Príncipe Pío. Tlj 6h-1h.* Bus vers les villes proches de Madrid.

Intercambiador de Plaza Elíptica *(plan d'ensemble,* ***6****) : Ⓜ Plaza Elíptica.* Départs avec *Alsa* vers ***Tolède,*** et avec *Avanzabus* vers Getafe et de proches environs de la ville... Dessert aussi la Castille, la Castille-León, la Manche et l'Estrémadure.

ADRESSES ET INFOS UTILES

Infos touristiques

Oficina municipal de turismo *(plan détachable C4,* ***6****) : casa de la Panadería, pl. Mayor, 27. ☎ 91-454-44-10. • turismo@esmadrid.com • esmadrid.com • munimadrid.es • Ⓜ Sol. Tlj 9h30-20h30. En plein travaux, donc installé dans un gros préfabriqué sur la plaza.* Plan de la ville gratuit, brochures et bornes interactives. Organise l'été des visites guidées thématiques, en français pour certaines (mais c'est rare). Également des visites audioguidées individuelles, à télécharger directement sur votre MP4 depuis leur site ou sur place, dans leur bureau ; pour l'instant, 2 parcours en français : « La promenade de l'art », autour des principaux musées de la ville et du paseo de Recoletos, et « Madrid des Habsbourg », autour de la plaza Mayor et du Palacio real.

– Plusieurs ***kiosques municipaux d'infos*** en ville. Pratiques et centraux : à côté du *museo Reina Sofía (Ronda de Atocha ; sur le terre-plein entre le musée et la gare d'Atocha ; tlj 9h30-20h30)* ; à côté du *museo del Prado (plaza de Neptuno, sur le terre-plein au milieu du paseo del Prado ; tlj 9h30-20h30)* ; plaza de Callao *(tlj 9h30-20h30)* ; paseo Recoletos *(sur le terre-plein, pas très loin du Café Gijón ; tlj 9h30-20h30)* ; dans le *palacio de Cibeles-CentroCentro (pl. de Cibeles, 1, angle paseo de Prado (M Banco de España ; plan détachable E4, **8** ; mar-dim 10h-20h ; spécialisé dans les infos culturelles)* ; au Faro de Moncloa *(M Moncloa ; tlj 9h30-20h30).* Également 2 kiosques à l'aéroport (voir plus haut).

Oficina de turismo de la Comunidad de Madrid : *nº général, ☎ 902-100-007. • turismo@madrid.org • madrid.org/turismo • Les offices de tourisme de la communauté (de la région madrilène) ont les mêmes horaires : lun-sam 8h-20h, dim et j. fériés 9h-14h, sf ceux de la c/ Duque de Medinacelli et de la Estación Atocha.* Infos sur la ville bien sûr, mais aussi sur Alcalá de Henares, San Lorenzo de El Escorial, etc. En bref, sur les environs proches de Madrid. Nombreuses brochures.

– *Calle Alcalá, 31 (plan détachable D4, **17**) : ☎ 91-276-71-87. Lun-sam 9h-20h, dim et j. fériés 9h-14h. C'est le bureau principal.*

– *Calle Duque de Medinacelli, 2 (zoom détachable E4, **2**) : ☎ 91-429-49-51. Lun-sam 8h-15h, dim et j. fériés 9h-14h.* Moins de monde que calle Alcalá et très bonnes infos.

– *Estación Puerta de Atocha (plan détachable E6, **7**) : lun-sam 8h-20h, dim 9h-20h.* Et *Estación de Chamartín (plan d'ensemble, **4*** ; tout au bout, proche du quai 20, vers la pharmacie) : *voir plus haut « Arrivée en train ».*

– Au sous-sol de la ***plaza de la Puerta del Sol*** *(zoom détachable D4) : tlj 8h-20h.* Dans le hall principal de la station de métro *Cercanías.*

– Également ***à l'aéroport,*** on vous le rappelle (voir plus haut).

■ ***S.A.T.E. – Service d'accueil des touristes étrangers*** *(plan détachable C3, **13**) : comisaria de Centro, c/ Leganitos, 19. ☎ 902-102-112 et 91-548-85-37. • satemadrid@esmadrid.com • M Santo Domingo ou Plaza de España. Tlj 9h-minuit.* Un bureau de police qui offre une assistance personnalisée aux touristes (vol, agression). Les agents renseignent sur les modalités de dépôt de la plainte et les formalités à accomplir. Autres services : assistance psychologique, contacts avec les ambassades et les consulats, objets perdus. On peut également porter plainte par téléphone : *☎ 902-102-112 (24h/24 en espagnol et en anglais, 8h-minuit en français !).*

■ ***Información al Ciudadano :*** *☎ 010.* Pour toutes les questions pratiques (exclusivement sur Madrid) et si vous parlez l'espagnol ou l'anglais, téléphonez-leur.

Poste, téléphone et Internet

✉ ***Poste centrale*** *(palacio de Comunicaciones ; plan détachable E4) : paseo del Prado, 1 (angle c/ Montalbán). M Banco de España. Lun-ven 8h30-21h30 ; sam 8h30-14h. Poste restante ouv en sem.* Sur le flanc de l'ancien Palacio de Comunicaciones, un immense édifice de style gothico-victorien brillamment rénové, qui abrite aussi *CentroCentro* (un office de tourisme), et en haut duquel on peut grimper (consulter la rubrique « À voir. Autour de la Gran Vía et de la plaza Puerta del Sol »). *Nombreux autres bureaux en ville.*

■ ***Informations téléphoniques :*** *☎ 11-822 ou 11-818 ou 11-888. Pour l'international : ☎ 11-825.*

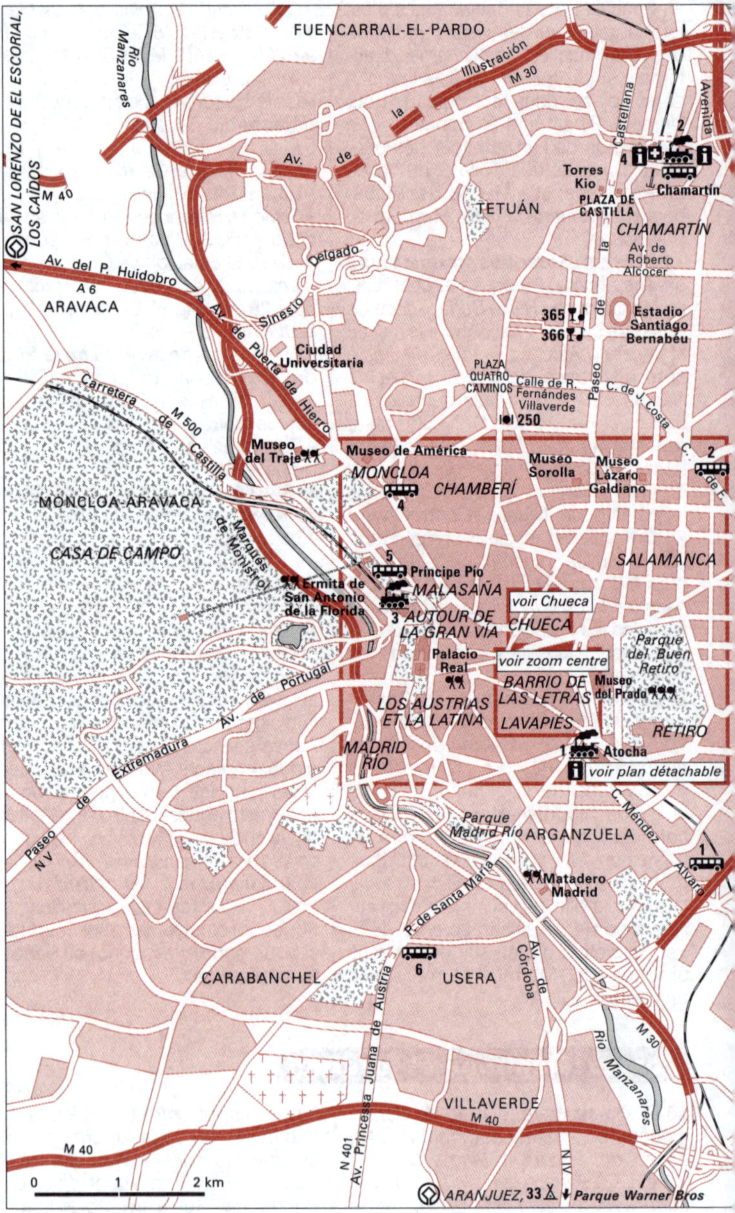
FUENCARRAL-EL-PARDO
SAN LORENZO DE EL ESCORIAL, LOS CAÍDOS
Río Manzanares
M 40
Av. de la Illustración
M 30
Castellana
Avenida
Torres Kio
PLAZA DE CASTILLA
Chamartín
TETUÁN
CHAMARTÍN
Av. de Roberto Alcocer
Av. del P. Huidobro
A 6
ARAVACA
Sinesio Delgado
Av. de Puerta de Hierro
Ciudad Universitaria
365
366
Estadio Santiago Bernabéu
Paseo de la
PLAZA QUATRO CAMINOS
Calle de R. Fernándes Villaverde
C. de J. Costa
250
Carretera de Castilla
M 500
Museo del Traje
Museo de América
MONCLOA
CHAMBERÍ
Museo Sorolla
Museo Lázaro Galdiano
C. de F.
MONCLOA-ARAVACA
CASA DE CAMPO
Marqués de Monistrol
Príncipe Pío
Ermita de San Antonio de la Florida
MALASAÑA
voir Chueca
AUTOUR DE LA GRAN VÍA
CHUECA
SALAMANCA
Palacio Real
voir zoom centre
Parque del Buen Retiro
BARRIO DE LAS LETRAS
Museo del Prado
LOS AUSTRIAS ET LA LATINA
LAVAPIÉS
RETIRO
Av. de Portugal
Av. de Extremadura
Paseo de
N V
MADRID RÍO
Atocha
voir plan détachable
C. Méndez Alvaro
Parque Madrid Río
ARGANZUELA
Matadero Madrid
P. de Santa María
CARABANCHEL
USERA
Av. de Córdoba
Av. Princessa Juana de Austria
N 401
Río Manzanares
VILLAVERDE
M 40
N IV
0 1 2 km
ARANJUEZ, 33
Parque Warner Bros

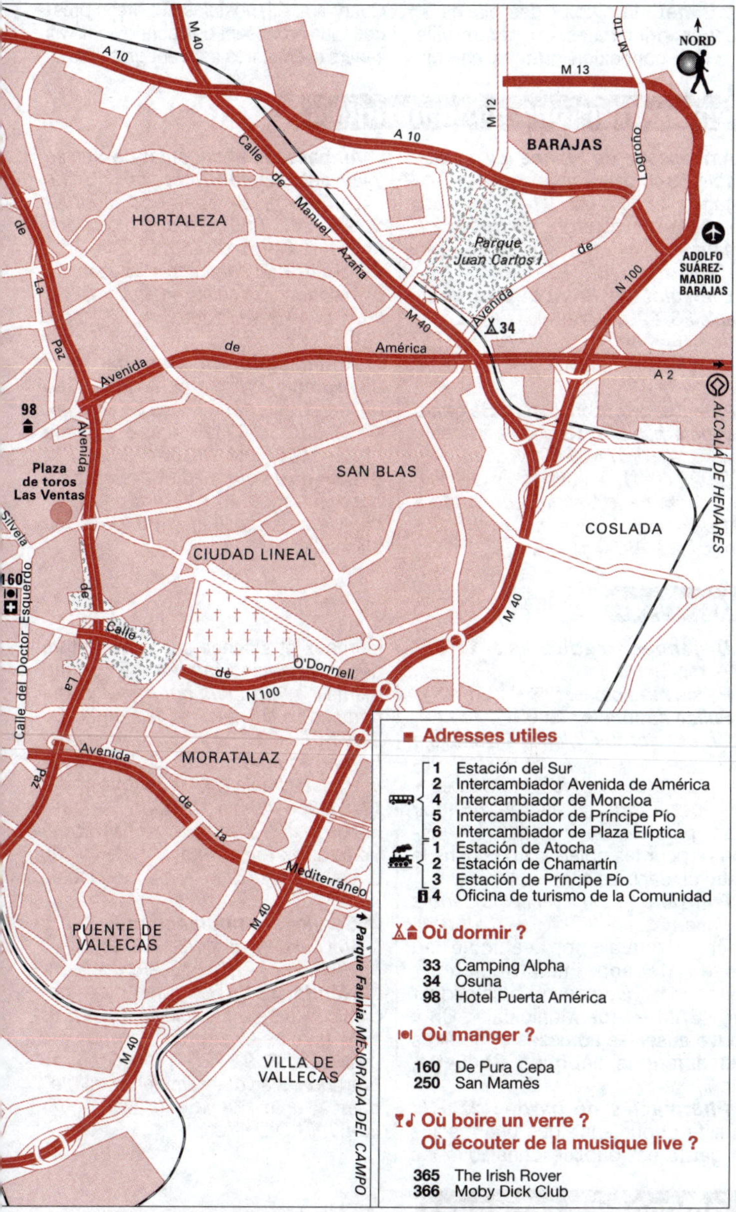

Adresses utiles

- 1 Estación del Sur
- 2 Intercambiador Avenida de América
- 4 Intercambiador de Moncloa
- 5 Intercambiador de Príncipe Pío
- 6 Intercambiador de Plaza Elíptica
- 1 Estación de Atocha
- 2 Estación de Chamartín
- 3 Estación de Príncipe Pío
- 4 Oficina de turismo de la Comunidad

Où dormir ?

- 33 Camping Alpha
- 34 Osuna
- 98 Hotel Puerta América

Où manger ?

- 160 De Pura Cepa
- 250 San Mamès

Où boire un verre ? Où écouter de la musique live ?

- 365 The Irish Rover
- 366 Moby Dick Club

MADRID – Plan d'ensemble

■ ***Internet :*** la plupart des places et avenues principales du centre-ville offrent la connexion gratuite en wifi. Quant aux AJ, *hostales* et hôtels, presque tous proposent des connexions wifi à leurs clients, très souvent gratuites.

Représentations diplomatiques

■ ***Ambassade de France*** *(plan détachable E3-4,* ***28****) : c/ Salustiano Olózaga, 9, 28001. ☎ 91-423-89-00. • ambafrance-es.org • Ⓜ Banco de España (assez loin du métro). Lun-ven 9h-19h.*

■ **Consulat de France** *(plan détachable E3,* ***22****) : c/ Marqués de la Ensenada, 10, 28004. ☎ 91-700-78-00. • consulfrance-madrid.org • Ⓜ Colón. Lun-ven 9h-13h15.*

■ ***Ambassade et consulat de Belgique*** *(plan détachable F2) : paseo de la Castellana, 18. ☎ 91-577-63-00. Nº d'urgence : 📱 609-28-00-41. • madrid@diplobel.fed.be • diplomatie.belgium.be/spain • Ⓜ Colón. Au 6ᵉ étage. Lun-ven 8h30-14h (jusqu'à 16h30 par tél).*

■ ***Ambassade et consulat de Suisse*** *(plan détachable F3) : edificio Goya, c/ Núñez de Balboa, 35a, 28001. ☎ 91-436-39-60 ; en cas d'urgence et 24h/24 : ☎ + 41 800-247-365. • madrid@eda.admin.ch • eda.admin.ch/madrid • Consulat : • helpline@eda.adm.ch • Ⓜ Velázquez. Au 7ᵉ étage. Lun-ven 9h-13h.*

■ **Ambassade du Canada** *(plan d'ensemble) : Torre Espacio, paseo de la Castellana, 259D, 28046. ☎ 91-382-84-00. En cas d'urgence et 24h/24 : ☎ 00-800-2326-68-31. • mdrid@international.gc.ca • espagne.gc.ca • Ⓜ Begoña. Derrière la gare de Charmartín. Lun-ven 9h-12h30.*

Urgences

■ ***Urgences médicales :*** *☎ 112 (nº européen).*

■ ***Police municipale :*** *☎ 092.*

■ ***Police nationale :*** *☎ 091.*

■ ***Objets perdus*** *(plan d'ensemble) : paseo del Molino, 7. ☎ 91-527-95-90. • objetosperdidos@madrid.es • Ⓜ Legazpi. Lun-ven 8h30-14h.* Voir aussi plus loin la rubrique « Transports » pour les objets perdus dans le métro ou dans les bus.

■ ***Fourrière*** *(grúa) : plusieurs dépôts en ville. ☎ 91-787-72-92 (24h/24).* Pour retrouver son véhicule au moyen de son immatriculation : *• madridmovilidad.es •*, puis cliquer sur « SAM – Grúa Municipal ». On y trouve aussi les adresses et horaires des différents dépôts... Chouette, non ?

■ ***Pharmacies de garde :*** *☎ 010.* La liste quotidienne des pharmacies de garde est publiée dans tous les journaux et affichée sur la devanture des pharmacies fermées. Et quand même : *la* ***Farmacia del Angel*** *(zoom détachable D4,* ***24****), pl. del Ángel, 14. ☎ 91-369-23-18 ; tlj 24h/24 (sonner la nuit) ;* ***Farmacia 13 Calle Mayor*** *(plan détachable C4,* ***23****), c/ Mayor, 13. ☎ 91-366-46-16, tlj 24h/24 (sonner la nuit), ainsi que la* ***Farmacia Velázquez*** *(plan détachable F2,* ***20****), c/ Velázquez, 70 ; tlj 24h/24 (sonner la nuit).*

■ ***Services ambulanciers :*** *☎ 112 (SAMU espagnol) et ☎ 91-335-45-45 ou 902-22-22-22 (la Croix-Rouge).*

✚ ***Hôpitaux :*** ***La Paz*** *(plan d'ensemble), paseo de la Castellana, 261 ; près de la gare de Chamartín, dans le nord de Madrid, ☎ 91-727-70-00.* ***Gregorio Marañón*** *(plan d'ensemble), c/ de Maiquez, 7, à l'est de la ville, ☎ 91-586-80-00. Ⓜ O'Donnell.*

Compagnies aériennes

■ ***Air France*** *(plan d'ensemble) : à l'aéroport, terminal T2 : ☎ 91-375-33-35.*

■ ***Iberia*** *(plan d'ensemble) : à l'aéroport, terminaux T4 et T4S : ☎ 901-111-500. • iberia.com •*

MADRID

Location de voitures

Les coordonnées ci-après sont celles des centraux de réservation. Toutes les plus grandes compagnies sont présentes à l'aéroport de Barajas.

■ ***Hertz :*** *☎ 91-372-93-00. • hertz.es •* Aux terminaux T1 *(☎ 902-30-52-30)* et T4 *(☎ 91-393-72-29). Tlj 7h-minuit (2h30 au T1).* De même aux gares d'Atocha et de Chamartín. En ville, *edificio España (pl. de España. ☎ 91-663-64-71).*

■ ***Europcar :*** *☎ 902-10-50-30. • europcar.es •* Aux terminaux T1 et T4. Autre agence à la gare de Chamartín.

■ ***Avis :*** *☎ 902-180-854 ; aéroport : ☎ 902-200-162. • avis.es •* Au T4 *(tlj 7h-3h)* ainsi qu'aux gares d'Atocha *(tlj 8h-minuit ; ☎ 91-530-01-68)* et Chamartín *(c/ Agustín de Foxá, 25 ; tlj 8h-21h, le w-e 8h-14h ; ☎ 902-09-03-43 ou 91-314-19-81).*

Loisirs

■ ***Journaux internationaux :*** faciles à trouver dans la plupart des kiosques du centre (plaza del Sol, Gran Vía, paseo de Recoletos, etc.).

■ ***Alliance française*** *(plan détachable C4,* ***26****) : cuesta de Santa Domingo, 13. ☎ 91-435-15-32. • madrid.alliance-francaise.es • Ⓜ Santo Domingo, Callao, Plaza de España ou Ópera. Lun-jeu 9h-21h, ven 9h-19h, sam 9h30-13h30.* Très central, donc. Cours de français (y compris pour les 4-11 ans), mais aussi cours d'espagnol (au trimestre) pendant l'année scolaire. Médiathèque et presse du jour à consulter gratuitement. Expositions régulières.

■ ***Institut français*** *(plan détachable E3,* ***22****) : c/ Marqués de la Ensanada, 12. ☎ 91-700-48-00. • institutfrancais.es/madrid • Ⓜ Colón. Proche du consulat de France. Lun-ven 8h-22h, sam 10h-14h.* Cours de français, bien sûr, mais aussi expositions, spectacles, et une très agréable cafét' vraiment pas chère et assez charmante, avec quelques tables dans une belle cour arborée *(lun-ven 8h-20h).*

■ ***La Librairie Française*** *(plan détachable G3) : c/ Duque de Sesto, 5. ☎ 91-576-42-44. • lalibrairiefrancaise.net • Lun-ven 10h-14h, 17h-20h ; sam 10h-14h.*

■ ***Centro de Arte Flamenco Amor de Dios*** *(zoom détachable D5,* ***27****) : c/ de Santa Isabel, 5. ☎ 91-360-04-34. • jsanjuan@amordedios.com • amordedios.com • Ⓜ Antón Martín. Lun-sam 10h-22h, dim 11h-15h. Au 2e étage du marché Antón Martín.* Le temple du flamenco, dans le quartier de Lavapiés. Classes d'initiation de 17h à 22h, toutes les heures. Compter 12 € par cours, sinon 40 € pour 1 semaine (5 cours). Chaussures de flamenco indispensables pour la semaine (autour de 40 €), mais pas réellement si vous voulez juste essayer une fois. Ambiance estudiantine conviviale et décontractée, et vous y croiserez des personnes de tous âges.

■ ***Piscine*** *(zoom détachable Chueca D3,* ***9****) : au* ***Centro Deportivo escuelas de San Antón****, c/ de la Farmacia, 13. ☎ 91-828-90-06. • cdmescuelassananton.com • Au dernier étage (ascenseur). Piscine ouv lun-ven 7h-22h30, sam 8h-20h30, dim et j. fériés 9h-18h30. Entrée : 5 € adulte, réduc.* En plein Chueca, une super piscine entourée par une verrière, avec vue extra sur les toits de la ville : on aligne les longueurs comme suspendu au-dessus de la ville ! Deux bassins, vestiaires, sauna, salle de sport (supplément), etc.

Agendas culturels

– L'office de tourisme publie une revue mensuelle gratuite, ***Es Madrid Magazine.*** On y trouve les spectacles, expos et événements du mois.

– Un autre mensuel gratuit, particulièrement axé sur les concerts : ***Madrid en Vivo,*** que l'on trouve dans les AJ, restos et bars. Programmation musicale jour par jour, et aussi quelques pages sur le théâtre.
– Pour savoir tout ce qui se passe en ville : chaque vendredi, ***Guía del Ocio,*** l'équivalent du *Pariscope,* pour 1 €, ou gratuitement sur leur site • *guiadelocio.com/madrid* • Pour les endroits branchés du moment, servez-vous des *flyers* que vous trouverez dans les bars. Le vendredi toujours, les grands quotidiens nationaux offrent un supplément culturel et pratique : *Metropoli* pour *El Mundo, On Madrid* pour *El País.*
– Nombreux cinémas sur la Gran Vía, autour du Ⓜ Callao.

Vélos et *segways*

Outre les *Bicimad* (les vélos en libre-service de la ville, voir plus haut « Madrid Utile. Transports »), quelques loueurs de vélo ou de *segways,* très en vogue ici.
– ***SegwayTrip :*** *pl. San Miguel, 2. ☎ 910-17-98-56. • segwaytrip.com • En face du Mercado San Miguel (plan détachable C4,* ***130****). Tlj 10h-20h.* À partir de 2 personnes, et à partir de 25 €/pers pour 1h de balade, accompagné d'un guide (en général anglophone ou hispanophone, mais français possible sur réservation préalable). Plusieurs itinéraires proposés. Et pour les accros du *segway* déjà familiarisés avec la bête, location possible sans guide, à partir de 20 €/h. Loue aussi des vélos, y compris électriques (nettement plus cher que les *Bicimad*).
– ***Segwayfun :*** *c/ Huertas, 39. 📱 629-61-22-16. • segwayfun.es • En plein barrio de Las Letras. Tlj 10h30-20h.* Là encore, différentes visites guidées thématiques (français possible) en *segway,* à partir de 30 €/pers.

OÙ DORMIR ?

Appartements

🏠 ***Espahotel*** *(plan détachable C3,* ***31****) : pl. de España, 7, 28008. ☎ 91-542-85-85. • aparplaza@espahotel.es • espahotel-madrid.com • Ⓜ Plaza de España. Nuits en studio ou suites 60-150 € selon taille et saison.* Un appart-hôtel très central, qui propose des studios et quelques suites pour 2-3 personnes. Tout est spacieux et élégamment meublé, avec double vitrage. Certaines chambres donnent sur la jolie place d'Espagne, d'autres sur le Palais royal : un cruel dilemme au moment de choisir ! Cuisine américaine bien équipée (pas de micro-ondes). Salon, bureau, TV câblée et Canal + numérique. Salle de bains avec baignoire. Vraiment un bon plan. En prime, un accueil aussi pro qu'agréable. Autre adresse : *Gran Vía, 65, ☎ 91-541-31-70, • granvia@espahotel.es •,* mais les chambres y sont moins confortables.

🏠 ***Hotel Jardines de Sabatini*** *(plan détachable B3,* ***32****) : cuesta de San Vicente, 16, 28008. ☎ 91-542-59-00. • reservas@jardinesdesabatini.com • jardinesdesabatini.com • Ⓜ Plaza de España. Studios 95-145 €, suites 175-235 € selon saison ; petit déj compris.* 💻 📶 Un appart-hôtel au style contemporain très abouti. Vaste hall-réception. Accueil particulièrement pro (et francophone). Les apparts (jusqu'à 4 personnes) offrent un cadre apaisant et moderne au camaïeu de gris bleuté, sol de pierre noire, superbes salles de bains, le tout d'une élégante sobriété. Les suites comportent, outre la chambre, un salon avec canapé convertible et lit d'appoint possible : pratique en famille. Cuisine équipée. Vaste terrasse sur le toit avec vue princière sur le Palais royal et ses jardins et... une superbe collection de voitures vintage au sous-sol, de la Citroën des années 1920 à la Chrysler 1950 (pour visiter, demander à la réception).

Campings

Camping Alpha (hors plan d'ensemble, **33**) **:** *c/ de la Calidad, Polígono Los Olivos, au km 12,4 de l'A 4 direction Córdoba, 28906 Madrid-Getafe. ☎ 91-695-80-69. • info@campingalpha.com • campingalpha.com • En arrivant à Getafe depuis Madrid, sortir au panneau du camping puis reprendre l'A 4 direction Madrid pdt 1 km ; ensuite, c'est indiqué. À 50 m se trouve l'arrêt du bus n° 447 pour la station de métro Legazpi, sur la ligne 3 (ttes les 30 mn, 40 mn le w-e ; dernier à 22h en sem, 21h20 le w-e). Ouv tte l'année. Pour 2 adultes, 23-29 € env selon saison avec 1 voiture et 1 tente. Bungalows 2-5 pers 65-100 € selon capacité et saison, avec TV, frigo, AC et, pour les plus chers, 2 chambres, coin cuisine et salon.* Ombragé, propre, assez calme et bien surveillé. Sanitaires vieillissants mais bien tenus, avec douche chaude gratuite. Bar-snack, épicerie, piscine gratuite (bassin pour enfants), terrain de tennis. Grande capacité d'accueil (1 050 personnes). Malgré sa proximité avec l'autoroute, on entend relativement peu les voitures.

Osuna (plan d'ensemble, **34**) **:** *c/ Jardines de Aranjuez, 1, 28042 ; bien caché entre l'avda de Logroño et le paseo Alameda de Osuna. ☎ 91-741-05-10. • osunacamping@gmail.com • campingosuna.com • Ⓜ Canillejas. Au nord-est de Madrid, par la N II, sur la route Madrid-Barcelone, prendre la déviation au km 8. À 500 m de la station de métro Canillejas. Ouv tte l'année. Avec 1 tente et 1 voiture, 25-28,50 € pour 2 pers selon saison. Pas de bungalows. CB refusées.* Une partie du camping est bien ombragée par des pins et acacias, l'autre a été plantée plus récemment. Plutôt en dépannage car le sol est dur, il est difficile de planter une sardine. Le gros avantage de ce camping est d'être accessible en métro.

Auberges de jeunesse *(albergues de la juventud)* et dortoirs

Les AJ officielles de Madrid offrent peu de places et sont souvent complètes dès 9h. Ne pas hésiter à réserver par téléphone ou par courriel avant même votre départ (indispensable en saison). En marge du réseau officiel, de nombreuses adresses privées destinées aux routards, qui offrent des lits en dortoirs. Très pratique, convivial et économique, l'idéal pour les voyageurs en solo ou pour rencontrer d'autres voyageurs de tous horizons.

Cat's Hostel (zoom détachable D5, **41**) **:** *c/ Cañizares, 6, 28012. ☎ 91-369-28-07. • info@catshostel.com • catshostel.com • Ⓜ Antón Martín. Réception 24h/24. Résa conseillée. Nuitée 15-24 €/pers, doubles 50-70 €, petit déj inclus.* À 2 mn à pied de la trépidante plaza Santa Ana. Voici une de nos meilleures adresses dans cette catégorie. Cette charmante auberge de jeunesse installée dans un palais du XVIIIe s abrite des dortoirs (4 à 19 lits) et quelques chambres doubles (pas de résa possible pour ces dernières) réparties autour d'un féerique patio intérieur de style mudéjar (arabo-andalou) avec fontaine et verrière colorée au plafond. Superbe cage d'escalier du même style. Confort, charme et propreté : AC, sanitaires modernes impeccables, armoires à bagages et laverie. Bar à l'ambiance sympa dans une belle cave voûtée de brique (et les *mojitos* les moins chers du quartier). Accueil pro.

The Hat (plan détachable C4, **81**) **:** *c/ Imperial, 9, 28012. ☎ 91-772-85-72. • info@thehatmadrid.com • thehatmadrid.com • Ⓜ Sol, Tirso de Molina ou Opéra. Nuitée 23-30 € selon saison et confort, doubles 70-110 €.* Voici l'une des dernières-nées de ces auberges privées hyper contemporaines, version « concept » ! À un jet de chapeau de la plaza Mayor, dans un bel immeuble ancien entièrement réaménagé, des dortoirs de 4 à 10 lits (avec salle de bains intégrée pour la plupart, et clim pour les *deluxe*), plutôt bien pensés, il faut le dire (liseuse, mini-étagère perso, grand coffre à bagage...). Atmosphère bois brut et post-industriel, avec des métaux patinés sur fond de murs chaulés. Grande cave voûtée pour le petit déj, et, dernière surprise, bar à tapas sur le toit-terrasse *(ouv slt le soir 16h-2h – dès 13h le w-e –, et très couru : arriver tôt !)*. L'accueil se la joue un peu, mais avec efficacité.

U Hostels *(plan détachable D2, **37**) : c/ Sagasta, 22, 28004. ☎ 91-445-03-00. • info@uhostels.com • uhostels.com • Ⓜ Alonso Martínez. ♿ Dortoirs 4-12 lits 21-27 €/pers, doubles sans ou avec sdb 55-65 € (parfois beaucoup plus chères), petit déj 3 €.* Installé dans un élégant édifice du XIXe s à la superbe façade. L'intérieur est à l'avenant, grands volumes confortables et décoration tout en couleurs et raffinement. Chambres spacieuses, literie impeccable et belles salles de bains, privées pour quelques dortoirs. Cuisine équipée, espaces communs hyper agréables, accueil jeune, pro et anglophone, qu'espérer de mieux ? Ça grouille d'animation, et c'est aux portes des quartiers branchés de Malasaña et Chueca !

Motion Hostels *(plan détachable D4, **36**) : c/ Mesonero Romanos, 7 (et c/ de la Abada), 28013. ☎ 91-531-33-89. • info@motionhostels.com • motionhostels.com • Ⓜ Callao ou Sol. Nuitée en dortoirs 3-6 lits 14-26 €/pers, doubles 40-70 €. Petit déj-buffet inclus.* Situé sur une agréable placette. Ancien grand hôtel rénové et réadapté aux nouvelles tendances hôtelières : espaces, luminosité, couleurs attrayantes, atmosphère conviviale... Sur 7 étages, chambres rehaussées de couleurs pétantes, toutes avec belle literie de bois blanc, bains privés nickel, clim, *lockers*, machines à laver, TV câblée dans les salles communes... Bar, snack, accueil jeune et sympa... Cela dit, l'entretien n'est pas toujours extra, et l'accueil vite dépassé.

Mucho Madrid *(plan détachable C3, **42**) : Gran Vía, 59 (7e étage), 28015. ☎ 91-559-23-50. • reservas@muchomadrid.com • muchomadrid.com • Ⓜ Plaza de España ou Santo Domingo. Lits 16-22 €/nuit selon saison, doubles 40-45 €, petit déj inclus. Réduc si l'on réserve en ligne.* Minuscule auberge de jeunesse privée dans un immeuble chicos de la Gran Vía. Propriétaire attentionné. Intérieur spacieux, particulièrement coloré et très propre, plus intime que les grandes AJ. Seulement 8 dortoirs de 2 à 4 lits, avec sanitaires sur le palier. Casiers personnels dans chaque dortoir. Coin cuisine.

Way Hostel *(zoom détachable D5, **45**) : c/ de Relatores, 17, 28012. ☎ 91-420-05-83. • reservas@wayhostel.com • wayhostel.com • Ⓜ Tirso de Molina. Lits 17-25 €/nuit, draps inclus, double avec sdb env 60 €.* Encore une AJ privée de très bonne tenue et très centrale, gérée de manière conviviale par une équipe polyglotte et multiculturelle. Dortoirs de 3 à 8 lits (plus un de 12 lits), casiers cadenassés, carte magnétique pour accéder aux chambres, sanitaires super propres. Seul un dortoir n'a pas de fenêtre. Au rez-de-chaussée, grande cuisine pour se préparer le petit déj et salle commune avec TV. Et pour découvrir la ville, nombreuses activités et sorties proposées (sympa quand on voyage en solo !). Excellent accueil.

Posada de Huertas *(zoom détachable D5, **44**) : c/ de las Huertas, 21, 28014. ☎ 91-429-55-26. • info@posadadehuertas.com • posadadehuertas.com • Ⓜ Antón Martín. Nuitée 14-38 €/pers selon dortoir ; double min 25 €/pers ; petit déj compris.* Située dans une rue piétonne animée tard le soir (donc bruyante si l'on dort côté rue), à deux pas de la plaza Santa Ana. Dortoirs non mixtes de 4 à 12 lits, tous avec *lockers* individuels. Quelques chambres doubles aussi (pas de résa). Sanitaires communs bien tenus. Cuisine équipée, AC, laverie. Petit patio intérieur et salon-pièce TV commune, musique et DVD. Un peu vieillissant, mais bon emplacement, ambiance et accueil bien sympas, lieu propice aux échanges d'infos.

Los Amigos Sol *(plan détachable C4, **46**) : c/ del Arenal, 26, 28013. ☎ 91-559-24-72. • reservas@losamigoshostel.es • losamigoshostel.es • Nuitée en dortoir 20-22 €/pers, petit déj compris. Doubles sans ou avec sdb 40-60 €. (payant).* AJ d'une quarantaine de places, colorée, contemporaine et centrale, tenue avec soin. Doubles (à réserver) et dortoirs de 4 à 10 lits (dont 1 exclusivement féminin). Cuisine jolie et spacieuse, casiers, salon TV. Les dortoirs donnant sur la rue sont dotés d'un minibalcon. Assez calme côté ambiance.

Ok Hostel *(plan détachable C5, **55**) : c/ Juanelo, 24, 28012. ☎ 91-429-37-44. • reservations@okhostels.com • okhostels.com • Ⓜ La Latina ou Tirso de Molina. Pile à la limite entre Lavapiés et La Latina. Nuitée en dortoir 17-24 €, doubles 56-80 € ; petit déj inclus.* Hyper bien placé, encore une auberge espagnole nouvelle génération. Les dortoirs, tous avec salle de bains intégrée (max 6 lits), sont vraiment parmi les mieux équipés qu'on connaisse. Chaque matelas, outre le classique tiroir à bagage, dispose de son propre petit coffre, d'une loupiote et d'un store qui permet de s'isoler réellement. Quant aux doubles, fonctionnelles et claires, certaines se parent même d'une terrasse. Déco rouge et blanche à tous les étages, à l'image de la grande salle du rez-de-chaussée, avec un bar accueillant et une longue fresque. Petit coin plus intime – avec gros coussins douillets – et cuisine au sous-sol (les flemmards pourront aussi y commander de quoi grignoter). Ensemble nickel. Bon accueil pro, et pas mal d'activités proposées (tapas tours, etc.).

Mad Hostel *(zoom détachable D5, **47**) : c/ de la Cabeza, 24, 28012. ☎ 91-506-48-40. • info@madhostel.com • madhostel.com • Ⓜ Antón Martín ou Tirso de Molina. Entre le quartier de Lavapiés et celui de La Latina, dans une ruelle calme. Nuitée 15-25 €/pers selon saison et taille des dortoirs (4-6 lits), petit déj inclus. Double 60 €.* Encore un point de chute sympa, organisé tout en hauteur autour d'un patio. C'est une ancienne *corrala,* ces immeubles d'appartements sur cour reliés par une galerie extérieure, architypique de Madrid. Couleurs pimpantes, bien tenu, avec salles de bains attenantes à certains des dortoirs et communes pour les autres. Grand salon avec billard, terrasse sur le toit (avec une vue extra sur Madrid), salle de gym, *lockers* et cuisine à dispo : tout ce qu'il faut ! Son avantage, outre sa situation : 150 lits (une vraie ruche), donc rarement complet ; en revanche, certaines chambres sont étroites.

Room 007 *(zoom détachable Chueca D3, **80**) : c/ Hortaleza, 74, 28004. ☎ 91-368-81-11. • booking@room007.com • room007.com • Ⓜ Chueca ou Tribunal. Nuitée 15-23 €, doubles 60-80 € ; familiales min 70 € ; petit déj 2 €.* Dans cette auberge récente et bien tenue, à la frontière entre Malasaña et Chueca, on pose son sac dans l'un des dortoirs de 4 à 8 lits (quelques-uns réservés aux filles), ou dans l'une des quelques doubles. Toutes sont équipées de leur propre salle de bains (serviette fournie) et de casiers, ce qui compense l'aspect sombre de certains des dortoirs. Agréable cuisine commune, baby-foot, resto au rez-de-chaussée, et même une terrasse où papoter jusqu'à plus soif. Accueil pro.

Barbieri International Hostel *(zoom détachable Chueca D3, **49**) : c/ Barbieri, 15, 28004. ☎ 91-531-02-58. • booking@barbieriinternational.com • barbieriinternational.com • Ⓜ Chueca. Entrée discrète, sonnette à droite sous le porche. Au 2e étage (ascenseur). Nuitée 12-30 €/pers (selon taille du dortoir et saison) ; doubles 40-60 € ; petit déj et draps/serviette compris (caution 3 €). Day use 5 €. Réduc de 5 % avec la carte ISIC ; 7e nuit gratuite.* Des doubles et des dortoirs de 6-8 lits (salles de bains communes récentes) dans une petite auberge de jeunesse privée, dotée d'une vingtaine de lits. Grands casiers individuels. À disposition : une cuisine avec four à micro-ondes et frigo. Laverie. Petit salon agréable avec DVD à dispo : pratique pour profiter du *day use*, pour attendre son avion du soir après une ultime douche.

Barbieri Sol Hostel *(zoom détachable D4,* ***50****) : c/ Victoria, 6, 28004. ☎ 91-522-41-98. • bookingsol@barbierihostel.com • barbierihostel.com • Ⓜ Sol. Au 2e étage. Mêmes conditions que sa grande sœur* Barbieri International *(voir précédemment). Nuitée 14-20 €/pers ; doubles 50-70 € selon confort et saison.* Ne vous étonnez pas de l'allure de cette AJ : il reste des vestiges, de-ci, de-là, de l'ancienne pension kitsch. Outre la situation centrale, on appréciera la vaste terrasse pour prendre le soleil et le petit déj, ainsi que la présence d'un coin douche et de w-c dans chaque dortoir. 4 chambres doubles dont une avec lit *matrimonial* (toutes avec douche, mais 2 avec toilettes communes), et des dortoirs de 4 à 6 lits. Certaines avec balcon, toutes chauffées. Cuisine équipée, service de laverie, salon TV.

Las Musas Residence *(zoom détachable D5,* ***38****) : c/ Jesús y María, 12, 28012. ☎ 91-539-49-84. • info@lasmusasresidence.com • lasmusashostel.com • Ⓜ Tirso de Molina. Nuitée 10-20 € selon taille dortoirs (10 lits, 4 lits avec sdb) ; doubles 48-60 € selon confort ; petit déj inclus.* Une grande AJ privée fort bien située à Lavapiés. Cadre et mobilier contemporains jouant beaucoup sur les couleurs. Réception pro et atmosphère sympa et animé. Sanitaires impeccables. Cuisine équipée, laverie, consigne à bagages, ping-pong, *lockers* individuels, petite salle d'ordinateurs, activités diverses, dont une balade à pied de 2h30 gratuite. Terrasse-bar sur le toit !

Albergue Juvenil Santa Cruz de Marcenado *(plan détachable B2,* ***40****) : c/ Santa Cruz de Marcenado, 28, 28015. ☎ 91-547-45-32. • marcenado@madrid.org • Ⓜ Argüelles ou San Bernardo. Réception 9h-22h. L'AJ ferme à 1h30 mais on peut rentrer plus tard si l'on prévient avt. Fermé 3 j. à Noël et au Nouvel An. Carte FUAJ. Nuitée avec petit déj env 21 € pour les plus de 30 ans, 16 € pour les - de 30 ans.* Moderne et tout confort, dans un petit immeuble récent aux tons saumon. Capacité de 72 lits en dortoirs de 4, 6 ou 8 lits (toutefois un peu serrés !). Aussi 2 chambres doubles au même prix, mais s'y prendre très à l'avance. Douches communes très propres. Attention, réserver longtemps avant car l'endroit est très couru. Consigne (payante), laverie, micro-ondes, distributeur de boissons, salon TV.

Albergue Juvenil Municipal *(plan détachable D2,* ***53****) : c/ Mejía Lequerica, 21, 28004. ☎ 91-593-96-88. • info@ajmadrid.es • ajmadrid.es • Ⓜ Tribunal ou Bilbao. Nuitée en dortoir 18,50-22,50 € selon saison et âge, petit déj inclus.* L'auberge de jeunesse municipale, moderne et bien foutue. Bon... vrai que l'endroit, de prime abord, ne respire pas la fantaisie, avec ses chambres de 4 ou 6 lits carrelées comme à la parade... mais chacune a sa propre salle de bains complète, des loupiotes au-dessus de chaque matelas, des casiers qui ferment bien. Et itou pour les quelques doubles. Outre la cafét' (sombre) où est servi le petit déj, un grand salon bien clair avec billard et une salle TV permettent de se retrouver. Ensemble hyper bien tenu, et vu sa taille, pas mal de chance de trouver de la place. Accueil efficace.

De la plaza de Santa Ana au paseo des Arts

Quartier éminemment touristique, bien sûr, mais on y trouve de nombreux *hostales* à prix doux.

Bon marché (max 50 €)

Hostal Aranda *(zoom détachable E4,* ***51****) : c/ de San Agustín, 6, 28014. ☎ 91-429-90-48. Ⓜ Sol ou Sevilla. Au 3e étage droite (sans ascenseur). Résa conseillée. Double avec sdb 39 €, familiale 50 €. Petit déj possible en sus.* Occupant la moitié de l'étage, Alain, franco-espagnol, a aménagé 4-5 chambres vastes, claires et confortables, équipées pour certaines d'une petite salle de bains (à partager pour les autres). Avantage et inconvénient : vous vivez presque en famille. Le volubile et accueillant propriétaire et les siens occupent aussi l'appartement, et ne sont pas avares en recommandation. Excellent rapport qualité-prix-situation-accueil.

Hostal Residencia Fernández *(zoom détachable D5, **61**) : c/ del León, 10, 28014. ☎ 91-429-56-37. • hostal-fernandez@hotmail.com • hostalfernandez.com • Ⓜ Antón Martín. Au 1er étage. Double avec sdb 50 € (mêmes prix tte l'année), triple 65 €. Réduc de 8 % sur les doubles sur présentation de ce guide.* Petit hôtel intime, calme et vraiment agréable. Les chambres (avec TV, AC et petit coffre-fort), comme les salles de bains, sont nickel et égayées de jolis couvre-lits. Accueil franc et un poil anglophone. Une bonne adresse.

Hostal Apolo XI *(zoom détachable D4, **52**) : c/ de Espoz y Mina, 6 (3e D), 28012. ☎ 91-532-14-09. • hostalapolo11@hotmail.com • hostalapolo11.com • Ⓜ Sol. À 30 m de la puerta del Sol. Au 3e étage, à droite (ascenseur). Doubles avec lavabo 30-35 €, avec sdb 40-45 €, familiales 45-70 €. Réduc de 10 % sur les doubles sur présentation de ce guide.* Éminemment bien situé. Toutes les chambres ont été rénovées récemment dans des tonalités fraîches. Ça en fait une adresse basique très convenable, d'autant que c'est bien tenu et que l'espace disponible fait qu'on n'est pas les uns sur les autres. Plusieurs chambres à 3 ou 4 lits très pratiques pour un groupe d'amis. Chambres sur rue logiquement plus bruyantes que celles sur cour. Distributeur de boissons dans le hall. Ensemble clair et accueil agréable.

Hostal Alaska *(zoom détachable D4, **57**) : c/ de Espoz y Mina, 7, 28012. ☎ 91-524-92-08. • hostalalaska@hotmail.com • hostalalaska.es • Ⓜ Sol. Au 4e étage (ascenseur). Résa conseillée. Doubles avec sdb 40-60 € selon taille (jusqu'à 80 € lors de fêtes importantes), triples 50-69 €.* Dans une rue particulièrement touristique et animée. Un bel appartement aménagé en *hostal*, avec de grandes chambres propres et colorées, tout en longueur pour la plupart. Pratiques car aisément transformables en triple. Notre préférée : la grande carrée avec les poutres apparentes, qui dégage un vrai charme. Frigo commun à disposition et accueil attentionné. Un seul bémol : les salles de bains, si elles sont bien équipées, sont lilliputiennes !

Hostal 12 Rooms *(zoom détachable D4, **58**) : c/ Nuñez de Arce, 9, 28012. ☎ 91-521-54-21. • reservas@12-rooms.com • 12-rooms.com • Ⓜ Sol ou Sevilla. Au 3e étage sans ascenseur. Réception 24h/24 au 8, c/ de la Cruz, à 2 pas. Résa conseillée, même hors saison. Double avec sdb min 45 € selon taille.* Dans un bel immeuble ancien, de grandes chambres à la déco chaleureuse. En demander une avec fenêtre. Celles sur rue, outre un double vitrage, ont conservé leurs volets de bois intérieurs (la meilleure protection contre le bruit et la chaleur !), et se prolongent d'un mignon balconnet. D'autres donnent sur le patio, à l'arrière : plus anciennes mais plus calmes. Attention, pas de clim, chambres pouvant être étouffantes par grandes chaleurs.

De prix moyens à chic (50-80 €)

Hostal La Bruña *(zoom détachable E5, **59**) : c/ Moratín, 50, 28014. ☎ 91-429-47-01. • hostalbruna@ctv.es • hostalbruna.es • À mi-chemin des musées du Prado et du Centro Reina Sofía. Réception au 2e étage. Doubles avec sdb 50-65 €, triples 75-90 €. Pas de petit déj.* Une belle cage d'escalier vert d'eau, et des chambres au 2e étage avec un peu de cachet (parquet) ou au 1er étage (carrelage et dessus-de-lit fleuris), de tailles variables. Quelques chambres aussi dans un bâtiment voisin. Tout est propre comme un sou neuf, et la literie de bonne qualité. Tenu par un couple vraiment très accueillant, mais exclusivement hispanophone.

Hostal Gonzalo, Pensión Corbero, Hostal Cervantes *(zoom détachable E4, **60**) : c/ Cervantes, 34, 28014. À 5 mn à pied des musées du Prado et Thyssen-Bornemisza. **Gonzalo :** 3e étage. ☎ 91-429-27-14. • hostal@hostalgonzalo.com • hostalgonzalo.com • **Corbero :** 1er étage. ☎ 91-429-41-71. • donato@hostalcorbero.com • pensioncorbero.com • **Cervantes :** 2e étage.*

MADRID

☎ 91-429-83-65. • correo@hostal-cervantes.com • hostal-cervantes.com • 💻 📶 *Pour les 3 : selon saison, doubles avec sdb 45-60 €, triples 65-70 €. Ascenseur.* Situés tous les 3 dans le même immeuble XIXe s, à différents étages. C'est la raison de notre choix : si l'un est complet, il reste les autres. Intérieur propre et bien tenu pour chacun, et bon confort : AC, TV, sèche-cheveux ou même coffre-fort. Des trois, le *Gonzalo,* un poil plus cher, est le plus coquet, et l'accueil y est très prévenant. Le *Corbero,* de taille plus modeste, affiche la déco la plus moderne et colorée, mais reçoit avec une gentillesse un peu fatiguée. Quant au *Cervantes,* s'il se distingue par des chambres un poil plus grandes, l'ensemble, très mélaminé-formica, est un brin moins soigné. Mais l'accueil souriant compense.

Hostal Atelier *(zoom détachable D4,* ***66****) : c/ Principe, 18, 28012. ☎ 91-531-66-00. • hostalatelier.com •* Ⓜ *Sol. Au 1er étage à droite. Doubles standard 54-75 €, supérieures 63-85 € selon saison. Pas de petit déj.* 📶 Une petite structure de 12 chambres à peine, entièrement et joliment rénovées dans des tons fleuris. C'est frais, moderne, impeccable, et d'un excellent confort : il y a même une bouilloire dans chaque chambre. Les supérieures, plus grandes, profitent pour certaines d'un balcon. Accueil fort sympathique. Et si c'est plein, il suffit de prendre l'ascenseur : la famille – frère, cousin, etc. – a ouvert un ou deux *hostal* par étage ; tous modernes et agréables, et dans les mêmes fourchettes de prix. Au 4e (qui offre les chambres les plus lumineuses), d'un côté ***Hostal Alexis*** *(☎ 91-032-11-80, • hostal.alexis@gmail.com • hostalalexis.com •),* une vraie bonbonnière et un accueil plein d'humour. De l'autre ***l'Hostal Madrid Sol*** *(☎ 91-531-32-70, • hostalmadridsol@gmail.com • hostal-madridsol.com •),* à la déco plus graphique : le rouge des coussins réveille la géométrie des tapisseries.

JC Rooms Santa Ana *(zoom détachable D4,* ***39****) : c/ de la Cruz, 8, 28012. ☎ 91-531-44-03 ou 902-400-409. • reception@jchoteles-santaana.com • jchoteles.com •* Ⓜ *Sol. Doubles 46-95 €.* 💻 📶 Au 1er étage, une douzaine de chambres sur la thématique des provinces espagnoles : un décor aux couleurs pétantes (avec une immense photo au-dessus du lit), un mobilier et une salle de bains hyper modernes. De même, tout le confort espéré, clim, ordi et connexion dans presque toutes les chambres... Petit déj servi dans une cafétéria voisine. Un peu cher quand même en pleine saison. *Même maison, c/ Flora (voir plus loin).*

The Tirso Molina Hostel *(zoom détachable D5,* ***43****) : c/ Mesón de Paredes, 9, 28012. ☎ 91-539-80-66. • reservastirsomolina@thchostels.com • thchostels.com •* Ⓜ *Tirso de Molina. Au coin de la c/ Juanelo. Doubles 55-79 € (10-20 € plus cher le w-e). Pas de petit déj.* 📶 Hôtel joliment rénové proposant de très agréables chambres à des prix vraiment intéressants. Cadre genre « modern style » sachant allier sobriété et élégance, et salles de bains nickel. Quelques chambres avec terrasse. Très bien situé, mais manque un poil d'atmosphère (aucune partie commune où se retrouver !).

Hotel Villamañez *(zoom détachable E4,* ***51****) : c/ de San Agustín, 6, 28014. ☎ 91-429-90-33. • hostalvillamanez@gmail.com •* Ⓜ *Sevilla. Au 2e étage, à droite. Double avec sdb env 50 €.* Si le hall de l'immeuble est un peu défraîchi, les chambres, elles, d'une blancheur lumineuse, sont agréables et très bien tenues, quoique pas super spacieuses. Certaines donnent sur le jardin. Calme et confortable, un bon rapport qualité-prix.

Hostal Esmeralda *(zoom détachable D4,* ***62****) : c/ de la Victoria, 1, 28012. ☎ 91-521-00-77 ou 07-58. • reservas@hresmeralda.net • hresmeralda.net •* Ⓜ *Sol.* ♿ *Au 2e étage (ascenseur). Doubles 50-80 € selon saison.* 📶 Une vingtaine de chambres confortables, d'un blanc immaculé (déco plutôt neutre), toutes identiques et d'une propreté exemplaire. Toutes donnent sur la rue (double vitrage) et sont équipées de l'AC, la TV et d'un coffre individuel, ce qui compense presque l'étroitesse des salles de bains (avec sèche-cheveux). Accueil très gentil.

■ ***Hostal Victoria II*** *(zoom détachable D4, **63**) : c/ de las Carretas, 3, 28012. ☎ 91-522-15-49. Accueil et résas auprès de **Hostal Victoria I** (zoom détachable D4, **56**), c/ de las Carretas, 7, 28012, au 2e étage. ☎ 91-522-99-82. • reservas@hostal-victoria.com • hostal-victoria.com • Ⓜ Sol. Résa conseillée. Doubles 45-56 € avec sdb, triples 65-70 €. Pas de petit déj.* 💻 📶 *Hostal* impeccable et bien arrangé. Des allures de petit hôtel, vu le confort proposé : AC, salle de bains nickel (certes, riquiqui), coffre-fort, TV satellite, minibar et téléphone dans toutes les chambres. Bonne literie et accueil pro. Notre préférence va nettement au ***Victoria II*** pour sa déco plus aboutie, mais le *Victoria I,* au mobilier plus ancien, présente un confort du même type. Quant au ***Victoria III*** *(zoom détachable D4, **64** ; carrera de San Jerónimo, 30, au 4e étage ; résas au Victoria I ; ☎ 91-420-23-57 ; doubles 45-55 € tte l'année),* à part une déco plus chargée, difficile de lui reprocher quelque chose, si ce n'est la petitesse des chambres. N'oublions pas qu'on est en plein centre ! Très bon rapport qualité-prix pour l'ensemble.

Chic (70-90 €)

■ ***Artistic B & B*** *(zoom détachable D5, **35**) : c/ Lope de Vega, 11, 28014. 📱 654-36-86-11. • info@artisticbandb.com • artisticbandb.com • Ⓜ Antón Martín. Au 3e étage (sans ascenseur). Congés : 15 j. en janv, 15 j. en août. Doubles avec sdb 74-82 €, 1 chambre plus petite 68 € ; copieux petit déj inclus.* 💻 📶 Un ravissant appartement proposant 6 chambres de bon confort, pas très grandes. Les jeunes proprios ont choisi de rénover cet appartement en lui donnant un aspect vieilli très coloré inspiré de la chaleur de l'Amérique du Sud (d'ailleurs, Rodolfo est argentin) : murs peints à l'éponge, parquet gratté, mobilier faussement ancien, tissus « ethniques ». Tout cela est bien charmant et vraiment convivial, assorti d'un accueil très souriant : une vraie maison d'hôtes où l'on prend le temps de se parler.

De plus chic à très chic (90 à plus de 120 €)

■ ***Alhambra Suites*** *(zoom détachable D4, **67**) : c/ de Espoz y Mina, 8, 28012. ☎ 91-522-91-03. • info@alhambrasuites.com • alhambrasuites.com • Ⓜ Sol. Au 2e étage (ascenseur). Double 99 €, triple 120 € et suite 140 €, petit déj compris (servi à 50 m, dans un resto voisin).* 📶 Une trentaine de belles chambres spacieuses toutes en longueur, réparties sur 2 étages (près de 30 m² pour les suites), claires, à la décoration bien contemporaine, dans un élégant camaïeu de gris et de noir. Minibar, sèche-cheveux, AC, coffre et belles salles de bains : excellent confort. Accueil bien sympa et pro. Une photo de l'*Alhambra* à la réception tente de justifier le nom de l'établissement, dont la déco n'a vraiment rien d'andalou.

■ ***Vincci Soho*** *(zoom détachable D4, **100**) : c/ Prado, 18-20, 28014. ☎ 91-141-41-00. • soho@vinccihoteles.com • vinccihoteles.com • Doubles standard en général 90-140 €, petit déj 17 € (souvent inclus) ; jusqu'à 250 € en très hte saison.* 📶 En plein cœur du barrio de Las Letras, cet hôtel 4 étoiles a investi 5 immeubles anciens, habilement réhabilités et totalement remodelés intérieurement. Côté chambres, les standard sont déjà très bien, d'un excellent confort, certaines avec balconnet, et l'ameublement mêle modernisme de belle facture (beaux matériaux) et touche design. Classique, donc, mais classe. Très bon accueil et vaste terrasse-patio pour goûter la douceur du soir.

■ ***Petit Palace Lealtad Plaza*** *(zoom détachable E4, **102**) : c/ Antonio Maura, 5, 28014. ☎ 91-522-45-47. • lea@petitpalace.com • petitpalace.com • Doubles 90-150 €, triple et familiale min 140 € ; petit déj-buffet inclus.* 📶 À 3 mn à pied derrière le Prado, baignant déjà dans l'ambiance chic et mesurée du quartier de Salamanca, un petit luxe à taille humaine, aménagé dans un bel édifice en pierre et brique du XIXe s. Comme dans les autres hôtels de la chaîne, la modernité est sobrement à l'honneur (prêt de vélos et d'iPad), et le confort irréprochable. Petit plus, une jolie utilisation des éléments d'architecture d'origine : moulures, insert, briques patinées et beaux parquets. Préférer les supérieures, qui donnent sur la rue et gagnent en lumière. Accueil très agréable, parfois francophone.

Hotel II Castillas (*plan détachable D4,* **68**) **:** *c/ de la Abada, 7, 28013. ☎ 91-524-97-50. • reservas@hoteldoscastillas.com • hoteldoscastillas.com • Ⓜ Sol ou Callao. Doubles 70-140 €, petit déj inclus.* Un hôtel à l'ancienne, pas du tout design (pour une fois !), plutôt cossu même, dans une rue piétonne au cœur du quartier commerçant. Chambres confortables et très classiques, spacieuses et arrangées avec goût. Belles salles de bains avec douche à jet hydromassant pour certaines ou baignoire. Personnel avenant. Pour profiter de l'animation madrilène tout en restant au calme.

Urban Hotel (*zoom détachable D4,* **69**) **:** *carrera de San Jerónimo, 34, 28014. ☎ 91-787-77-70. • urban@derbyhotels.com • hotelurban.com • Ⓜ Sevilla ou Sol. Doubles 200-300 € selon affluence et saison.* Waouh ! Un superbe hôtel design au cœur de la ville (un des plus beaux) avec d'impressionnants volumes, beaucoup de transparences, une modernité contrôlée, rehaussée de touches ethniques, comme ces magnifiques statues de Papouasie à l'accueil. Chambres à l'unisson, avec tout le confort dont on peut rêver. La plus belle est la n° 438. Sur le toit, une piscine ouverte l'été et une salle de gym. Resto chic et cher. Un raffinement de haut standing. Le bar vaut également le détour (voir plus loin « Où boire un verre ? Où écouter de la musique live ? » dans le barrio de Las Letras, le *Glass Bar*).

Le Madrid de los Austrias

Toujours le centre historique et touristique, autour de la plaza del Sol.

Prix moyens (50-80 €)

JC Rooms Puerta del Sol (*plan détachable C4,* **54**) **:** *c/ Flora, 4, 28013. ☎ 91-559-40-14. • reception@jchoteles.com • jchoteles.com • Ⓜ Ópera. Doubles 49-82 €. Pas de petit déj.* Dans une petite rue tranquille, au 1er étage. Sur une thématique des principales *plazas* et *puertas* de Madrid, des couleurs éclatantes (immense photo au-dessus du lit), un mobilier pop, une salle de bains moderne. De même, tout le confort attendu, clim et ordi dans la plupart des chambres... Pas immenses cependant, les chambres, et donnant sur un patio, donc peu lumineuses. Accueil fort aimable.

Hostal Cruz Sol (*plan détachable C4,* **72**) **:** *pl. Santa Cruz, 6, 28012. ☎ 91-532-71-97. • info@hostalcruzsol.com • hostalcruzsol.com • Ⓜ Sol. Au 3e étage (ascenseur). Double avec sdb 58 €. Pas de petit déj.* À 80 m de la plaza Mayor, dans le quartier piéton. Dans un immeuble cossu, un *hostal* tout ce qu'il y a de plus correct, avec des chambres certes petites mais bien équipées (AC, coffre, sèche-cheveux, etc.) et lumineuses, et un accueil très gentil. Vue sur la place ou sur les rues piétonnes. Une de nos bonnes adresses dans ce quartier central.

Hostal Hispalense (*plan détachable C4,* **74**) **:** *c/ de las Fuentes, 12, 28013. ☎ 91-542-18-52. • info@hostalhispalense.es • hostalhispalense.es • Ⓜ Ópera. Au 2e étage. Résa conseillée. Doubles 45-75 € selon sem ou w-e. Pas de petit déj. Résa impérative. Sur présentation de ce guide, réduc de 10 % sur les doubles si résa min 2 nuits.* Un petit *hostal* très bien placé, offrant une dizaine de chambres, à 2 mn à pied de la plaza Mayor. Accueil charmant de la patronne, ayant vécu plus de 15 ans en France. Les 10 chambres, bien agréables, sont gentiment décorées et toutes différentes, avec salle de bains impeccable, AC et réfrigérateur. Un bon choix. Cloisons peu épaisses cependant : le bruit se propage vite !

Hostal La Macarena (*plan détachable C4,* **75**) **:** *cava de San Miguel, 8, 28005. ☎ 91-365-92-21* *ou 91-366-61-11.* • *macarena@silserranos.com* • *silserranos.com* • Ⓜ *Sol. Au 2e étage (ascenseur). Double avec sdb env 69 €. Pas de petit déj.* Très bien situé : à deux pas et demi de la plaza Mayor et du Mercado San Miguel... L'hôtel se trouve en face de l'une des anciennes murailles de la ville, dans un bel immeuble calme. Petites moulures ton sur ton dans les teintes claires : ambiance très classique ! Les chambres sont mini, mais l'ensemble est agréable et la plupart ont un balcon (et AC). Accueil très avenant.

Hostal Tijcal *(plan détachable C4,* ***73****) : c/ de Zaragoza, 6, 28012. ☎ 91-365-59-10.* • *spain@hostaltijcal.com* • *hostaltijcal.com* • Ⓜ *Sol. Dans une rue piétonne, à 100 m de la plaza Mayor. Au 3e étage (ascenseur). Réception 24h/24. Double env 39 €. Réduc en sem et hors saison.* Également des simples et des triples. La proximité de la plaza Mayor, les chambres confortables et le calme relatif (elles donnent sur les rues piétonnes ou sur les cours intérieures, plus sombres) en font une adresse convenable, même si les salles de bains s'avèrent plus vieillottes que le reste et assez exiguës. Service de *lavandería.*

Plus chic (90-120 €)

Hotel Meninas *(plan détachable C4,* ***76****) : Campomanes, 7, 28013. ☎ 91-541-28-05.* • *reservas@hotelmeninas.com* • *hotelmeninas.com* • Ⓜ *Ópera ou Santo Domingo. Double min 115 €, petit déj-buffet inclus (ou non, selon promo).* Dans un bâtiment du XIXe s de caractère et d'ailleurs classé, un bel hôtel au luxe cosy, abordable et à taille humaine. Rue tranquille. Le charme de l'ancien (cage d'escalier conservée) se conjugue ici avec une déco douillettement contemporaine mais pleine de clins d'œil à l'histoire, comme les papiers peints à rayures ou les moulures. Chambres élégantes et sereines, avec des airs de boudoir pour certaines, tout confort, de tailles variables (on ne casse pas les vénérables murs !). La plupart des *standard* donnent sur une courette-puits, sans lumière naturelle : autant le savoir. Salle de (bon) petit déj aux couleurs pimpantes en sous-sol, sous d'augustes voûtes. Service aux petits soins.

Hotel Room Mate Mario *(plan détachable C4,* ***83****) : Campomanes, 4, 28013. ☎ 91-548-85-48 ; résas : ☎ 91-217-92-87.* • *mario@room-matehotels.com* • *room-matehotels.com* • Ⓜ *Ópera ou Santo Domingo. Double min 109 € selon taille et saison ; petit déj-buffet env 7,50 €.* Pour les amoureux du bel canto, à 50 m de l'Opéra. Un hôtel design, appartenant à la chaîne *Room-matehotels* (3 autres hôtels dans Madrid, dont un – moins réussi à notre avis mais au bar très tendance – dans le quartier de Chueca). Installé dans un vieil immeuble bourgeois du quartier de l'Opéra, et décoré par un adepte du minimalisme : hall de réception dans les tons noir et orange, salle à manger plutôt verte et des chambres très agréables à l'esthétique graphique, originale et soignée. Tout le confort, et surtout la possibilité de profiter du wifi gratuit dans toute la ville, avec un routeur de poche fourni avec la chambre. Accueil et service au diapason.

Palacio San Martín *(plan détachable C4,* ***77****) : pl. San Martín, 5, 28013. ☎ 91-701-50-00.* • *fledesma@intur.com* • *hotelpalaciosanmartin.es* • Ⓜ *Ópera ou Sol. Doubles min 81 € au rdc, sinon min 100 €, petit déj 14 €.* Dans un bel immeuble du XIXe s, plus de 80 chambres, avec un patio intérieur sous verrière propice au farniente. Qu'il s'agisse des contemporaines du rez-de-chaussée (qui manquent cependant de lumière naturelle) ou des classiques directement inspirées du grand style du bâtiment, chambres lumineuses, de grand standing et plutôt vastes, excellents couchages et moquettes moelleuses. Douches à jet hydromassant. AC, coffre-fort, minibar et tout le tralala. Resto très agréable servant en continu de 11h à minuit.

Autour de la Gran Vía et de la plaza Puerta del Sol

Un peu au nord de la puerta del Sol, la Gran Vía est une large saignée à la Haussmann, où l'on trouve de grandes salles de cinéma, fast-foods, drugstores et magasins de chaîne. Le quartier abrite de nombreuses pensions et autres *hostales,* faites votre choix, mais attention au bruit la nuit : évitez si possible de prendre une chambre donnant sur une grande artère. Environnement moins sympa que le vieux quartier de la plaza Mayor, mais chambres plus grandes en général.

Prix moyens (50-70 €)

Hostal Luis XV (zoom détachable Chueca D4, **48**) : *c/ de la Montera, 47, 28013. ☎ 91-522-10-21. • reservas@hotelluisxvmadrid.com • hostalluisxvmadrid.com • Ⓜ Gran Vía ou Sol. Presque à l'angle de Gran Vía, 8ᵉ étage (ascenseur, chouette !). Doubles avec sdb 59-70 €. Pas de petit déj. (dans les parties communes).* De bonnes prestations : AC, TV, téléphone, salle de bains, coffre-fort ; et surtout la vue splendide sur Madrid (depuis les chambres triples, notamment). Forcément, à cette hauteur, ça aide, et puis on échappe un peu au bruit de la rue. Cadre sobre, voire vieillot, quelques chambres plus spacieuses que d'autres.

Hostal Reconquista (zoom détachable D4, **65**) : *c/ de Zorrilla, 7, 28014. ☎ 91-429-81-97. • info@hostalreconquista.com • hostalreconquista.com • Ⓜ Sevilla ou Sol. Au 2ᵉ étage (ascenseur). Doubles avec sdb 45-51 € selon saison.* Encore un agréable *hostal,* très bien tenu par l'accueillante Carmen et sa mère. Des chambres soignées, de taille honorable, à la décoration sobre (petits rideaux et dessus-de-lit bourgeois), et de bon confort : bonne literie, TV, téléphone et coffre-fort, très au calme. Et plein de conseils en anglais pour profiter de votre séjour dans la capitale, avec quelques mots de français s'il le faut ! Un étage plus bas, l'***Hostal Principado*** *(☎ 91-429-81-87 ou 91-369-40-60 ; • hostalprincipado@gmail.com • hostalprincipado.com • ; doubles avec sdb 35-62 € ;)* propose le même genre de prestations : des chambres agréables, modernes et bien proprettes, d'un remarquable rapport qualité-prix. Quelques-unes moins chères avec salles de bains communes. Accueil anglophone, pro et sympa.

De prix moyens à plus chic (50-150 €)

Praktik Metropol (zoom détachable Chueca D4, **48**) : *c/ de la Montera, 47. ☎ 91-521-29-35. • reservas@praktikmetropol.com • praktikmetropol.com • Ⓜ Gran Vía ou Sol. Presque à l'angle de Gran Vía, réception au 6ᵉ étage (ascenseur). Doubles 55-150 € selon saison et catégorie, petit déj 6 €.* Dans un esprit loft réchauffé par des fauteuils club, des couleurs acidulées et des échappées vintage et design, voilà un établissement dans l'air du temps, réparti sur plusieurs étages. Si les chambres standard, petites, donnent sur le patio intérieur, les supérieures sont plus spacieuses et plus claires pour la plupart. Quant aux *skyline,* elles offrent une vue superbe sur les toits foisonnants de la Gran Vía. Panorama pour tous depuis la terrasse aménagée au 9ᵉ étage. Petits coins salon essaimés un peu partout.

De chic à très chic (de 70 à plus de 120 €)

Hotel Santo Domingo (plan détachable C3, **99**) : *c/ de San Bernardo, 1 (pl. Santo Domingo), 28013. ☎ 91-547-98-00. • reserva@hotelsantodomingo.es • hotelsantodomingo.es • Ⓜ Santo Domingo. Doubles 105-230 € selon saison et confort, petit déj inclus ; suites. Parking.* Reconversion réussie pour ce classique 4-étoiles passé entre les mains de talentueux architectes et décorateurs. Parti pris d'un élégant design, d'espaces originaux, de couleurs sobres et nuancées et d'utilisation de matériaux nobles et bruts tout à la fois (aluminium, cuivre jaune...) en des formes insolites. Les chambres ont en commun beaucoup de charme, un style épuré, des lumières douces, de superbes salles de bains, et tout, tout le confort imaginable... Le must : le mur végétalisé et la belle piscine sur le toit, avec vue imprenable sur toute la ville, et le solarium.

De Las Letras Hotel (zoom détachable Chueca D4, **70**) : *Gran Vía, 11, 28013. ☎ 91-523-79-80. • info@hoteldelasletras.com • hoteldelasletras.com • Ⓜ Gran Vía ou Sevilla. Doubles*

120-190 € selon saison, min 180 € avec terrasse, et min 210 € avec terrasse et jacuzzi privés. Petit déj 15 €. Intéressantes promos sur Internet. Encore un hôtel design réussi, aménagé dans un majestueux édifice datant de 1917. Pierres et bois jouent ici à cache-cache avec les couleurs chaleureuses des chambres : parquets anciens et grandes hauteurs sous plafond témoignent de la respectabilité de l'endroit, et s'harmonisent parfaitement avec la modernité des tapis et du mobilier. Et partout, dans les couloirs, les escaliers et au-dessus des lits, des citations de grands écrivains... à retrouver dans la bibliothèque, bien sûr ! Également un resto gastronomique *(Al Trapo)*, un bar à cocktail-resto très agréable sur le toit *(El Ático, tlj 17h-2h)*, un autre tout de blanc vêtu au rez-de-chaussée (le *Bocablo Lounge*), etc. Accueil pro sans être guindé.

Hotel Moderno *(zoom détachable D4,* ***78****) : c/ del Arenal, 2, 28013. ☎ 91-531-09-00. • info@hotel-moderno.com • hotel-moderno.com • Ⓜ Sol. Quasiment sur la plaza del Sol. Selon saison, doubles 75-130 €, jusqu'à 170 € avec terrasse.* Cet hôtel sobre et classique est rénové dans un style contemporain tout aussi classique, qui a su préserver son indépendance. Accueil pro et cravaté. Si vous êtes en fonds, choisissez de préférence une chambre au 6e étage : vous aurez un balcon donnant sur la plaza del Sol. Un peu cher, il faut le reconnaître : un tel emplacement se paie. Terrasse au dernier étage.

Dans le quartier de Chueca

Bon marché (moins de 50 €)

Casa de huéspedes Río Miño *(zoom détachable Chueca D3,* ***86****) : c/ Barbieri, 3, 28004. ☎ 91-522-14-17. Ⓜ Gran Vía, Banco de España ou Chueca. Au 1er étage, à gauche. Double avec lavabo ou douche 35 €. CB refusées.* Un certain charme se dégage de cette pension à l'ancienne, avec son beau parquet et sa déco toute simple. Calme, spacieux et très bien entretenu. Salle de bains et w-c propres sur le palier pour les chambres lumineuses, avec lavabo, qui donnent sur la rue. Pour profiter d'une salle de bains privée, c'est autour du patio que ça se passe. Accueil francophone adorable : c'est Eladio Lorenzo, le patron, qui fait tous les travaux ici !

De prix moyens à chic (50-90 €)

Hostal Don Juan *(zoom détachable Chueca D3,* ***88****) : pl. Vázquez de Mella, 1, 28004. ☎ 91-522-31-01. • hostaldonjuan.net • Ⓜ Gran Vía ou Chueca. Au 2e étage. Double avec sdb env 55 €, triple 74 €. Pas de petit déj. Sur présentation de ce guide, 10 % de réduc sur les doubles tte l'année.* Dans un grand immeuble sur une place piétonne, 44 chambres impeccables, et vastes pour la plupart, avec un beau parquet vitrifié, TV, AC, téléphone. Agréables parties communes. Une vraie déco personnalisée, haute en couleur : vénérable mobilier souvent sculpté, peintures anciennes, beau bibelots... pas mal de charme ! Triples très intéressantes aussi. Accueil adorable, en espagnol ou en anglais. Un excellent rapport qualité-prix.

Pensión Domínguez *(zoom détachable Chueca D3,* ***90****) : c/ Santa Brígida, 1, 28004. ☎ 91-532-15-47. • postmaster@hostaldominguez.com • pensiondominguez.com • Ⓜ Tribunal ou Chueca. Au 1er étage, à droite. Congés : août. Doubles avec sdb env 45-50 €, familiale 65 €. CB refusées. Pas de petit déj.* Possibilité d'arranger des chambres triples sur demande. Rénové. Des chambres plus ou moins lumineuses avec salle de bains (parfois) microscopique, AC et chauffage, toutes très propres. Quelques chambres de même type au 2e étage aussi. Accueil anglophone. Pas de petit déj, mais une excellente *marisquería* au rez-de-chaussée ! Une adresse parfaite pour sortir dans Malasaña.

Hostal Greco *(zoom détachable Chueca D3,* ***91****) : c/ de las Infantas, 3, 28004. ☎ 91-522-46-31/32. • info@hostalgreco.com • hostalgreco.com • Ⓜ Gran Vía ou Chueca. Au 2e étage* *(ascenseur). Doubles env 50-80 €, triple 90 € ; petit déj inclus.* Réception un peu baroque, mais les chambres sont plaisantes, claires, prolongées d'un balcon ou d'une véranda (vue sur la rue ou sur le patio), et équipées de téléphone, AC et TV, et parfois d'un frigo. Plutôt spacieux, sauf les salles de bains, grandes comme des mouchoirs de poche. Un des fils est francophone, l'autre parle l'anglais. Une bonne adresse.

Hostal María Luisa *(zoom détachable Chueca D3,* ***92****) : c/ de Hortaleza, 19, 28004. ☎ 91-521-16-30. • info@hostalmarialuisa.com • hostalmarialuisa.com • Ⓜ Gran Vía. Au 2e étage (ascenseur). Doubles avec sdb 50-55 €.* Toutes les chambres ont téléphone, AC, réfrigérateur pour certaines, et même coffre ! Impeccablement tenu par la sympathique María Luisa et son équipe. Les chambres donnant sur la cour intérieure sont très calmes, celles sur rue sont plutôt bien insonorisées. Déco à l'ancienne.

Hostal Hispano *(zoom détachable Chueca D3,* ***93****) : c/ de Hortaleza, 38, 28004. ☎ 91-531-48-71 ou 28-98. • info@hostalhispano.com • hostalhispano.com • Ⓜ Chueca. Au 2e étage (ascenseur). Doubles 60-120 €.* Une vingtaine de chambres agréables ornées de grands posters, toutes refaites dans un esprit moderne qui oscille entre la bonbonnière et le méditerranéen. On aime ou pas, mais c'est original. Mobilier de qualité, bonne literie, AC et coffre-fort. Propreté impeccable. Petit déj en option, servi dans une cafét' voisine. Un regret quand même : le très grand écart des tarifs en fonction des saisons.

Dans le quartier de Malasaña

Bon marché (moins de 50 €)

Hostal Machín *(zoom détachable Chueca D3,* ***85****) : c/ de Valverde, 9, 28004. ☎ 91-522-26-14. • reservas@hostalmachin.com • hostalmachin.com • Ⓜ Gran Vía. Fermé en août. Au 4e étage (ascenseur). Résa conseillée. Doubles avec lavabo ou sdb 40-50 €. Pas de petit déj. Sur présentation de ce guide, réduc de 10 % sur les doubles sf hte saison.* Un *hostal* simple et accueillant, proposant des chambrettes climatisées au joli mobilier de bois et à la literie confortable, chacune avec son lavabo et sa baignoire-sabot dans un coin (w-c sur le palier) plus, parfois, un petit frigo et un coffre. Tout est très propre, à défaut d'être spacieux. Petite terrasse aménagée sur le toit. Micro-onde et distributeur de café à dispo. Consigne à bagages.

Hostal Nueva Montaña *(plan détachable C3,* ***79****) : c/ de la Luna, 30, 28004. ☎ 91-521-60-85. 679-72-96-85. • nano1455@msn.com • Ⓜ Plaza de España ou Callao ou Noviciado. Au 2e étage, à droite. Doubles 30-38 € selon confort (lavabo ou douche, w-c communs), familiales 50-60 €. CB refusées. Réduc de 10 % pour un séjour de 1 sem min sur présentation de ce guide.* Préférer les chambres sur la rue (peu passante), bien plus claires et avec balcon. Modeste pension de famille à l'escalier en bois et bon accueil de Marie-José. Petites chambres avec TV, baignant dans la simplicité. Parking à proximité avec tarif préférentiel. Une de nos bonnes adresses.

Hostal Palacios *(zoom détachable Chueca D3,* ***87****) : c/ de Fuencarral, 25, 28004. ☎ 91-531-10-58. • reservas@hostal-palacios.com • hostal-palacios.com • Ⓜ Gran Vía. Au 1er étage, à droite. Doubles 36 € (40 € le w-e), avec sdb 50 €.* Bien situé par rapport à Malasaña et Chueca. Bon confort : AC et chauffage, consigne gratuite, ascenseur... Chambres au mobilier gentiment suranné, mais la rue se fait bruissante le soir venu.

Prix moyens (50-70 €)

Hostal Jemasaca *(plan détachable C3,* ***96****) : c/ de la Palma, 61, 28015. ☎ 91-532-70-11. • info@hostaljemasaca-palma61.com • hostaljemasaca-palma61.com • Ⓜ Noviciado. Aux 2e et 3e étages. Doubles*

60-70 € selon taille et saison, petit déj inclus ou non. Ancienne pension de famille entièrement rénovée : le confort s'est nettement amélioré. Bon rapport qualité-prix : salles de bains confortables, parquet neuf, excellente literie, le tout hyper propre. Accueil pro et anglophone. Peu de charme, mais c'est carré, nickel et coloré.

Hostal Lauria *(plan détachable C3, **82**) : Gran Vía, 50, 28013. ☎ 91-541-91-82 ou 88. • info@hostal-lauria.com • hostal-lauria.com • Ⓜ Callao. Au 4e étage. Doubles avec sdb 60-75 €.* Accueil gentil comme tout, et chambres toutes différentes, plaisantes et très bien tenues. En revanche, éviter l'*Hostal Main Street* juste au-dessus, accueil fort peu sympathique.

Plus chic (90-120 €)

Petit Palace Italia *(zoom détachable Chueca D3-4, **94**) : c/ Gonzalo Jiménez de Quesada, 2, 28004. ☎ 91-522-47-90. • italia@petitpalace.com • petitpalace.com • Ⓜ Gran Vía. Doubles 90-120 € (promos sur leur site), petit déj-buffet dans un bel espace 10 €. (dans le hall).* Un hôtel « conceptuel » qui fait la part belle aux nouvelles technologies. Chambres tout confort, dans un esprit contemporain assez standard, agrandies pour certaines par des jeux de miroirs, et toutes avec douche à jet hydromassant. Intéressant, les grandes familiales avec 2 lits superposés. Si cette chaîne hôtelière espagnole a fait florès dans Madrid, celui-ci reste l'un des plus centraux, des plus agréables, et des mieux entretenus. Accueil affable, parfois en français.

Entre le Centro et l'aéroport (Madrid est)

Spécial coup de folie

Hotel Puerta América *(plan d'ensemble, **98**) : avda de América, 41, 28002. ☎ 91-744-54-00. • hotel.puertamerica@hoteles-silken.com • hotelpuertamerica.com • Ⓜ Cartagena (mais pas pratique du tt !). Doubles deluxe 155-210 € selon affluence et saison ; Space Club 170-260 € ; suite min 200 €. Fréquentes promos sur leur site.* Une ode à l'architecture contemporaine, dont la vue ne peut laisser indifférent. La haute façade reprend sur ses deux ailes la moitié des couleurs de l'arc-en-ciel, de l'indigo à l'orangé. Elle est ponctuée de citations d'Éluard traduites en moult langues, choisies par Jean Nouvel (le maître d'œuvre de l'ouvrage). C'est à lui également que l'on doit les suites du 12e étage. Chacun des étages fut, en fait, confié à un architecte ou un designer différent. À vous de choisir votre univers : métallique tendance vaisseau spatial au 4e (œuvre collective de Plasma Studio) ; tout en rondeurs blanches pour le 7e (signé Ron Arad) ; vibrant de couleurs acidulées tranchant sur des murs sombres au 11e étage (l'Espagnol Mariscal est passé par là), etc. Piscine, spa et bar au dernier étage, resto et cafét' au rez-de-chaussée (avec vue sur la très passante avenue de América... bof). Un seul bémol, les chambres standard ne sont pas si grandes... Mais l'ensemble relève de l'expérience inoubliable !

MADRID

MADRID QUARTIER PAR QUARTIER

DE LA PLAZA DE SANTA ANA AU PASEO DES ARTS

Zoom détachable ; Ⓜ Sol, Sevilla ou Antón Martín

Autour de la ***plaza de Santa Ana*** *(zoom détachable D4 ; Ⓜ Sol)* se trouve l'ancien quartier des imprimeurs. Baptisé aussi ***barrio de las Letras*** (quartier des Lettres), c'est là qu'ont vécu de nombreux écrivains célèbres, comme Cervantes ou Lope de Vega. Un lacis de ruelles dévale la colline pour déboucher, à l'est, sur des places immenses et de larges avenues bordées d'édifices construits pour la plupart fin XVIIIe-début XIXe s que l'on ne traverse qu'au moyen de passages souterrains. Ce quartier des *paseos* abrite aussi ***les plus grands musées de la ville*** (d'où son surnom de *paseo des Arts*) : le ***Prado, Reina Sofía*** et ***Thyssen-Bornemisza.*** Sinon, c'est un quartier de tout premier ordre dans la nuit madrilène, investi chaque soir par des milliers de noctambules de tous âges qui déboulent dans les nombreux restos, bars, salles de concerts, boîtes... Quelle fiesta !

Où manger des tapas ?

Barrio de las Letras

Plutôt en journée

|●| ***Museo del Jamón*** *(zoom détachable D4,* ***120****)* ***:*** *carrera de San Jerónimo, 6. ☎ 91-521-03-46 ou 91-531-57-21. Ⓜ Antón Martín ou Sevilla. Tlj. Bocadillos et tapas dès 1 €, platos combinados 6-8 €.* Dans cette boutique (voir « Achats ») qui vend toutes sortes de jambons, on pioche aussi, le long des vastes vitrines-bar réfrigérées, des tapas à base de charcuterie, vous l'aurez deviné. Toujours beaucoup de monde, car les prix sont très raisonnables et les produits fondants, salés et affinés à souhait.

|●| ***Las Bravas*** *(zoom détachable D4,* ***121****)* ***:*** *c/ Espoz y Mina, 13. ☎ 91-521-35-07. Tlj jusqu'à 23h30. Patatas bravas 4 €.* C'est le bar qui inventa les *bravas* (gros cubes de pomme de terre frits et nappés d'une sauce spéciale un poil pimentée, mixant mayonnaise et Tabasco). Un mets roboratif, pas très fin et qui dut être, ici, bon dans le temps ! Sa recette fut ensuite copiée dans toute la péninsule. Nous n'indiquons plus le resto d'origine, plus bas dans une impasse (glauque et accueil peu sympa et routinier). En revanche, cette succursale, plutôt en forme de bar (avec hautes tables et comptoir), se révèle encore populaire ! Bon, ça reste une institution, à vous de juger !

|●| ***Lateral*** *(zoom détachable D4,* ***122****)* ***:*** *pl. de Santa Ana, 12. ☎ 91-420-15-82. • lateral@cadenalateral.com • Ⓜ Sol ou Antón Martín. Tlj 12h-minuit (1h jeu-sam). Tapas 3,50-6,50 €, salade 7 €.* Une minichaîne (5 autres établissements en ville, plutôt bière que vin), mais ce spécimen se tient plutôt bien (ce qui n'est pas le cas de tous) : préparations classiques ou plus originales (sucrées-salées, très en vogue à Madrid ces dernières années) réussies, un peu chiches pour certaines cependant. Ses atouts : cette grande salle climatisée aux lignes élégantes qui permet de faire une vraie pause assise sur la longue banquette courant jusqu'au fond et la non moins vaste terrasse sur la *plaza*. Service un peu blasé.

|●| ***Los Chanquetes*** *(zoom détachable D5,* ***142****) : c/ de Moratín, 2. ☎ 91-429-02-45. • loschanquetes@yahoo.es • Ⓜ Antón Martín. Congés : 10-20 août. Tlj 8h30 (9h30 w-e et j. fériés)-minuit. Menu le midi en sem 10,50 €, le w-e 14 € ; raciones 8-16 €.* On aime bien ce petit resto-bar typique, fréquenté surtout par les gens du quartier. Murs couverts d'azulejos, photos et affiches de corridas et de toreros. Une bonne escale pour les tapas, à apprécier paisiblement debout au comptoir. Concocte aussi une cuisine familiale simple, bonne, et servie dans une petite salle.

Tôt ou tard

|●| ***Taverna de Dolores*** *(zoom détachable E5,* ***125****) : pl. de Jesús, 4. ☎ 91-429-22-43. Ⓜ Atocha ou Antón Martín. Tlj 13h jusque tard. Tapas 2-3 €, fromage et charcuterie à partir de 9 €, assortiment de pintxos 14 €/les 6.* Une des plus anciennes et classiques (1908). Belle devanture de céramique. Long comptoir de marbre et bois sculpté pour des tapas de qualité. Décoré de mugs et de bouteilles bien patinées. Nombreux souvenirs aux murs. Le vrai bar à tapas (à peine quelques tables) de quartier, une vraie bonne adresse.

|●| ***Cervecería Cervantes*** *(zoom détachable E4-5,* ***132****) : pl. de Jesús, 7 (et Cervantes). ☎ 91-429-60-93. Ⓜ Atocha et Antón Martín. Tlj 12h-minuit sf dim ap-m et août. Plats 11-21 €.* Le grand concurrent du *Dolores* tout proche, mais ici cadre moderne rehaussé d'insolites panneaux figurant des bons vivants ! Beaucoup de tables pour se gaver assis d'excellents tapas et *raciones* à partir de très beaux produits. En particulier, tout ce qui est crevettes et gambas, ainsi que les fromages (notamment le *torta de la Serena*, une sorte de vacherin de brebis et des spécialités de Burgos et Ávila). Réputé aussi pour sa bonne bière pression. Il faut voir le dimanche matin (et le 1er vendredi du mois) la ruée des fidèles après la messe en l'église du Christ de Medinaceli en face (un conseil : pour avoir de la place, partez avant la dernière bénédiction !).

|●| ***Kaixo Taberna*** *(zoom détachable D4,* ***177****) : c/ Barcelona, 12. ☎ 91-523-21-33. • renegonzalez13@gmail.com • Tlj 12h-minuit. Menu en sem 10 €, plat du jour 8 €. Compter 15 € pour des tapas.* Ce petit bar à tapas aux accents basques décline sur sa carte, outre les classiques, des propositions savoureuses plus variées que ses voisins. Présentation soignée qui plus est, et même quelques tables en terrasse si on arrive tôt.

|●| ***Casa del Abuelo*** *(zoom détachable D4,* ***123****) : c/ de la Victoria, 12. ☎ 91-000-01-33. • web@lacasadelabuelo.es • Ⓜ Sol. Tlj 12h-1h. Tapas 4-8 €.* Encore une vieille maison fondée en 1906. Dans cette rue animée, les nombreux habitués apprécient les délicieuses crevettes à l'ail simplement grillées sous vos yeux, ou encore la *morcilla* de Burgos (sorte de boudin au riz) et son petit vin maison pas cher, mais qui cogne rapidement la tête ! Le tout est servi dans une grande salle carrelée de blanc avec comptoir : on mange debout, en jouant des coudes ! La première chose que faisait Andy Warhol en arrivant à Madrid, c'était de venir s'empiffrer des fameuses crevettes de la maison. Autre adresse dans le quartier, ***Casa del Abuelo nº 2*** *(zoom détachable D4,* ***124*** *; c/ de Nuñez de Arce, 5 ; ☎ 91-531-07-91).* Moins bondé que le précédent mais tout aussi appétissant, et pourvu de tables et de chaises dans un cadre rustique de bon ton. Enfin, succursale dans le quartier de Salamanca *(Goya, 57).*

|●| ***Cervecería La Abuela*** *(zoom détachable D4,* ***126****) : c/ de Espoz y Mina, 28. ☎ 91-522-79-50. • puertodemiravete2@gmail.com • Ⓜ Sol. À l'angle de la c/ de la Cruz. Tlj sf mar. Congés : août. Tapas 3-4 €. Apéro maison ou digestif offert sur présentation de ce guide.* Un troquet de quartier tout simple, au cadre moderne, autour d'un comptoir en fer à cheval. Quelques tables pour se poser dedans ou

dehors, et surtout d'alléchantes tapas bien fraîches qui vous font de l'œil, et de bonnes croquettes maison à faire glisser avec une petite bière.

Où manger (assis) ?

Barrio de las Letras

Bon marché (moins de 15 €)

Terra Mundi *(zoom détachable E5,* ***180****) : c/ Lope de Vega, 32. ☎ 91-429-52-80. • reservasterramundi@gmail.com • Ⓜ Antón Martín. ♿ Tlj sf lun jusqu'à minuit (1h30 ven-sam). Menu midi et soir (sf le w-e) 11,50 € ; soir, w-e et fêtes 11,50-14 € selon les jours. Pour les raciones et autres plats, repas 15-20 €.* On vient surtout ici pour le menu, à prix très raisonnable, et la cuisine correcte. Bien que touristique, ce petit resto à la déco de bois brut patiné en teintes claires rend bien des services sous son haut plafond quand tout est plein autour. Un des rares endroits du quartier où les quelques habitués froissent toujours leur serviette au pied du bar ! Bon accueil.

Taberna Alhambra *(zoom détachable D4,* ***181****) : c/ Victoria, 9. ☎ 91-521-07-08. Ⓜ Sol. Tlj 9h (10h dim)-1h30 (2h jeu, 2h30 ven-sam). Menu midi 12 €, assortiment de tapas 20 €.* Un vibrant bar-resto où la faune bigarrée du quartier vient se restaurer dans un gentil brouhaha. Le menu du midi cale bien et se révèle savoureux. Excellentes tapas également. Le tout servi avec efficacité dans un décor un peu « post-industriel », avec tables de bois archi-usées, tuyaux apparents et quelques arabesques sur les murs pour évoquer la belle andalouse.

Taberna El Alambique *(zoom détachable E5,* ***182****) : c/ del Fúcar, 7. ☎ 91-429-65-63. • juansarabiaalambique@hotmail.com • Ⓜ Antón Martín. À l'angle avec la c/ de Verónica. Fermé 1 sem en août. Tlj sf dim soir 13h-2h. Menu midi 11 € (sinon 14 €), tartine 3 €, repas 15-20 €. Digestif offert sur présentation de ce guide.* Une adresse bien dans son jus. Boiseries, comptoir en cuivre rouge, vieilles affiches un poil anar et objets de récup' donnent le ton depuis le bar, où grignoter de copieuses tartines pour les pressés et les fauchés, jusqu'à la salle chaleureuse où l'on s'attable pour déguster une bonne et éclectique cuisine (poulet au curry, bœuf Stroganov, moussaka...). Ambiance d'habitués, service à la bonne franquette, et bon vin de la maison (faut bien justifier l'alambic, quand même !).

El Azul de Fucar *(zoom détachable E5,* ***185****) : c/ del Fúcar, 1. ☎ 91-429-07-73. • flopinto54@hotmail.com • Ⓜ Antón Martín. Lun-ven 7h-1h, le w-e 11h-2h. Menus 6-9 € servis 13h30-16h. Cocktails 6-7 €.* Mi-resto mi-bar, un petit lieu sympathique à la déco fraîche bien actuelle, où un joli bleu turquoise (*azul,* donc) domine. On s'y attable entre copines ou en couple devant des salades bien fraîches, des quiches et tartes maison, la soupe du jour ou des plats végétariens (ou pas) affichés sur le tableau noir à l'entrée, le temps d'une pause déjeuner... On y fait même des petits déj. Sans prétention, pas cher et sympa.

La Finca de Susana *(zoom détachable D4,* ***187****) : c/ Principe, 10. ☎ 91-369-35-57. Ⓜ Sol ou Sevilla. Tlj 13h-15h45, 20h30-23h30 (20h15-minuit jeu-sam). Menu midi env 11€, carte 15-20 €.* Dans un décor soigné et aéré, une cuisine méditerranéenne attrayante et fraîche. Quelques plats végétariens, et même des recettes spéciales basses calories pour garder la ligne ! Très couru, un peu d'attente à prévoir (pas de réservation) ou bien faire comme pas mal de gens : arriver 15 mn avant l'ouverture. En fait, la modicité des prix est compensée par l'important turnover de la clientèle : on ne traîne pas à table et c'est l'un des services les plus efficaces – à défaut d'être chaleureux – qu'on connaisse !

Ginger *(zoom détachable D4-5,* ***193****) : pl. del Ángel, 12. ☎ 91-369-10-59. Ⓜ Sol. Tlj 9h-23h30 (minuit ven-sam). Menu midi en sem env 10,50 € (verre de vin compris), carte env 20 €.*

En voyant cette belle salle tirée à quatre épingles, avec lumières savamment distillées et nappes immaculées, on se dit que le portefeuille va en prendre un sérieux coup. Que nenni ! Les prix sont serrés (à la virgule près !) pour un cadre si classe. Si elle n'a rien d'exceptionnel, la cuisine est vraiment copieuse, dans un registre méditerranéen où l'on retrouve risottos, légumes du soleil et poissons du jour. En bref, cadre et qualité correcte à des prix sages. Belle terrasse sur cette place très passante.

Prix moyens (15-25 €)

|●| *Tandem* *(zoom détachable E5,* ***223****) : c/ de Santa María, 39. ☎ 91-016-80-67. Ⓜ Antón Martín. Mar-sam 10h30-minuit, dim 10h30-17h30. Media raciones et raciones 5-18 €.* Qu'est-ce qu'un tandem sinon le petit frère d'un tricycle ? Tout juste ! Même volonté de travailler des produits extra frais qu'au plus chic *TriCiclo,* et quelques jolies fantaisies dans les préparations, à prix plus sage et dans l'esprit taverne boisée légèrement modernisée. En cas de faim intempestive, bons et copieux *bocadillos,* un peu à toute heure. Brunch le dimanche.

|●| *Casa González* *(zoom détachable D4-5,* ***189****) : c/ del León, 12. ☎ 91-429-56-18. • casagonzalezmadrid@gmail.com • Ⓜ Antón Martín. ♿ Tlj 11h-minuit (18h dim) ; fermé midi juil-août. Repas env 20 €.* 📶 L'histoire de cette fameuse maison commence en 1931 lorsque le señor González, alors simple employé, décide de tenir boutique. Son credo à l'époque : des produits de qualité sélectionnés avec soin. Aujourd'hui, l'exigence est restée la même, et les connaisseurs s'y pressent pour y savourer fromages, pâtés, jambons, vins, etc., dans un décor d'épicerie fine (tous les produits sont d'ailleurs en vente à emporter). Devenu un peu cher, et service un poil guindé.

|●| *Taverna Maceira* *(zoom détachable E5,* ***128****) : c/ Huertas, 66. ☎ 91-429-58-18. • tabernamaceira@hotmail.com • Ⓜ Antón Martín. Tlj midi et soir jusqu'à minuit. Menus 10-17 €, repas 20-25 €. CB refusées.* 📶 Un des plus authentiques restos populaires qu'on connaisse. Cadre chaleureux (tonneaux aux murs, plafond décoré d'étoiles de mer), mais peu confortable (on peut se retrouver à une minuscule table ronde mal dégrossie, sur un rude tabouret). Mais la clientèle de quartier et d'habitués n'en a cure, c'est toujours plein (même un lundi soir !). Cuisine galicienne familiale mitonnée avec cœur et à prix fort modérés. Service parfois dépassé, mais la bonne humeur règne toujours...

Plus chic (25-40 €)

|●| *TriCiclo* *(zoom détachable E5,* ***220****) : c/ Santa Maria, 28. ☎ 91-024-47-98. • restaurantetriciclo@gmail.com • Ⓜ Antón Martín. Tlj sf dim, midi et soir. Carte 25-30 €. Résa conseillée.* Une adresse de choix pour les gourmets : cuisine exclusivement à base de produits frais et souvent locaux, et travaillés avec beaucoup de fantaisie. Les classiques espagnols sont joliment détournés, ici en changeant le mode de cuisson, là en introduisant un ingrédient inattendu... et la carte, courte, divague aussi vers quelques pointes d'exotisme. Ici, les *raciones* sont déclinées en *media raciones* mais aussi en 1/3 : histoire d'en goûter plus, pardi ! Cela dit, si la salle, qui, elle aussi, marie tradition dans les matériaux et modernité dans les couleurs, est agréable, on aime bien se percher sur les tout premiers guéridons, proche du bar de l'entrée. Service impeccable et efficace. Une très belle adresse.

|●| *Vi Cool* *(zoom détachable D5,* ***147****) : c/ Huertas, 12. ☎ 91-429-49-13. Ⓜ Antón Martín ou Sol. Tlj jusqu'à minuit. Menu tapas 20 €, carte 30 €.* Cadre contemporain assez original, haut plafond, grand volume, longue banquette confortable et ambiance détendue pour de succulentes tapas. Une adresse qui renouvelle le genre brillamment : finesse des produits, saveurs nouvelles, élégante présentation... Le menu tapas se révèle une véritable aubaine. Quand c'est plein, service un peu dépassé, mais on leur pardonnera ! Belle carte des vins.

Autour du paseo des Arts

Prix moyens (15-25 €)

Asador Aranduero *(plan détachable E3, **190**) : c/ Salustiano Olozaga, 16. ☎ 91-576-86-20. • asadoraranduero@yahoo.es • Ⓜ Banco de España. En face de l'ambassade de France. Lun-sam 13h30-16h, 21h-23h30 ; dim 11h-16h. Fermé tt le mois d'août. Carte 20-25 € et menus 35-45 €.* Ici, c'est très simple : on mange soit de l'agneau de lait, soit du cochon de lait. Pour l'agneau, il est servi rôti et entier pour 2 personnes, ou en côtelettes présentées sur un gril au feu de bois, à moins que vous ne vouliez tenter un morceau surprenant, la queue (original, non ?). Même le pain pour saucer est divin. Le service est bourru, juste comme il faut.

Plus chic (25-40 €)

Samarkanda *(plan détachable E6, **191**) : estación de Atocha, terminal AVE, glorieta Carlos V. ☎ 91-530-87-21. • samarkanda@restaurantesamarkanda.com • Ⓜ Atocha Renfe. Tlj sf 1er janv et 25 déc 13h30-16h, 21h-minuit. Menu brasserie 21 €, repas resto env 30 €.* Au cœur même de la gare d'Atocha, rénovée pour accueillir l'*AVE* (le TGV Madrid-Séville), 2 salles Art déco, une terrasse avec vue sur le fameux jardin tropical de la gare... La carte, originale, propose des plats créatifs qui font découvrir la nouvelle cuisine madrilène, légère et pleine de saveurs (les viandes y sont particulièrement goûteuses). Attention, pas pour les grosses faims, portions minimum !

Estado Puro *(zoom détachable E4, **129**) : pl. Cánovas del Castillo, 4. ☎ 91-779-30-36. • info@tapasenestadopuro.com • Ⓜ Antón Martín ou Banco de España. Au rez-de-chaussée du NH Hotel. Tlj midi et soir jusqu'à 23h. Carte 30-35 €.* C'est la déclinaison bistrot du grand chef Paco Roncero (dont on dit qu'il réinventa l'art des tapas). Dans un surprenant cadre moderno-kitsch (comptoir composé de centaines de minidanseuses de flamenco), l'occasion de déguster une cuisine pleine d'idées et de saveurs nouvelles. À la carte, des miniplats goûteux. Service efficace qui laisse cependant le temps de lire les expressions populaires affichées aux murs, leur traduction et leur... vrai sens ! Seul petit regret, l'atmosphère peu chaleureuse. Terrasse.

Où découvrir l'une des meilleures *bodegas* de Madrid ?

Autour du paseo des Arts

Bodegas Rosell *(plan détachable E6, **143**) : c/ del General Lacy, 14. ☎ 91-467-84-58. • informacion@bodegasrosell.es • Ⓜ Atocha Renfe ou Palos de la Frontera. Ⓜ Antón Martín. Tlj sf lun 12h-16h, 19h-minuit (dim slt 12h-16h). Fermé en août. Résa conseillée soirs et w-e. Tapas 3-4 €, repas env 20 €.* Certes un poil excentré, mais les hardis lecteurs qui feront l'effort ne le regretteront pas ! C'est d'abord une superbe façade garnie de céramiques d'Alfonso Romero (qui réalisa celle de la célèbre *Villa Rosa* de la plaza Santa Ana). Ensuite, c'est un authentique bar à vins (sans télé !), au cadre chaleureux et à la clientèle avertie. Dans le décor, d'anciennes petites barriques en terre cuite. Ni snobs ni people ici, que des amoureux du vin, sélectionné avec passion par le patron, Manuel Rosell, véritable maître dans ce domaine (et petit-fils du fondateur, c'est dire si c'est dans les gènes). Choix énorme (200 vins de toutes les régions) à des prix étonnamment modérés. Cuisine du même niveau : sélection de délicieuses tapas et *raciones*, et goûteux plats de bistrot, comme la *morcilla de Burgos*, la *bacalao al horno con ali-oli*... Belle sélection de charcuteries et fromages. Viandes diverses et poissons, là encore sans attentat au portefeuille.

Où prendre le petit déjeuner ?
Où savourer glaces et douceurs ?

Brown Bear Bakery (zoom détachable D4-5, **189**) : *c/ de León, 10. ☎ 91-369-05-87. • info@brownbearbakery.es • Ⓜ Antón Martín. Tlj dès 9h.* Cette boulangerie propose de bonnes viennoiseries, muffins, cookies, macarons, etc., que l'on peut déguster dans 2 petites salles de l'arrière-boutique, à faire glisser avec un café et un jus d'orange frais dès le petit déj.

Giuseppe Ricci (zoom détachable D5, **262**) : *c/ de las Huertas, 9. ☎ 91-429-33-45. 687-98-96-11. • info@heladeriaricci.com • Tlj 13h-21h (1h le w-e).* Glaces artisanales à déguster en équilibre sur un *cono* ou fourrées dans un *focaccino* (petit pain) ou encore dans une barquette pouvant contenir jusqu'à 8 boules ! À partager avec vos petits camarades... La vingtaine de parfums au comptoir change au fil des saisons et selon l'inspiration du maître glacier. Au total, une palette de plus de 70 saveurs ! Tiramisù, figues, cappuccino, melon, citron, amandes... *Frozen yogurt* (yaourt glacé) pour les amateurs.

Fábrica de churros y patatas fritas (zoom détachable D4, **263**) : *c/ Cervantes, 9. Ⓜ Antón Martín. Tlj sf dim 6h-13h30, 17h-21h.* Les familles et bistrotiers du coin viennent s'y fournir en *churros* tout frais, tout chauds ! Rien ne vous empêche de faire la même chose, et d'aller ensuite les grignoter sur les bancs voisins. Hmm ! ça croustille ! Attention, uniquement de la vente à emporter, on ne s'assied pas ici.

Tekoe (zoom détachable D5, **199**) : *c/ de las Huertas, 22. ☎ 91-504-79-97. Ⓜ Antón Martín. Tlj 9h-23h.* Le salon de thé de cette marque internationale propose une très large sélection (y compris des rooibos), et complète avec des gâteaux maison et des viennoiseries, à déguster dans une salle claire et moderne. Pour le petit déj comme pour un quatre-heures, une pause *healthy*.

El Azul de Fucar *(zoom détachable E5, **185** ; c/ del Fúcar, 1)* propose aussi de bons menus petit déj complets. Voir « Où manger (assis) ? » plus haut.

Où boire un verre à l'heure du thé ?

Autour du paseo des Arts

Pabellón del Espejo (plan détachable E3, **278**) : *paseo de Recoletos, 31. ☎ 91-319-11-22. • clientes@restauranteelespejo.com • Ⓜ Colón. Tlj 9h-1h (3h le w-e).* Admirer la déco Art nouveau qui date de... 1978. Miroirs sculptés, moulures de style nouille, *azulejos*... La structure de l'édifice « baltaro-eiffelien » ressemble tantôt à une crinoline, tantôt à une perruque d'infante. Une belle réussite qui évoque un peu une maquette Grand Siècle posée sur le Monopoly de la Castellana. Terrasse bucolique aux beaux jours sur le large terre-plein du *paseo*.

Café Gijón (plan détachable E3, **279**) : *paseo de Recoletos, 21. ☎ 91-521-54-25. Ⓜ Colón. Tlj 7h-1h30. Menu dégustation 22 €.* LE grand café de Madrid. Une institution, une vieille maison, un passage obligé depuis plus d'un siècle. Ce fut le rendez-vous des écrivains espagnols avant d'être la « cantine chic » des cadres et employés de la Castellana. Un peu guindé, quand même. Aujourd'hui, vaut surtout pour sa charmante terrasse aux chaises en fer forgé, sur le terre-plein de l'avenue.

Où boire un verre ? Où écouter de la musique live ?

Barrio de las Letras

Dans ce haut lieu de la nuit madrilène, un dédale de ruelles très animées, les bars musicaux sont légion. De très nombreux touristes (et Madrilènes !) y affluent. Vous y passerez forcément. Et comme il demeure une vieille

population de quartier, ça donne un cocktail détonnant jusqu'à des heures avancées de la nuit.
Sur la plaza Santa Ana, qui servit de décor à plusieurs scènes de films d'Almodóvar, notamment *Talons aiguilles,* nombreuses terrasses agréables pour prendre un verre en journée ou en soirée dès qu'il fait beau.

Tôt ou tard

La Venencia *(zoom détachable D4,* ***291****) : c/ Echegaray, 7. ☎ 91-429-73-13. Ⓜ Sol. Tlj (sf août) jusqu'à 0h30 (un peu plus tard le w-e).* Furieusement authentique ! Vieux bistrot très sombre à la façade et aux murs patinés décorés de belles affiches illustrant les fêtes du Xérès depuis près de 40 ans. Foultitude de tonneaux avec leur luxe d'odeurs de moisi et de pipi de chat (eh oui ! le soufre des vignes). Ici, vous êtes dans le temple du xérès, avec un antique comptoir de bois où l'on marque encore à la craie les consos. La clientèle s'accorde à reconnaître la qualité du *fino,* qu'on accompagne, comme les Andalous, d'un délicieux jambon fumé. P.-S. : la *venencia* est cette petite louche à la tige bombée utilisée pour servir le xérès. Lecteurs photographes, soyez très discrets, le patron sort de ses gonds à la vue du moindre objectif !

Naturbier *(zoom détachable D4,* ***292****) : pl. Santa Ana, 9. ☎ 91-360-05-97. Ⓜ Antón Martín. Tlj 10h-0h30 (2h30 le w-e).* Exclusivement pour fondu(e)s de bières. La seule brasserie de la ville qui fabrique in situ (au fond, cuves de trempage et chaudières à moût) sa bière, de type *lager* allemande. Un breuvage qui se boit assis autour de tables rondes et haut perchées, soit au rez-de-chaussée, soit au sous-sol, dans une agréable salle voûtée en brique. Ambiance animée et, vu l'emplacement, assez touristique. Aux beaux jours, terrasse sur la place. Tapas et gâteaux.

Cervecería Alemana *(zoom détachable D4,* ***265****) : pl. Santa Ana, 6. ☎ 91-429-70-33. Ⓜ Antón Martín. Tlj sf mar 11h-0h30 (2h le w-e).* Là aussi, une vénérable taverne datant de 1904. Les vieux panneaux marron foncé et l'ambiance un peu austère rappellent les tavernes germaniques (le 1er aubergiste était allemand). Quelques vieilles photos de corrida, tables de bistrot en marbre. Dans la journée, reposant, climatisé pour boire une bière. Les plus romantiques s'installeront sous la pendule, sur la table préférée d'Hemingway qui vint souvent ici durant la guerre civile. Possibilité de grignoter quelques tapas, mais ils n'ont rien d'original...

Plutôt le soir

Café Central *(zoom détachable D4-5,* ***295****) : pl del Ángel, 10. ☎ 91-369-41-43. • info@cafecentralmadrid.com • cafecentralmadrid.com • Ⓜ Antón Martín ou Sol. Tlj 13h30-2h30 (3h30 le w-e). Concerts tlj 21h-23h, 15 € lun et mar, 16 € les autres jours. Le midi, petit menu sympa 11,50 € (14,50 € le w-e).* Bar musical, ni trop grand ni trop petit, où se retrouvent de nombreux artistes. Cadre de brasserie délicieusement rétro, à mi-chemin entre Belle Époque et Art déco. Principalement des groupes de jazz, tous les soirs, qui changent toutes les semaines. Cet établissement fut nommé par le magazine américain *Downbeat* comme l'un des 100 meilleurs jazz-clubs au monde... et c'est le seul en Espagne à avoir eu cet honneur ! Quand toutes les tables sont prises, on reste debout à partager un verre et une conversation avec son voisin de comptoir. Prix des consommations raisonnables et bons cocktails. Beaucoup d'ambiance, y compris en façade lorsque les plus fauchés tentent de profiter de la musique malgré la vitrine.

Café Jazz Populart *(zoom détachable D5,* ***296****) : c/ de las Huertas, 22. ☎ 91-429-84-07. • populart@populart.es • populart.es • Ⓜ Sevilla ou Antón Martín. Tlj 16h-2h30 (3h30 ven-sam), concerts 22h45-23h30 et minuit-0h45. Entrée libre. Bière env 6 €, boissons majorées pdt les concerts.* Un p'tit café-concert au cadre chaleureux comme on les aime (photos d'artistes aux murs, collection de saxos au plafond). Tous les soirs, concerts gratuits de jazz et blues, mais aussi parfois de reggae, salsa ou flamenco : en général, le même groupe durant toute une semaine, mais il y a des exceptions. Les artistes prolongent souvent la soirée autour d'un verre parmi le public dans une ambiance détendue et bon enfant. Programme sur leur site web.

El Imperfecto (zoom détachable D5, **296**) : pl. Matute, 2 (angle c/ Huertas). Ⓜ Antón Martín. ☎ 91-366-72-11. Tlj 15h-2h (2h30 ven-sam). Un drôle de petit cocktail-bar aux couleurs flashy, mais aux lumières bien dosées, surchargé d'objets kitsch et d'affiches, dans une sorte de désordre poétique et délibéré. Intime, tranquille, confortable, et on peut y écouter du jazz. Bons *batidos naturales*, bien pour prendre le thé aussi. Quelques tables dehors.

Glass Bar (zoom détachable D4, **69**) : carrera de San Jerónimo, 34. ☎ 91-787-77-70. • urban@derbyhotels.com • Ⓜ Sevilla ou Sol. Cocktail env 12 €. Le bar de l'hôtel *Urban* (voir « Où dormir ? ») est un lieu hyper fashion accueillant une clientèle branchée. Déco stylisée, un brin ethnique, avec chaises et tables en Plexi transparent, canapés argentés et beaux effets lumineux. En guise de tapas : huîtres, sushis, coquillages et même du caviar ! Musique *lounge* et ambiance décontractée. Et puis rendez-vous sur le toit de l'hôtel pour siroter des verres sur les canapés de la romantique terrasse, autour de la piscine... animé jusque très tard !

Cuevas de Sesamo (zoom détachable D4, **298**) : c/ del Príncipe, 7. ☎ 91-429-65-24. Ⓜ Sevilla ou Sol. Tlj 18h30-2h (2h30 ven-sam). Entrée libre. Piano-bar dans une cave voûtée, décorée de tableaux et de maximes de Groucho Marx, Oscar Wilde, Apollinaire... Ouvert dans les années 1950, ce bar fut le refuge des intellectuels et des artistes sous Franco. Genre cave de Saint-Germain-des-Prés d'Épinal, pleine de touristes et de jeunes du cru. Atmosphère assez rétro, détendue tous les soirs par un pianiste (de 21h à 1h). Niveau sonore assez élevé. Bonne sangria, tapas et *raciones*. Une adresse connue et courue, surtout le week-end.

La Lupe de Huertas (zoom détachable E5, **299**) : c/ de las Huertas, 51. 📱 652-26-76-71. • albertoccpuma@hotmail.com • Ⓜ Antón Martín. Mar-jeu 21h-3h (3h30 ven-sam). Entrée libre. Succès total pour ce bar tout rouge, l'un des plus fréquentés par les noctambules de la calle de las Huertas. « Scotché » au comptoir, on descend bières et cocktails jusqu'au milieu de la nuit, puis on se démène sans retenue sur la piste de danse (DJs éclectiques). Et quand ça ferme, on termine son verre dans la rue en discutant, histoire d'embêter les voisins ! Une adresse jeune et pleine de vie.

La Boca del Lobo (zoom détachable D4, **300**) : c/ Echegaray, 11. ☎ 91-429-70-13 ou 91-468-17-91. • labocadellobo.com • Ⓜ Sol. Mar-dim 22h-6h. Entrée : 5-10 € selon concert. Agréable déco dans les tons rouges, et bonne programmation musicale tous azimuts : blues, indie, reggae, funk, rock, salsa, flamenco... Et quand le concert est fini, les DJs maison prennent le relais jusqu'au petit jour pour faire danser les jeunes gens qui se pressent alors devant l'entrée.

Sur le roof-top

The Roof (zoom détachable D4, **297**) : pl. de Santa Ana, 14. ☎ 91-701-60-00 ou 23. Ⓜ Antón Martín ou Sol. Tlj 20h-2h30 (3h le w-e). Entrée libre. Cocktail env 12 €. Au sommet du chic et élégant *ME Madrid Hotel*, cadre au design raffiné et splendide terrasse en parquet avec de confortables canapés et autres lits à baldaquin. On y descend des cocktails originaux en se prélassant avec la jeunesse dorée et branchée de Madrid. Petite piste de danse pour se tortiller sur de la musique électro distillée par un DJ.

Flamenco

Villa Rosa (zoom détachable D4, **383**) : pl. de Santa Ana, 15. ☎ 91-521-36-89. 📱 678-50-46-59. • villa-rosa.es • Ⓜ Sol. Tlj midi et soir. Entrée libre, mais conso obligatoire (repas abordable) et supplément de 3 € après 21h. Soirée flamenco ts les soirs 20h30-21h30 (accueil dîner à 19h30 et show seul à 21h). 2e partie 23h-minuit (accueil dîner à 22h30, show seul à 22h45), et aussi l'ap-m w-e et fêtes (15h15-15h45). Cet ancien palais andalou mérite le détour pour ses murs carrelés d'azulejos (œuvres du célèbre céramiste Alfonso Romero, ils représentent sa Séville natale) et ses arcades richement ornées. Un cadre où fut tournée une scène de *Talons aiguilles* d'Almodóvar... À l'intérieur, superbes céramiques également. Assez touristique, mais spectacle de qualité.

Où danser ?

Barrio de las Letras

♫ **Torero** *(zoom détachable D4,* ***380****) : c/ de la Cruz, 26. ☎ 91-523-11-29. Ⓜ Sol. Mar-sam 22h30-5h30. Entrée : env 10 €.* Couverte de peau de vache, la porte s'ouvre sur une salle où retentissent les standards du rock et de la pop, avec une préférence pour les années 1980. Les 30-40 ans gesticulent frénétiquement toute la nuit. Joyeuse ambiance aussi sur la piste du sous-sol, sur un thème musical différent chaque soir : funk, soul, house... Notre meilleure adresse dans le quartier.

♫ **El Son** *(zoom détachable D4,* ***50****) : c/ Victoria, 6. ☎ 91-523-26-09. Ⓜ Sol. Tlj 21h30-3h (6h le w-e). Musique live mar-jeu à partir de 2h. Entrée : env 10 €.* Dans ce bar-boîte, la salsa et les *ritmos latinos* sont à l'honneur dans une ambiance sensuelle et *muy caliente,* qui ne se prend jamais trop au sérieux. Cours de danse payants à 22h30 pour mieux maîtriser la suite de la soirée. Une boîte vraiment sympa.

Autour du paseo des Arts

♫ **Kapital** *(zoom détachable E5,* ***384****) : c/ de Atocha, 125. ☎ 91-420-29-06. • info@grupo-kapital.com • Ⓜ Atocha. Jeu-sam, minuit-6h. Entrée : 15-20 € selon soir.* L'une des plus grandes boîtes de Madrid, avec pas moins de 7 étages pouvant accueillir plus de 5 000 jeunes gens (20-25 ans en moyenne). Les meilleurs DJs de Madrid s'y produisent pour des nuits à thème retentissantes, et il y en a vraiment pour tous les goûts. Terrasse au dernier étage avec fumigènes aussi puissants que des réacteurs de fusée en plein décollage !

Achats

Barrio de las Letras

Museo del Jamón *(zoom détachable D4,* ***120****) : carrera de San Jerónimo, 6. ☎ 91-521-03-46. Ⓜ Antón Martín ou Banco de España.* Du *bellota* (le plus cher) aux *paletas granadinas* en passant par les *picadillos* (chutes de jambons mélangées) et les *lomos,* toute la charcuterie du pays y est. N'oubliez pas de prendre votre ticket avant de faire la queue. Pas le plus traditionnel, mais c'est là que vous aurez le plus de choix, et les produits sont vraiment bons (voir aussi « Où manger des tapas ? »).

Casa Mira *(zoom détachable D4,* ***420****) : carrera de San Jerómino, 30. ☎ 91-429-67-96. Ⓜ Sevilla. • info@casamira.es • Fermé de mi-juil à fin août, et les dim juin-sept. Tlj 10h-14h, 17h-21h ; dim 10h30-14h30, 17h30-21h.* Fondée en 1855, et conservée quasiment intacte depuis : rien que la vitrine est un spectacle en soi. Mais c'est surtout la meilleure pâtisserie pour s'approvisionner en *turrón* absolument artisanal. Tradition de Noël, le *turrón* s'offre en Espagne comme les chocolats chez nous. De la famille du nougat, à base de sucre et d'amande, celui dit de Jijona a le grain fin ; celui d'Alicante contient des morceaux d'amande plus gros. Goûtez aussi toutes ces bonnes choses qui tournent en vitrine : les *rosquillas,* le *mazapán* (pâte d'amandes aux parfums divers) et les *polvorones* andalous, biscuits presque en poudre que l'on doit écraser et tasser dans leur papier avant de les gober.

La Violeta *(zoom détachable D4,* ***406****) : pl. de Canalejas, 6. ☎ 91-522-55-22. Tlj sf dim 10h-14h, 17h-20h30.* Une mignonne boutique historique spécialisée dans les bonbons à la violette et les violettes confites (cultivées

dans les sierras voisines de Madrid). Les mamies du quartier en raffolent !
Casa Seseña *(zoom détachable D4, **421**) : c/ de la Cruz, 23. ☎ 91-531-68-40. • sesena.com • Lun-ven 10h-14h, 17h-20h ; sam 10h30-14h30.* Si vous rêvez depuis l'enfance d'une cape espagnole sur mesure... voici l'adresse que vous cherchiez. Depuis 4 générations, les Seseña, de père en fils, se transmettent ce savoir-faire, en drap de laine, en velours, pour homme comme pour femme, aussi bien des modèles traditionnels que de belles coupes modernes. Comptez quand même autour de 600 €, mais il paraît qu'elles sont garanties à vie, ou presque !

À voir

Barrio de las Letras

Plaza Santa Ana *(zoom détachable D4)* **:** Ⓜ *Sol.* Située au confluent de ruelles très animées d'où affluent de nombreux touristes, cette charmante place doit sa célébrité à Pedro Almodóvar qui la choisit comme décor pour *Talons aiguilles.* La *Cervecería Alemana,* sur le côté sud de la place, est un vieux café au décor patiné par le temps. Sur le même côté de la place, plusieurs autres tavernes de styles différents, comme la *Cervecería Santa Ana* et sa façade de bois sculpté... Rançon du charme de cette placette et de son succès, les terrasses des cafés deviennent inabordables, et le service perd en chaleur.
Certains édifices ont conservé de belles façades en azulejos. Notamment, à l'angle avec la calle de Núñez de Arce, la ***Villa Rosa,*** avec sa devanture reproduisant merveilleusement Séville, Cordoue, Grenade... Juste à côté (au nº 15), la *casa de la Guadalajara* possède une entrée avec des azulejos, un joli escalier. À deux pas, ***Viva Madrid*** *(c/ Manuel Fernández y González, 7 ; zoom détachable D4),* l'un des plus beaux cafés de Madrid avec sa façade en azulejos. Déco intérieure du même tonneau, faite de glaces et bois sculpté (en revanche, très touristique, atmosphère artificielle)... Et, immanquable dans un genre différent, dominant la place, la superbe façade de style éclectique du *ME,* avec sa tourelle « gaudiesque », sa longue série de bow-windows, son fronton sculpté de putti et son resto. Hôtel longtemps populaire, fréquenté en particulier par les toreros, transformé en établissement chic et design.

Depuis la plaza de Santa de Ana ou la petite plaza del Ángel adjacente, il faut se laisser glisser le long de la ***c/ de las Huertas,*** de la ***c/ Prado,*** de la ***c/ del León*** et des ruelles de ce *barrio de las Letras.* Si la calle de las Huertas tire son nom des jardins et maraîchages de faubourg qui longtemps occupèrent la colline, le *barrio,* lui, tient sa référence littéraire des activités des imprimeurs (c'est ici que *Don Quichotte* fut édité pour la première fois), des théâtres qui s'installèrent nombreux, et de la foule d'écrivains et d'artistes qui élirent domicile, fin XVIe-début XVIIe s, dans ce quartier hors les murs à la réputation alors interlope... les maisons closes s'y comptaient, dit-on, par dizaines. Évocation de cet âge d'or, de ***nombreuses citations d'écrivains*** (espagnols pour la plupart) émaillent le pavé de leurs lettres au bronze poli par les semelles des promeneurs.

Et puis, si vous poussez vers la ***c/ de Cervantes,*** vous y trouverez deux surprises : une ***plaque,*** presque à l'angle avec la c/ del León, rappelant que Cervantes vécut quelques années ici, et la délicieuse ***casa-museo Lope de Vega*** *(zoom détachable D-E4) : au nº 11. ☎ 91-429-92-16. • casamuseolopedevega@madrid.org • Fermé 1er janv, 1er et 15 mai, 1er nov, 24, 25 et 31 déc. Mar-dim 10h-15h, visites guidées de 45 mn, départs ttes les 30 mn (dernier départ à 14h), max 10 pers, en espagnol, anglais et parfois français (1/j. en général) ; GRATUIT, mais **résa demandée,** sur place, par mail ou par tél.* Une maison et son très joli jardin de poche, où vécut le fameux poète. Si le mobilier n'est pas celui d'origine, il est

MADRID

d'époque. Et, outre l'illustration du quotidien de cet homme de lettres fantasque et grand amateur de la gent féminine, c'est aussi une découverte du mode de vie d'alors dans les milieux semi-bourgeois. Visites guidées vraiment intéressantes et très vivantes.

Enfin, les amoureux du verbe matinaux pousseront jusqu'au nº 18 de la c/ Lope de Vega, à savoir le ***convento de las Trinitarias Descalzas...*** Pendant des années, on supposa que ***Cervantes*** y avait été enterré en 1616, mais ses restes avaient été égarés lors d'une rénovation de l'église, fin XVIIe s. Ce sont des fouilles menées en 2015 qui ont permis de retrouver (et d'authentifier grâce aux blessures qu'il avait reçues à la bataille de Lepante) les vestiges du cercueil et des ossements du père de Don Quichotte. Une plaque mortuaire, dans l'église des Trinitaires, sur la gauche juste après la porte, protège désormais le ***tombeau de Cervantes.*** Rien de spectaculaire cependant ! *Visite slt lun-ven 9h-10h (c'est-à-dire 30 mn avt la messe de 9h30), gratuit. Rester discret, le couvent est toujours en activité.*

Los paseos et les musées

Los paseos : les paseos *del Prado, de Recoletos* et *de la Castellana* constituent une véritable voie rapide en pleine ville avec, cependant, de grandes terrasses agréables en été. Ils furent, avant le règne de l'automobile, les Champs-Élysées des élégantes Madrilènes. Là encore, d'importants édifices, comme le ***musée du Prado*** et les ministères. À noter, juste derrière le Prado, la belle ***église San Jerónimo el Real*** (édifiée au début du XVIe s, mais considérablement remaniée).

Plaza de Colón *(plan détachable E3)* **:** Ⓜ *Colón.* On y trouve la ***Biblioteca nacional de España*** *(Bibliothèque nationale),* centre culturel de la ville, à droite de la cascade de la place (expos toujours intéressantes). Sur le côté de l'esplanade, côté c/ de Serrano, une méga sculpture de Joaquin Vaquero Trucios émaillée de citations de philosophes et d'écrivains. Et au centre du rond-point, perché sur sa colonne, c'est bien Cristobal qui domine l'ensemble !

Museo del Prado *(zoom détachable E4-5)* **:** *paseo del Prado. ☎ 91-330-28-00. • museodelprado.es • Ⓜ Banco de España ou Atocha. Tlj 10h-20h (dim, fermeture à 19h et à 14h certains j. fériés) ; fermé 1er janv, 1er mai et 25 déc. Entrée pour la collection permanente + expo temporaire : 15 ou 16 € selon les expos ; réduc, familles nombreuses, plus de 65 ans ; gratuit lun-sam 18h-20h, dim 17h-19h et tte l'année pour les moins de 18 ans, étudiants européens de moins de 25 ans et chômeurs. Audioguide : 4 €, 6 € avec expo temporaire. Possibilité de* ***réserver son entrée*** *sur le site internet du musée (ça évite de faire la queue), mêmes tarifs, ou par tél au ☎ 902-10-70-77. À noter que pdt les créneaux de gratuité, on bénéficie aussi d'une réduc de 50 % sur les expos temporaires. Intéressante réduc : 22 € pour 2 visites 2 jours différents (ideal si vous êtes plusieurs j. à Madrid).*

Entrée et billetterie : puerta Goya (côté plaza Cánovas del Castillo).

Le Prado s'est refait une jeunesse, en se dotant d'une extension en partie souterraine (sous le jardin, à l'arrière du bâtiment par rapport au paseo del Prado), aménagée en une belle galerie qui accueille différents services (boutiques, cafétéria, auditorium, etc., ainsi que les services techniques de restauration et conservation). Elle mène également à l'***étonnant cloître San Jerónimo,*** totalement rénové et réaménagé. Devenu quasi invisible de l'extérieur, car encapuchonné dans un bâtiment moderne en grès (il se fond entre les bâtiments environnants), le cloître, perché au sommet de deux escaliers mécaniques, abrite désormais une ***belle collection de sculptures italiennes de la Renaissance.*** Et le plus fort, c'est que, de l'intérieur du cloître, le bâtiment qui le protège reste à peu près insoupçonnable.

L'un des plus riches musées de peinture au monde, dans un édifice principal du XVIIIe s. Il présente les collections que les rois d'Espagne eurent le bon goût de constituer, depuis Charles Quint, et de se transmettre malgré les aléas de l'histoire (guerres, incendies, pillage des généraux napoléoniens). C'est Ferdinand VII qui créa officiellement le musée en 1819. Il ne représente pas seulement un fabuleux panorama de la peinture espagnole, mais également des écoles flamande et italienne.
Si vous disposez de peu de temps, privilégiez la peinture espagnole en commençant par les salles Goya au rez-de-chaussée, puis enchaînez sur les peintres espagnols au 1er étage. On peut se dispenser du 2d (étage !), même s'il s'agit en partie des cartons de Goya pour la décoration du palais d'El Pardo près de Madrid.
Il ne s'agit pas ici d'énumérer toutes les œuvres du Prado (les publications du musée le font très bien), mais celles avant tout qui nous ont fait pousser de grands cris d'admiration.

Le rez-de-chaussée
– Si l'on souhaite respecter la chronologie, on commence, bien sûr, par les ***salles des primitifs religieux*** (salle 50), au rez-de-chaussée. Pas trop nombreux (ainsi que les retables), donc une vraie sélection. Magnifique retable de l'Archevêque don Sancho de Rojas.
– Dans la section ***peinture romane*** *(salle 51C),* fresques murales du XIIe s transférées sur toile, dont celle, magnifique, de l'ermitage de la Santa Cruz de Maderuelo. Sur celles de l'ermitage de San Baudelio (près de Soria, XIe s), assez fascinantes, on distingue très nettement un éléphant et un ours. Étonnamment, le sujet des fresques de cette chapelle mozarabe n'est pas religieux.
– Les salles consacrées à la ***peinture espagnole aux périodes gothique et Renaissance*** *(salles 51A à 52C)* nous livrent des œuvres superbes : pour les influences de la peinture flamande *(salles 51A-51B),* celles de ***Fernando Gallego*** (fin du XVe s), notamment *La Vierge de pitié, Le Christ donnant sa bénédiction...* Du ***Maître de la Sisla,*** la *Mort de la Vierge (salle 51A).* Mais encore des œuvres de Martín Bernat ou Bermejo, ou cet étonnant Archange Saint Michel du ***Maestro de Zafra*** : à ses pieds, l'hécatombe de démons ferait presque penser à Bosch ! ***Pedro Berruguete*** *(salle 52A)* symbolise la conjonction entre l'école hispano-flamande et la Renaissance italienne *(San Gregorio Magno y san Jerónimo, San Ambrosio y san Agustín).* Dans cette même salle 52A, minuscule et extraordinaire *Vierge à l'enfant* en albâtre de Gil de Siloé ; et au plafond, celui, à caissons, d'une église du León. D'***Alonso Sanchez Coello,*** le *Mariage mystique de sainte Catherine (52B).* Il fut l'un des rares peintres espagnols apprécié de Philippe II (qui préférait les écoles flamande et italienne). Peinture sur liège où, précisément, on sent l'influence flamande et aussi celle du Parmesan. Des œuvres exceptionnelles de ***Luis de Morales*** dit le Divin, dont *La Vierge et l'Enfant (52C).* On note immédiatement le regard mélancolique de la Vierge, pressentant déjà les futures souffrances du Christ, tandis que Jésus cherche le sein d'une main et, de l'autre, s'accroche au voile d'une transparence raffinée. De ***Juan de Juanes*** *(52C),* le *Dernier Souper* où se perçoit nettement l'influence de de Vinci, par la disposition de l'espace et les visages expressifs des apôtres (on y trouve aussi un peu la manière de Raphaël), ainsi que la série consacrée au martyre de San Esteban ; et un très beau triptyque sur bois destiné à un retable : Jésus flanqué de personnages de l'ancien testament, d'un côté Melquisedec, roi de Salem, de l'autre Aarón le grand-prêtre. La Renaissance espagnole dans toute sa splendeur !
– ***Salle 49 :*** immense salle consacrée à la peinture italienne. Ils sont venus, ils sont tous là : ***Andrea del Sarto*** (Florence) dont on apprécie, dans le *Sacrifice d'Abraham,* le velouté du trait, ***Bronzino, le Parmesan*** dont on admire la légèreté du touché des vêtements, la fluidité du style... Il se révèle ici au sommet de son talent, en particulier dans les portraits *Pedro Maria Rossi* et *Camilla Gonzaga* (quel travail sur le pourpoint et la distribution de la lumière !). Sublime Vierge à la

Grenade de Fra Angelico, chef-d'œuvre du Quattrocento florentin : aussi lumineux que délicat. Mais c'est ***Raphaël*** qui captive ici les regards, en particulier avec la *Sainte Famille, Jésus et saint Jean.* Noter Joseph, en retrait, effacé, désabusé, le regard un peu sceptique (ruminant probablement sur la procréation assistée !), Marie et son regard indulgent devant les deux garçons qui se disputent. En face, la *Chute pendant la montée au calvaire* et, surtout, à côté de la Sainte Famille, le *Cardinal,* dont on ne manquera de remarquer le visage énigmatique rappelant quelque peu la *Joconde.* Et puis encore, ***Carrache,*** nettement plus sombre, et ***Alessandro Allori.*** À deux pas, la grande salle des retables, dont celui de la *Vie de la Vierge et de saint François* de ***Nicola Francès.***

– ***Salle 56B :*** quelles œuvres ! Notamment, une *Sainte Famille* de ***Bernadino Luini,*** avec un sourire à la Léonard de Vinci. Fameux sourire que l'on retrouve sur cette bien étrange réplique de la Joconde (voir encadré). Merveilleuse *Annonciation* de ***Fra Angelico,*** dont le panneau central exprime le cycle de la condamnation et du salut de l'homme (à gauche, chassés du paradis, à droite l'Annonciation, symbole de la future rédemption). Toile de transition entre le gothique tardif (utilisation de l'or, sens du détail et technique de la miniature) et la Renaissance (traitement de la perspective et de l'architecture). Puis ***le Corrège,*** dont on admire une ravissante *Vierge à l'Enfant avec saint Jean* (influence nette de Vinci), ***Antonello de Messina*** *(Christ mort soutenu par un ange),* ***Mantegna...*** De ***Botticelli,*** *L'Histoire de Nastagio degli Onesti.*

MONA LISA A UNE SŒUR !

Exposé au Prado (salle 49), cet emblématique portrait n'avait jamais été identifié comme tel du fait de son arrière-plan peint en noir. Une restauration récente a pourtant montré des similitudes entre les deux tableaux : il s'agit d'une peinture à l'huile, contemporaine de Léonard de Vinci. Sous la couche de noir, un paysage de montagne identique à l'original et, surtout, un visage plus lisse, plus jeune aussi, voire plus énigmatique que notre Mona Lisa nationale. Elle aurait été réalisée par un de ses élèves, dans son propre atelier. Quand l'élève dépasse le maître...

– ***Salles 55 à 58A (peinture de la Renaissance) :*** aller immédiatement aux chefs-d'œuvre, comme le sublime *Jardin des délices (salle 56A)* de ***Jerôme Bosch.*** Peintre flamand du XVe s dont on ne sait pas grand-chose, Bosch (« el Bosco », en espagnol) choisit la dernière syllabe du nom de sa ville d'origine, 's-Hertogenbosch (Bois-le-Duc), pour pseudonyme. Véritable génie, précurseur du surréalisme, il a su décrire avec un symbolisme exacerbé les angoisses de l'époque médiévale. L'observation du comportement humain, des fantasmes et des songes se traduit dans des scènes d'un grotesque sans bornes, d'un surréalisme envoûtant qui confine au délire psychédélique. *Le Jardin des délices* exprime dans une éblouissante vigueur picturale la fresque de la vie, de l'innocente rencontre (noter la position d'Adam sur le panneau de gauche) aux affres de l'enfer en passant par un monde d'abondance (panneau central), de volupté lyrique, de bonheur ludique et absolu. Remarquez tout de même les fissures dans la bulle de verre, symbolisant la fragilité annoncée de ces plaisirs. Et ne vous y trompez pas, nul érotisme dans le tableau, Bosch, fervent catholique, voulait seulement montrer ce qui était condamnable dans certains comportements humains. Dans le volet *L'Enfer,* les démons y prennent des formes d'animaux monstrueux excluant toute rédemption. Quatre siècles avant, il annonce déjà Dalí ! Au premier plan, on a droit au supplice raffiné de l'impie, du joueur et de l'alchimiste. *La Tentation de saint Antoine* est une autre œuvre marquante. Notons encore *L'Adoration des Mages* (proche de la peinture flamande) : ici, remarquer le ravissant traitement du paysage ; quant aux gueux, ils se révèlent tristement gris et blafards. Enfin, *La Charrette de foin* (El Caro de Heno). Dans cette charrette, plus de morale que de surréalisme.

Volet de gauche, l'origine du péché et Adam et Ève chassés du paradis. Au centre, la convoitise des biens terrestres symbolisés par la charrette de foin. Les puissants, le pape, l'empereur et les seigneurs suivent, sûrs d'avoir leur part du gâteau. Le peuple se bat et se marche dessus pour quelques brindilles. Sur le tas de foin, c'est la fête, mais le musicien est un démon. Les nantis sont tranquillement servis comme l'abbesse (en bas à droite), cependant que le char est tiré vers l'enfer (panneau de droite) où mille tourments attendent les pécheurs... Voir aussi, au centre de la salle, la table où Bosch a illustré les sept péchés capitaux.
Toujours *salle 56A*, un chef-d'œuvre légué par ***Bruegel l'Ancien,*** le *Triomphe de la mort.* Grand admirateur de Bosch, Bruegel se pose lui aussi en moraliste. Dans la tradition des danses macabres médiévales, on conjure la peur de la mort en la mettant en scène et... gagnante ! Une armée de squelettes, protégée par des « boucliers cercueils » empêche les gens de fuir, tandis que les pécheurs sont poussés dans une sorte de container. Personne n'y échappe, ni le roi avaricieux qui agonise dans le coin gauche, ni les amants insouciants dans le coin droit... De ***Joachim Patinir,*** la *Tentation de saint Antoine* : gros travail sur les paysages dans de fortes tonalités de bleus.
– La peinture allemande *(salle 55B)* présente peu d'œuvres, mais elles sont de qualité : d'***Albrecht Dürer,*** un *Autoportrait* d'une facture sublime (peut-être le portrait le plus connu de lui). Il a 26 ans et porte de riches vêtements pour signifier ostensiblement que la peinture est un art noble (noter la belle et fière signature sous la fenêtre). Dans *Portrait d'un homme inconnu,* l'artiste sait rendre avec vigueur et vérité le regard dur et implacable du personnage (un haut fonctionnaire, pense-t-on, vu la riche houppelande et le papier dans la main). Terrible *Trois âges de l'homme* de ***Hans Baldung Grien*** et impressionnante *Chasse au cerf* de ***Lucas Cranach le Vieux*** (noter le nombre improbable de cerfs !)... De ce dernier encore une *Vierge à l'Enfant,* mais surtout un *Adam et Ève,* première représentation de corps nus dans le Vieux Monde (1507).
– ***Salles 55-55A :*** la peinture flamande et l'école d'Anvers. Beau *Saint Jérôme* de ***Jan Massys,*** puis dramatique triptyque, la *Mort de la Vierge* de ***Michel Coxcyen,*** *Christ présenté au peuple* et portraits de ***Quentin Metsys.***
– ***Salle 57A :*** *Sainte Famille* de ***Bernard Van Orley,*** bel élan des anges et de l'Enfant Jésus vers le visage de la Vierge. Encore ***Patinir*** et son *Repos pendant la Fuite en Égypte.* Sublimes tableaux du maître ***Jan Gossaert (dit Mabuse).*** Technique du drapé et rendu du velouté des peaux parfaits. Son chef-d'œuvre absolu, le *Christ entouré de la Vierge Marie et de saint Jean Baptiste.* Il s'inspira largement des personnages de *Van Eyck* dans son retable de Gand. De ***Juan de Flandes,*** intéressante *Résurrection de Lazare (salle 57)* et surtout une remarquable *Crucifixion.* Peinture tout en longueur permettant de singulariser les personnages et leur équilibre dans la composition (l'imposant et sombre soldat contrebalançant le chœur de femmes pleureuses).
– ***Salle 58,*** plusieurs œuvres de ***Robert Campin,*** dont *Sainte Barbara,* avec, au fond, la tour symbolisant le lieu où elle fut enfermée pour cacher sa beauté. De ***Roger Van der Weyden,*** admirables *Crucifixion* et *Descente de Croix (salle 58A).* Dans cette dernière, extraordinaire mise en scène des personnages. Le centre de gravité du tableau est déplacé totalement en bas, à gauche (bouleversant visage de la Vierge). De l'immense ***Hans Memling,*** *Vierge à l'Enfant,* mais surtout cet adorable triptyque de *L'Adoration des Mages.* Ce fut, dit-on, la première représentation d'un roi noir dans la peinture religieuse... De ***Dirk Bouts,*** superbe triptyque de la vie de la Vierge.
– Au rez-de-chaussée, dans l'immense ***salle 75*** consacrée surtout à Vicente Lopez, c'est un portrait de ***Goya*** lui-même, peint par ***Vicente Lopez*** qui retiendra vraiment l'attention. Extraordinaire portrait du maître à 80 ans, probablement le meilleur jamais réalisé. *Lopez* fut, à partir de 1815, l'artiste le plus sollicité par l'aristocratie madrilène. Peintre à la technique particulièrement soignée et d'une très grande sensibilité, pas étonnant qu'il fût choisi par Goya...

COMMENT LE MANQUE DE GOÛT DES FRANÇAIS PROFITA AUX ESPAGNOLS !

Les peintures noires de Goya furent acquises en 1873 par un collectionneur français. Il les fit alors transférer sur toile et les présenta à l'Exposition universelle de Paris en 1878. Un vrai bide, elles passèrent totalement inaperçues ! Le collectionneur les offrit donc à l'Etat espagnol qui les installa au Prado. Dès lors, elles attirèrent en masse les visiteurs et, bien plus tard, les expressionnistes et les surréalistes reconnurent en elles l'un des éléments fondateurs de l'art moderne...

– ***Salle 61B :*** *La Reddition de Bailen* de ***José Casado del Alisal*** retient l'attention pour ses similitudes avec celle de Breda (de Velázquez). Même empathie du vainqueur espagnol envers le général français vaincu (l'un rayonne, l'autre arbore quand même un teint cireux). En face, d'***Eduardo Rosales,*** la reine Isabelle qui dicte son testament. Admirez, du même côté, le délicat et lumineux *Tobias et l'Ange*.

– ***Salle 61A :*** la peinture historique et cette œuvre pathétique : *L'Exécution de Torrijos et de ses compagnons sur la plage de Malaga.* Beaucoup d'émotion sur les visages et les attitudes de ces patriotes qui luttèrent contre l'absolutisme royal, toutes classes confondues, de l'aristo au paysan et marin de base... Les autres fresques assez mortifères rappellent quelque peu le style des tableaux historiques russes (outrageusement dramatiques, dans des couleurs et lumières outrancières)...

– ***Salle 60A-62-62A : Joaquim Sorolla*** (*60A* et un peu *62A,* la peinture moderne, paysages, portraits). Il se fit surtout connaître par ses scènes de genre alliant réalisme et lyrisme. *Salle 62 :* les toiles de *Mariano Fortuny* (belle lumière, il y a du Delacroix chez cet orientaliste). Son ami, ***Martín Rico,*** présente également une peinture lumineuse, annonciatrice de l'impressionnisme espagnol !

– ***Salle 62B :*** jolis portraits, en particulier celui de la délicieuse *Amalia* dans son éblouissante robe bleue, peint par ***Federico de Madrazo.*** Il sut capter le sourire vaguement juvénile et ironique de la jeune femme (pourtant, elle a déjà 32 ans). Nettement influencé par Ingres (peau de porcelaine, délicatesse du toucher)...

– ***Salles 63-63A-63B :*** portraits de ***Raimundo de Madrazo*** *(salle 63)* particulièrement maîtrisés. Il sut notamment, de façon brillante, capter le regard défiant d'*Aline Masson,* son modèle préféré. Pleinement dans le romantisme, ***David Roberts*** et son intérieur de la *Mezquita de Cordoue (salle 63B).* En voyage en Andalousie, il attrapa magistralement la fantastique lumière du pays. Divers paysages espagnols *(salle 63A).*

– Dans les ***salles 64 à 67,*** bel autoportrait de Goya (salle 65 ; on le reconnaît bien en le comparant avec celui de Vicente Lopez), mais surtout ses œuvres les plus saisissantes : par exemple, celles de la *Quinta del Sordo,* sa résidence. Goya, malade et en proie, sur la fin de sa vie, à des délires mystiques, peignit ces œuvres très fortes, ces « peintures noires » (salles 66-67), sur les murs de la salle à manger de sa maison. Comme le *Sabbat* (ou le *Grand Bouc*), très loin de l'académisme triomphant à l'époque, peintes avec une incroyable liberté, elles dégagent une grande émotion et une terrible et inquiétante beauté. De même pour l'halluciné *Saturne dévorant l'un de ses enfants,* le *Duel à coups de gourdin* et *Deux vieillards.* Ce sont des personnages grotesques, un monde de cauchemar cruel et monstrueux dont on a pu dire qu'il préfigurait celui du XXᵉ s. Le *Pèlerinage de san Isidro* exprime ainsi un pessimisme total. *Salle 66, Le Colosse,* une allégorie de la guerre d'Indépendance, est plus que saisissant. Cette œuvre a longtemps été attribuée à Goya, mais elle nous vient en réalité d'un de ses (très doués) disciples.

– ***Salles 64-65 :*** parmi les œuvres de ***Goya*** les plus célèbres, le *Dos de Mayo* et le *Tres de Mayo 1808 en Madrid.* Avant le *Tres de Mayo,* aucune œuvre n'avait rompu avec autant de violence avec la tradition picturale. Cette exécution se révèle un immense cri pour la liberté. Les tueurs sont dans l'ombre. L'homme qui va mourir baigne dans la lumière, dans une attitude dérisoire et sublime, symbole de la résistance du peuple espagnol...

Le 1er étage

La saga des chefs-d'œuvre continue : **Goya** encore dans ses grands portraits, ***Velázquez, Rubens, Murillo, Zurbarán, le Greco, Caravage, Ribera, le Titien, le Tintoret, Véronèse...***

– **Le Titien (salle 41 à 44) :** ses portraits dont le *Federico Gonzague, duc de Mantoue (salle 41), L'Adoration de Vénus (salle 44)* et l'un des plus célèbres, *Vénus et Adonis (salle 44)...* Toute la sensualité vénitienne dans la salle 44, tandis que la salle 43 célèbre Venise et la peinture religieuse (dont Véronèse) ! Pêle-mêle encore, au fil de ces salles, ***le Tintoret, Lorenzo Lotto*** *(Saint Gérôme),* un magnifique ***Giovanni Bellini*** *(Vierge à l'Enfant),* ***Bassano, Palma le Jeune...***

– ***Salles 2 à 6 :*** les amoureux de sa lumière peuvent y admirer le fameux *Embarquement de saint Paul* de ***le Lorrain,*** le *Parnasse* de **Poussin** *(salle 3)* et les maniéristes.

– ***La Grande Galerie :*** elle est en fait composée de cinq salles qui se suivent en continu. Les ***salles 28-29*** sont dédiées à ***Rubens*** et se révèlent d'une richesse prodigieuse. Fortement influencé par l'école vénitienne, il présente ici des œuvres très baroques : *Cérès et Pan* (réalisé avec *Frans Snyders*), le tragique *Saturne dévorant son enfant,* l'étonnante *Voie lactée, Les Trois Grâces ;* parmi les dernières œuvres de Rubens, c'est l'aboutissement de son style plein de grâce, de joie, de sensualité, symbole de son bonheur après le deuxième mariage... Quant à *L'Adoration des Mages,* elle présente une extraordinaire débauche de détails !

NARCISSIQUE... OU PERFECTIONNISTE ?

Curieux destin que cette Adoration des Mages, exécutée en 1609 pour la ville d'Anvers : Rubens la retrouva en 1628 à Madrid, à la cour de Philippe IV. Il en profita pour récupérer le tableau afin de le remanier. Il rajouta tout le côté droit avec... un autoportrait de lui à cheval (il porte une chaîne autour du cou), dans un style inspiré par le Titien !

– ***Grande Galerie (suite) :*** on y retrouve *(salle 26)* ***le Titien*** dont le célèbre *Empereur Charles Quint à Mühlberg* qui symbolise la quintessence de la puissance des Habsbourg. Dans la foulée, ***le Tintoret,*** dont l'étonnant *Lavement des pieds (salle 25)* où les disciples du Christ sont présentés de façon très quotidienne et où le sujet principal est décalé à droite pour renforcer l'effet de perspective. Noter derrière cette scène, dans la pièce du fond, l'évocation du « dernier souper »... Aussi de beaux ***Véronèse,*** dont *La Leçon du Christ aux Docteurs du Temple.* De ***Bassano,*** la *Forge de Vulcain,* œuvre tardive et impressionnante. Seule la présence de Cupidon indique que c'est une scène mythologique (là encore, influence du Titien à travers la répartition de la lumière sur les corps).

– ***Murillo (salles 16-17),*** peintre du XVIIe s, porte-parole de la religiosité populaire. L'Église lui fit un grand nombre de commandes. ***Murillo*** ne quitta quasiment pas Séville, cependant cela ne l'empêcha pas de bien connaître le travail des peintres vénitiens et flamands de son époque (et surtout celui de Ribera). Quel talent de coloriste, quelle distribution géniale de la lumière ! Certes, parfois, c'est une religiosité un peu mièvre, mais vraiment, il manifeste un grand sens de la composition. On remarquera la *Sainte Famille au petit oiseau.* Dans cette toile, inhabituelle, étonnante présence dominante de Joseph, alors qu'en peinture, il est le plus souvent dans l'ombre ou quasiment effacé ! D'autres chefs-d'œuvre, *La Vision de saint François d'Assise, L'Adoration des bergers* (là, on sent l'influence de Ribera), la série des Vierges

MADRID

avec surtout *L'Immaculée Conception des Vénérables* (emportée dans les bagages du maréchal Soult après la guerre d'Espagne et rendue par la France en 1940).

– ***Peinture flamande (salle 16B) :*** *Judith au banquet de Holoferne* de ***Rembrandt,*** dont on admire la somptuosité de la robe. Autres toiles remarquables, celles de ***Jan Bruegel le Vieux,*** notamment sa série *Les Cinq Sens,* réalisée avec ***David Teniers.*** Une orgie de fleurs y exprime le plaisir de l'odorat, une débauche d'instruments de musique, celui de l'ouïe. Le goût est symbolisé par les victuailles. Enfin, le plaisir de la vue est révélé par de nombreuses œuvres d'art de l'Antiquité et celles de... Rubens. On y reconnaît entre autres *La Gloutonnerie* (à ce propos, on a là un étonnant hommage envers un contemporain !) ! Dans la toile *L'Archiduc Léopold-William dans sa galerie de peinture,* dans l'un des quatre personnages, c'est le peintre ***David Teniers le Jeune*** qui se représente lui-même... De *Teniers* toujours, la *Fête de village* (avec le gars qui gerbe contre la palissade). Resplendissantes natures mortes de ***Frans Snyders.*** *Danse avec personnages mythologiques* de ***Rubens...*** Là, quelle finesse d'exécution, rythme et légèreté des mouvements ! Mais ***le plus fascinant Rubens*** du musée reste le *Jardin de l'Amour,* où le traitement des jeux de lumière est à son summum ; et on notera le dégradé progressif, génial, des personnages, au fur et à mesure que l'on va vers le fond du tableau !...

MADRID

– ***Salles 32 et 34 à 38,*** d'autres œuvres de ***Goya :*** les portraits de la famille royale dont l'extraordinaire *Famille de Charles IV (salle 32).* De facture vraiment peu conventionnelle : personnages dans la pénombre, peu souriants ; une femme tourne la tête ; un enfant a l'air figé comme sur une photo d'école. Outre les coups de pinceau enlevés restituant l'éclat des bijoux, des soies et tissus chamarrés, Goya arrive à exprimer les sentiments des personnages et les charges de haine les uns vis-à-vis des autres : tour à tour mesquins, médiocres, petits, fiers. Aucune concession dans la composition, aucune obséquiosité vis-à-vis du pouvoir.

Dans la *Sainte Famille,* le pauvre Joseph, comme toujours, reste dans l'ombre. Portrait peu flatteur de *Charles III à la chasse.* Puis, intéressant *Duc et Duchesse d'Osuna.* Les portraits de famille étaient un genre presque inconnu jusque-là à la cour. Ici, l'artiste utilise subtilement les variations de gris et les teintes vertes pour renforcer le côté léger et délicat de la texture des vêtements. Les *Majas* ***(salle 36)*** attirent du monde aussi. Peintes vers 1798, elles provoquèrent les foudres de l'Inquisition sur Goya. La *Maja desnuda* fut un événement, car auparavant il y avait peu de nus dans la peinture espagnole. Dans la *Comtesse de Chinchón,* qui est enceinte, *Goya* réussit à exprimer la timidité du personnage (comme s'il la prenait en photo !). Dans les cheveux, un bouquet d'épis de blé, symbole de la fécondité.

LA MAJA NUE

La Maja desnuda, *l'un des tableaux les plus célèbres de Goya, représente une femme nue langoureusement allongée sur un lit. En 1814, la terrible Inquisition, qui existait toujours, lui fit un procès. L'artiste partit en exil à Bordeaux, où il mourut.*

– ***Salle 39 (peinture française du XVIIIe s) : Van Loo, Nicolas de Largillière...*** Le *Louis XVI* d'***Antoine-François Callet*** se révèle une petite merveille... Dans la lignée de Rigaud : prodigieuse richesse des détails et du rendu de l'hermine !

– ***Salles 21-22-23 (peinture anglaise et italienne) :*** tous les grands sont là, ***Georges Romney*** et son *Master Ward,* ***Thomas Lawrence, sir Joshua Reynolds, Gainsborough,*** etc. De ***Tiepolo,*** la *Chute du Christ* et, surtout, *L'Immaculée Conception,* à nos yeux son œuvre la plus importante au Prado. La Vierge écrase le péché originel représenté par le serpent (lys et rose symbolisant la virginité). Quant à *Abraham et les Trois Anges,* ils semblent sponsorisés par McDo (en bas, à droite comme un hamburger, non ?). ***Salle 20 :*** au passage, ***Anton Rafael Mengs,*** un fin portraitiste qui mérite un peu d'attention...

– ***Velázquez*** a droit à la plus grande salle du musée ***(salle 12),*** où l'on peut admirer son tableau le plus célèbre, *Les Ménines à la cour de Philippe IV.* Velázquez excella dans le portrait royal, mais encore plus dans les personnages bizarres de la Cour ***(salle 15)*** : nains, bouffons, etc. Dans cette toile, quel jeu superbe de l'espace et de la lumière : l'artiste réussit véritablement à intégrer le spectateur à son tableau ! Ce qui est également intéressant, c'est qu'il affirme son appartenance sociale par différents messages : contrairement aux autres personnages, il se situe dans l'espace de l'infante. Il porte la croix de l'ordre de Saint-Jacques, ce qui le rattache à la noblesse. En outre, son air sérieux et réfléchi veut démontrer que son activité artistique est plus de l'ordre de l'intellectuel que du manuel... Quant au sujet qu'il peint, réponse dans l'encadré ! À Madrid, il devint l'ami de Rubens qui lui conseilla de voyager en Italie. Il y retourna plusieurs fois pour acheter des tableaux de Titien pour le roi. De Titien, il disait : « Il a tout inventé. » À Rome, il se liera avec Poussin et le Bernin. *Les Fileuses (salle 15A),* autre œuvre majeure, avec personnages assez réalistes au premier plan et ceux du fond presque dilués dans la lumière. Détail important : dans le fond du tableau, on aperçoit *L'Enlèvement d'Europe* par le *Titien* et *Rubens,* ce qui témoigne de l'admiration de Velázquez pour ces deux peintres. *La Reddition de Breda (salle 9A),* probablement le tableau le plus connu des écoliers, tant il est reproduit dans les livres scolaires. Célèbre pour son jeu de lignes (diagonales, courbes, parallèles) : une remarquable construction ! Ce qui est également nouveau dans cette toile, c'est qu'on ne cherche pas à montrer le triomphe, l'arrogance d'une victoire, mais plutôt l'empathie, la clémence envers les vaincus. *Les Buveurs* ***(salle 10)*** montrent que Velázquez n'a pas son pareil pour peindre sans complaisance la joie populaire teintée d'hébétude. Période naturaliste où il n'utilisa qu'un minimum de couleurs, ne jouant strictement que sur les bruns... C'était le tableau favori de Manet. *L'Infant Baltázar Carlos* révèle de façon éclatante la fraîcheur, le naturel, la vivacité du jeune prince. Le musée nous offre aussi l'une des seules œuvres religieuses de Velázquez : *Le Christ crucifié,* noble et humain, qui semble plus méditatif que mourant.

LES MÉNINES, SI MYSTÉRIEUSES

Pourquoi les personnages de ce tableau nous regardent-ils ? En fait, ils observent quelqu'un d'autre qu'on ne voit pas ! La solution se trouve dans le miroir tout au fond : on y aperçoit le roi Philippe IV et la reine. Velázquez, sur la gauche, est donc en train de peindre le couple royal, et tout le monde les observe. Ce n'est pas vous qu'on regarde, cher lecteur !

– ***Zurbarán (salle 10A),*** peintre des scènes religieuses de la première moitié du XVIIe s, restera célèbre pour ses « blancs » lumineux, comme dans la *Vision de saint Pierre Nolasque* et l'*Apparition de l'apôtre saint Pierre.* Absence de décor et personnages ascétiques donnent un côté austère aux toiles. Natures mortes aux couleurs parfaites.

– ***Le Caravage et José de Ribera (salles 6 à 9) :*** nombreuses œuvres majeures du ***Caravage,*** dont *David et la tête de Goliath* et les *Suiveurs.* Pathétique *Saint Jérôme* de ***Georges de La Tour (salle 7).*** De ***Ribera,*** la curieuse Magdalena Ventura, la *Femme à barbe* donnant le sein à son enfant : c'est le duc d'Alcalá qui commanda le portrait de cette mère velue, victime d'un désordre hormonal. Fascinant *Saint Jérôme* également ***(salle 8).*** Contemporain de Zurbarán, *Ribera* montre une adhésion sans faille au style du Caravage et à son « ténébrisme » avec, en plus, un zeste de baroque. Dans la *Résurrection de Lazare* (période Rome et Naples), il accentue encore plus l'émotion sur les visages, et le caractère dramatique de la scène. Belle *Adoration des bergers* de ***Juan Bautista Maíno,*** aux couleurs éclatantes. Noter le velouté des peaux, le superbe rendu de la toison de l'agneau. Joseph n'apparaît même plus effacé, il a carrément disparu !

– ***Le Greco (salles 8B, 9B et 10B)*** est largement représenté même si, à cause du cadre formel, on ne ressent pas les mêmes émotions qu'à la cathédrale de Tolède. Ce Crétois, de son vrai nom Dhomínikos Theotokópoulos, l'un des artistes les plus originaux de tous les temps, trouva en Espagne son inspiration. Une œuvre unique, habitée, empreinte d'une grande religiosité ; ses personnages aux visages émaciés contrastent avec les couleurs vives et chaleureuses des drapés (grenat, vert, bleu, jaune). Le grand critique Élie Faure dit de lui qu'il délivra l'âme espagnole. Il transita avant par Venise et Rome, dont il rapporta des influences du Titien et de Michel-Ange présentes dans ses premières toiles, comme *L'Annonciation* et *La Sainte Trinité* (sa première œuvre espagnole). Dans le *Christ portant la Croix* ***(salle 8B),*** les yeux explosent de dévotion ! Et puis la célèbre série : *La Crucifixion, La Résurrection, Le Baptême du Christ, L'Assomption de la Vierge.* Peintures pour le retable de Doña Maria de Aragon (1596). L'artiste est en fin de carrière, couleurs froides, intenses et contrastantes... Et enfin le choc : *L'Adoration des bergers,* fantastique œuvre de ses dernières années. La toile tout en hauteur met en valeur la distance séparant le Ciel de la Terre. La lumière irradiée par l'Enfant donne aux autres personnages un relief statuaire. Le paroxysme du lyrisme ! Les personnages semblent brûler d'un feu mystique... Le berger du fond est un autoportrait, à sa droite, c'est son fils.

MADRID

Le 2e étage

Encore des ***Goya (salles 85 et 90 à 94),*** de l'époque où il peignait des cartons de tapisserie destinés aux palais royaux (1770-1780). Scènes de la vie quotidienne très fraîches et d'un style primesautier auquel l'artiste ne nous avait pas habitués : noces, jeux et parties de chasse...

Museo Centro de Arte Reina Sofía *(zoom détachable E5-6)* **:** *c/ de Santa Isabel, 52. ☎ 91-774-10-00. • museoreinasofia.es • Ⓜ Atocha. Tlj sf mar 10h-21h (19h dim, mais slt le bâtiment Sabatini, 2e étage). Fermé 1er et 6 janv, 1er et 15 mai, 10 nov, 24, 25 et 31 déc. Entrée : 8 € (expos temporaires seules 4 €) ; réduc étudiants et carte Jeune ; gratuit tte l'année moins de 18 ans, citoyens de l'UE de plus de 65 ans et chômeurs ; gratuit pour ts en sem 19h-21h, et dim 13h30-19h, ainsi que 18 avr, 18 mai, 12 oct et 6 déc. Pour les amateurs, visites guidées gratuites (en espagnol) lun et mer à 17h et sam à 11h. Les gros sacs doivent être déposés dans des casiers (gratuits), mais attention à conserver votre carte d'identité pour louer un audioguide (4,50 €). L'abono Paseo del Arte peut être acheté ici.* ***Attention :*** *pdt la session gratuite le dim ap-m (13h30-19h), seule une partie de la collection permanente est accessible, à savoir le fameux 2e étage ; le reste du musée est fermé.*

Les collections permanentes sont aux 2e et 4e étages. Si vous n'avez que peu de temps, sélectionnez d'abord le 2e étage, un must, et en premier lieu *Guernica.* L'œuvre géniale de Picasso justifie à elle seule la visite.

Musée installé dans l'ancien hôpital construit à la fin du XVIIIe s par Francesco Sabatini à la demande du roi. Excellente idée de la part des autorités de l'avoir reconverti en centre d'exposition consacré aux œuvres et aux mouvements les plus significatifs de l'***art du XXe s*** et plus particulièrement aux spécificités de la scène artistique espagnole. L'accès au musée se fait par l'un des deux ascenseurs enrobés de cages de verre futuristes accolées à la façade XVIIIe s de l'édifice, ou par le nouveau bâtiment donnant sur la ronda de Atocha et la c/ de Argumosa, dessiné par Jean Nouvel, et qui abrite désormais les œuvres de 1962 à 1982, les expositions temporaires, et, dans son patio triangulaire, un resto, la librairie, la bibliothèque, etc. Également un agréable jardin extérieur dominé par une sculpture de Calder.

2e étage de l'édifice Sabatini

Intitulé ***« L'irruption du XXe s : utopies et conflits. »***

Une grande partie du 2e *étage,* remodelé, expose l'art d'avant-garde espagnole des années 1900-1945, dont une bonne partie consacrée à la guerre d'Espagne autour du clou de la collection, à savoir le *Guernica* de ***Picasso.*** Immense richesse de ces collections présentant, entre autres, le cubisme, le surréalisme, le dadaïsme.

– ***Salle 202*** *(Paroles en liberté)* **:** ***Picabia,*** bien sûr, pilier du dadaïsme. ***Man Ray*** *(Élevage de Poussières),* ***Kurt Schwitters*** (et ses collages). Documents inédits et ce beau poème : *Notre Dame de la peinture.* Fascinant *Belomancie* d'***Yves Tanguy,*** les photos émouvantes de ***Kertèsz,*** les *Oiseaux rouges* de ***Max Ernst,*** puis ***Brassaï, Dora Maar, Miró, André Masson.*** *Composition* de Rafael Alberti... Originaux de livres de poésie *(Breton, Éluard, Soupault).*

GUERNICA, OU LE CRI DU PEINTRE

Le 26 avril 1937, l'aviation de la légion allemande Condor pilonna la ville basque de Guernica, selon la technique du « tapis de bombes » (une première dans l'histoire militaire). Ce massacre de 2 000 civils fit l'effet d'un électrochoc. En protestation contre cette barbarie, Picasso peint cette toile considérée depuis lors comme son chef-d'œuvre. Un Allemand, admirant un jour Guernica, lui posa la question : « C'est vous qui avez fait ça ? » Picasso répondit : « Non, c'est vous. »

– ***Salle 203 :*** *Arlequin, Buste et Palette, Deux figures* et le *Portrait de Buñuel* par ***Dalí*** et le *Bal* d'***André Lhote.***

– ***Salle 204 :*** à nouveau ***Man Ray, Picasso,*** les insolites figures d'***Alberto*** et l'étrange *Composition cosmique* d'***Oscar Dominguez.***

– ***Salle 205 :*** encore l'univers bizarre et fascinant d'***Oscar Dominguez*** avec les *Siphons* et *L'Apparition de la mer.* On adore les subtiles variations sur le lion (surtout le *Lion-bicyclette* !)... Une « pièce » : l'original de l'*Anthologie de l'humour noir* de ***Breton.*** Et nul ne manquera le *Visage du grand masturbateur* de ***Salvador Dalí...***

– ***Salle 206*** *(Art et Culture en exil)* **:** principale thématique, la guerre d'Espagne et sa lourde charge émotive. Photos inédites du *camp de Gurs* où furent internés les républicains espagnols, symbole de « l'hospitalité française ». Livres de l'exil. Puis dessins satiriques et peintures sur la guerre. Quelques œuvres très fortes : *Allégorie du Bien et du Mal* de ***Fernández*** et le *Monument aux Espagnols morts pour la France* de ***Picasso.*** *Femme au foulard rouge* et la *Révolution espagnole* de ***Picabia,*** et un saisissant tableau d'***André Masson,*** *En revenant de l'exécution* (avec les sinistres gardes civils et leur tête de Mickey). *Espagne* de ***George Grosz*** qui a toujours parfaitement su exprimer les horreurs de la guerre. Puis, *Sacrifices,* remarquable série d'***André Masson.*** Terrible tableau dénonçant la complicité de l'Église espagnole avec Franco, les *Réguliers* (où elle distribue des prébendes aux mercenaires tabors marocains). Ne pas manquer non plus les dessins pleins de force sur la guerre d'***Horacio Ferrer,*** très morbides d'***Antonio Rodríguez Luna*** ou pleins d'humour de ***Luis Quintanilla.*** De ***Ferrer,*** *Madrid 1937,* superbe composition au réalisme émouvant. Intéressante série de ***Josep Renau,*** *Déclaration des principes de la République espagnole* (ou le graphisme qui rejoint la politique).

Quant au célèbre ***Guernica,*** après une escale au Casón del Buen Retiro depuis son retour des États-Unis en 1981, il occupe désormais une salle à lui tout seul : très impressionnant. Visages torturés, membres sectionnés, bouches béantes, tons gris et noirs, tout est fait pour augmenter le sentiment de souffrance et de douleur. Outre la taille impressionnante de ce chef-d'œuvre, l'absence de couleur est frappante : le noir et blanc renforce l'idée de mort et de deuil. Le tableau symbolise la douleur (sur la gauche, l'enfant mort porté par sa mère, la gueule du cheval défoncée par une lance...) mais aussi l'espérance (sur la droite, la femme tenant une lumière et tout en bas, une fleur discrète, signe que la vie renaît malgré tout). Bien qu'archiconnue, l'œuvre de Picasso conserve une forte capacité émotionnelle. Dans la salle en face, comme pour lui donner plus de poids, un film sur la guerre d'Espagne est projeté. Entre les deux, une salle est consacrée aux études faites pour *Guernica,* voir tout particulièrement la superbe tête de cheval sur fond noir.

– Bien d'autres peintres ont accroché notre regard. ***José Gutiérrez Solana*** *(salles 201, 206, 207)* et le réalisme de ses scènes : morceaux de sucre, cuillère dans la soucoupe, petite boîte d'allumettes et autoportrait de l'artiste à l'extrême gauche dans la *Tertulia del Café de Pombo.* Dans *La Visita del Obispo,* remarquer la signature de l'artiste sur l'enveloppe timbrée posée sur la table. De ***Picasso*** encore, *La Femme en bleu* (curieusement, elle fut reniée par le peintre), qui marque le début de sa période bleue, *Le Peintre et son modèle* (trois tableaux de 1963). Et on découvre aussi ***Buñel*** avec *Le Chien andalou* et bien d'autres réalisations cinématographiques qui en feront un des plus grands cinéastes espagnols (si ce n'est le plus important) dans un registre bien à lui.

– ***Salle 201*** *(symbolisme et modernisme) : Portrait de Sonia de Klamery, comtesse de Pradere* (composition d'une sombre sensualité) par ***Anglada Camarasa.*** *Lecture* de ***Julio Romero de Torrès,*** *Christ au sang* de ***Ignacio Zuloaga,*** *Désastres de la guerre* de ***Goya...*** Spectaculaire *Scène de garrot* de ***Ramón Gayas.*** Enfin, les *Pêcheurs,* fins dessins au charbon de bois de ***José Ortiz Echagüe.***

– La ***salle 208*** est consacrée en grande partie au Madrilène ***Juan Gris*** et à ses œuvres cubistes très influencées par Picasso (tout est peint au même niveau : pas de troisième dimension ni de profondeur de champ) ; une bonne illustration de l'évolution du cubisme vers l'analytique synthétique. À ses côtés figurent fort logiquement ***Fernand Léger*** et ***Georges Braque,*** pionniers du cubisme. La ***salle 209*** est consacrée au *New Art* en Espagne.

– ***Salle 210*** *(rupture cubiste de l'espace) :* œuvres de ***Sonia et Robert Delaunay.*** Quelques ***Juan Gris*** encore : *Moulin à café, tasse et verre sur une table...* ***Braque,*** toujours, et les masques africains qui inspirèrent grandement ***Picasso.***

4e étage

S'intitule : ***« La guerre est-elle finie ? L'art dans un monde divisé... »***

Le *4e étage,* plus politique, traite de l'après-guerre : c'est la fin des avant-gardes artistiques, le discours des créateurs devient plus existentialiste. Les maîtres de l'abstraction nous interrogent aussi sur les conséquences du conflit et comment continuer à être artiste après un tel séisme, à travers des toiles de ***Picasso,*** encore lui, ainsi que de belles photos d'***Eugène Smith*** (noir et blanc sublime) et de ***Brassaï.*** Intéressante expo d'affiches franquistes en face desquelles s'élèvent les envolées poétiques de ***Klee, Dubuffet*** ou ***Kandinsky.*** On retiendra enfin la belle collection d'***Antoni Tàpies,*** magistral peintre catalan et particulièrement son *Gran Libro,* où l'on peut lire les principales préoccupations métaphysiques de sa vie. Pas toujours facile d'approche, cependant, vu son degré d'abstraction. Notons aussi le travail sur le noir du peintre ***Antonio Saura,*** influencé par l'abstraction américaine et, visiblement, par Dalí aussi. On retrouve à nouveau ***Picasso*** dans les années 1960 avec trois versions du *Peintre et son modèle,* variation à la fois ludique et fascinante autour de ce thème classique de la peinture. À ses côtés, ***Miró*** qui traverse lui aussi le siècle.

Au fil des salles, on découvre également les œuvres de ***Fautrier*** *(salle 401),* ***José G. Solana*** avec *Têtes et Masques (salle 402),* puis ***Rothko*** *(salle 409)...* Insolites images critiques des années 1960 et beaux tableaux comme *Vivre et laisser mourir ou la fin tragique de Marcel Duchamp...* Choc avec les *Quatre dictateurs* d'***Eduardo Arroyo,*** à l'expressionnisme fascinant *(salles 428-429).* Collages particulièrement originaux de ***Joan Rabascall,*** dont *Fille construite sur une ligne voluptueuse (salle 425).* Puis ***Klein, Villeglé, Tinguely*** *(salles 411, 424),* ***Christo, Raymond Hains...*** Photos décalées de ***R. Rauschenberg*** *(salle 422)...* Et encore, ***Cy Twombly*** *(salle 420),* ***Fontana,*** Tàpies et les collages géniaux, façon B.D. surréaliste de ***Antonio Saura,*** ainsi que ceux de ***Alberto Greco.*** Pour finir, ***Robert Motherwell*** *(salles 409-410),* ***Franz Kline, Sam Francis*** et son *Amérique et l'invention de la modernité (salle 410)...*

L'extension moderne (edificio Nouvel)

S'intitule : ***« De la révolte à la postmodernité »***

Édifiée en 2005 par Jean Nouvel. Avec son immense marquise rouge en aluminium et zinc, elle cohabite harmonieusement avec l'édifice Sabatini.
– Fin du parcours chronologique. Des années 1970 à nos jours, les artistes remettent en question la nature même de l'art. Au fond, qu'est-ce que l'art ?... interrogent artistes, critiques d'art et public... Irruption de la culture underground, de la culture de masse, de la mondialisation et du marché de l'art. Réponse entre autres avec ***Michelangelo Pistoletto,*** un des leaders de l'Arte Povera *(salle 104),* ***Gerhard Richter*** *(salle 001),* un des plus grands peintres contemporains, fan de Pollock, dont on vous livre l'une des radicales définitions : « Mes tableaux sont sans objet ; mais comme tout objet, ils sont l'objet d'eux-mêmes. Ils n'ont par conséquent ni contenu, ni signification, ni sens ; ils sont comme les choses, les arbres, les animaux, les hommes ou les jours qui, eux aussi n'ont ni raison d'être, ni fin, ni but. Voilà quel est l'enjeu (mais il y a quand même de bons et de mauvais tableaux !) ». Enfin, ***Marcel Broodthaers*** *(salles 001 et 104).* Ce dernier, amoureux de Magritte et de Mallarmé, enchante et étonne avec ses œuvres, assemblages insolites ou accumulation d'objets mélangeant finement humour et absurde !
– La *librairie* du musée (au rez-de-chaussée de l'extension moderne) est richement fournie. Ouvrages relatifs à l'art dans un bon nombre de langues... les tentations sont grandes.

MADRID

Museo Thyssen-Bornemisza *(zoom détachable E4)* **:** *palacio de Villahermosa, paseo del Prado, 8. ☎ 902-76-05-11. • museothyssen.org • Ⓜ Banco de España. Lun 12h-16h (slt pour la collection permanente), mar-dim 10h-19h (22h mar-sam pour les expo temporaires en été) ; fermé 1er janv, 1er mai et 25 déc. Entrée : 12 €, expo temporaire incluse ; réduc plus de 65 ans, carte Jeune et étudiants sur présentation d'un justificatif ; gratuit moins de 12 ans et pour ts lun 12h-16h à la collection permanente. Achats et résas sur leur site internet (mêmes tarifs). Possible d'y prendre l'abono Paseo del Arte. Audioguide intéressant (en français) : 5 € pour l'expo permanente, 4 € l'expo temporaire ; 7 € en combiné pour les 2. Une partie de l'expo temporaire est souvent délocalisée sur un autre site. Parfois des ouvertures nocturnes (jusqu'à 23h ou 23h30) en été : se renseigner.*
Bon à savoir : si on achète (et réserve) un billet combiné expo temporaire + collection permanente, l'heure de réservation correspond à l'entrée à l'expo temporaire ; en cas de manque de temps pour visiter ce même jour la collection permanente (ou de saturation artistique !), sachez que le billet reste utilisable pendant 1 mois (pour une visite slt, et slt pour la collection permanente, bien sûr).
Depuis octobre 1992, la collection longuement convoitée de Hans Heinrich Thyssen est définitivement proposée au public. La famille Thyssen a bâti l'une des plus grosses fortunes allemandes grâce aux deux guerres mondiales. L'héritier Thyssen, grand collectionneur d'art, n'a pas donné sa collection à l'État espagnol mais, après d'âpres négociations, lui a vendu pour la somme de 400 millions d'euros. *Business is business !*
Répartie dans près de 50 salles sur 3 étages (18 000 m²), cette collection de près de 800 tableaux est tout simplement époustouflante, tout particulièrement en ce qui concerne la peinture hollandaise au XVIIe s, la peinture nord-américaine du XIXe s et l'expressionnisme allemand. D'autant que depuis juin 2004 elle s'est enrichie d'une nouvelle aile où sont exposées près de 200 peintures gracieusement prêtées (ce coup-ci !) par la baronne Carmen Thyssen-Bornemisza (ex-Miss Espagne des années 1960) qui poursuivit la collection à la mort de son mari, en 2002. Au total, près de 1 000 tableaux donc ! Bien sûr, on ne va pas s'amuser à les détailler, vous nous l'accorderez ! Laissez-vous porter tout simplement par la magie de la collection. Même les plus réfractaires à la peinture risqueraient bien d'être séduits. Tous les plus grands noms qui ont marqué l'histoire de la peinture sont présents. Ne pas hésiter à prendre l'audioguide dont les commentaires sont très bien faits. On comprend tout sur l'évolution et l'histoire de la peinture à travers les siècles (du XIIIe au XXe s), d'autant plus que les œuvres sont exposées de manière chronologique. Il permet également d'avoir des explications sur les principales œuvres.

La partie la plus ancienne de la collection s'étale sur trois niveaux (deux niveaux pour celle de Carmen Thyssen-Bornemisza répartis dans une aile attenante). ***Début de la visite au 2e étage,*** que l'on peut atteindre en ascenseur. On découvre d'abord une collection d'œuvres religieuses dont une riche présentation de peintres primitifs italiens. Quelques coups de cœur dans les premières salles : après les classiques ***Duccio*** et ***Simone Martini,*** bouche bée devant l'admirable *Crucifixion* de ***David Gérard,*** l'*Ascension* de ***Johann Koerbecke*** (beau travail sur les visages) et la remarquable technique de ***Jan van Eyck*** pour son *Annonciation.* Superbe portraits : *Jeune homme en prière* de ***Hans Memling*** et *Henri VIII d'Angleterre* par ***Hans Holbein*** (salle 5). Plus ***Antonello da Messina, Roger Van der Weyden...*** Salle 6, beau triptyque de retable de ***Lucas Cranach.*** Dans la salle 7, voir *Le Jeune Gentilhomme dans un paysage* de ***Vittore Carpaccio*** (XVIe s), l'un des joyaux du musée qui introduit le portrait en pied dans la peinture occidentale (XVIe s). Salle 8, la peinture allemande dont le curieux *Jésus parmi les docteurs* de ***Dürer*** (tous avec une tronche patibulaire, sauf Jésus). Dürer réalisa ce tableau à Venise et réussit à fondre habilement la Renaissance nordique avec l'italienne (noter sa signature sur le papier dépassant du livre). Salle 9, la *Nymphe qui se repose* de ***Lucas Cranach le Vieux.*** Salle 10, un impressionnant *Massacre des innocents,* transposé dans un village du XVIe s. Salle 11, ***le Tintoret, le Titien, Bassano, El Greco*** dont on déguste une ravissante *Annonciation* de sa période vénitienne (on y sent nettement la triple influence de Véronèse, du Titien et du Tintoret qu'il admirait beaucoup)... Salle 12, *Sainte Catherine d'Alexandrie* du ***Caravage.*** On y retrouve les symboles de son martyre : la roue avec les couteaux et l'épée qui la décapita. Éblouissement garanti par la lumière du ***Lorrain*** dans la *Fuite en Égypte* (salle 13). Puis, les merveilleux ***Canaletto, Guardi, Bellotto*** (salles 15-17). Surtout, *Canaletto,* notre chouchou et celui de la reine d'Angleterre (la preuve, elle en a chez elle !). Adorable *Christ dans la tempête sur le lac de Tibériade* de ***Bruegel le Vieux,*** chromatisme de bleus génial (salle 19). Impressionnant *Saint Michel chassant Lucifer* de ***Rubens.*** Bel autoportrait de ***Rembrandt*** à l'expression inquiète et au regard empreint de gravité (salle 21).

Ensuite, ***deux possibilités s'offrent à vous.*** Poursuivre la visite par la collection de Carmen Thyssen-Bornemisza ou rejoindre le 1er étage pour continuer avec l'ancienne collection, puis grimper à nouveau au 2e étage. La première solution vous économisera quelques pas, la seconde nous paraît présenter plus de cohérence par rapport à l'histoire et à l'évolution de la peinture. À vous de voir. Mais attention, gardez la visite du rez-de-chaussée pour la fin, car ensuite, on ne peut pas remonter.

Pour ceux qui opteraient pour la première solution : la collection de Carmen Thyssen-Bornemisza met surtout l'accent sur la peinture américaine du XXe s. En attendant, au passage, on peut déguster, dans les salles de A à C, le *Jugement de Salomon* de ***Lucas Giordano*** (géniale construction pyramidale culminant avec l'enfant tout en haut et les visages dans le style de Ribera dont l'artiste était un fan !), puis de beaux paysages : l'idyllique *Jardin d'Éden* de ***Bruegel le Vieux*** et les *Patineurs* de ***Ruysdael.*** Puis le XVIIIe s français (salle D), les peintres américains et leurs fabuleux paysages, symbolisés par les *Chutes de saint Antoine* d'***Albert Bierstadt*** et sa merveilleuse lumière (salles E et F). Puis, salles G-H-K, on reste très nature et impressionniste avec ***Jongkind, Boudin,*** la *Source* de ***Corot, Monet*** (le *Pont de Charing Cross*), ***Pissarro*** (le *Champ de choux*), Renoir (le *Champ de blé*)... Des salles J à M, les ***impressionnistes,*** postimpressionnistes et l'école de Pont-Aven. Intéressant *Ludwig Kirch in Munich* de ***Kandinsky*** (salle N). Puis, salle O, ***Braque*** (*Marine, L'Estaque,* ce village qui marqua son tournant vers le cubisme !). Salle P, découverte des premières avant-gardes : ***Picasso,*** évidemment, ***Max Beckman, Stepanova*** (l'avant-garde russe des années 1920), ***Georgia O'Keeffe,*** qui nous balade dans les rues de New York, ***Kupka, Fernand Léger, Juan Gris,*** les surréalistes et les constructivistes...

Avec le ***1er étage de l'ancienne collection,*** on poursuit le voyage depuis la peinture hollandaise du XVIIe s (avec les salles numérotées, suite logique du 2e étage donc). De la 22 à la 26, scènes de la vie quotidienne, paysages, scènes d'intérieur aux Pays-Bas. À commencer, salle 22, par ***Frans Hals,*** considéré comme le génie du portrait au XVIe s. Sa *Famille devant un paysage,* à la touche souple et libre, aux corps déliés, montre, entre autres, les deux principes régissant la famille : la fidélité, symbolisée par les deux mains qui s'étreignent, et le chien, symbole de la loyauté. De ***David Theniers II,*** pittoresque *Fête de village.* Puis, au fil des salles, *Intérieur de taverne* de ***Van Ostade,*** beau paysage hivernal de ***Jan Goyen, Cuyp,*** *Vue de Naarden* de ***Van Ruisdael*** (le plus grand peintre de paysages de l'époque). Noter, également salle 26, la précision des détails, la touche minutieuse de ***Van de Velde*** pour sa *Flotte hollandaise...*

Salle 27, belles natures mortes dont celle au *Vase chinois* de ***Willem Kalf.*** Remarquable distribution de la lumière pour faire sortir les objets de l'ombre tout en douceur. Salle 28, la peinture anglaise et française, avec le séduisant *Sara Buxton* de ***Gainsborough*** et le *Pierrot allègre* de ***Watteau,*** plus ***Fragonard, Nattier, sir Thomas Lawrence...*** Salles 29-30, la peinture américaine : ***Copley, Peale, Cole, Head, Church...*** Remarquable *Duchesse de Sutherland* de ***John Singer Sargent.*** Salles 31 à 33, romantisme, naturalisme, impressionnisme et postimpressionnisme européen : *Matin de Pâques* de ***Caspar David Friedrich,*** pape du romantisme allemand, puis ***Whistler*** et un (obligatoirement beau) *Vessenots à Auvers* de ***Van Gogh.*** C'est l'une de ses dernières toiles qui exprime bien ses sentiments contradictoires : sensation de liberté devant une nature si belle, si séduisante, en même temps qu'une profonde mélancolie et un sentiment de solitude... le suicide n'est guère loin ! Puis la *Rue Saint-Honoré* de ***Pissarro,*** *Chez le chapelier* et la *Ballerine verte* de ***Degas,*** où l'on admire sa technique du pastel, appliquée avec une virtuosité confondante...

Les salles suivantes (34 à 38) vont permettre d'appréhender plus particulièrement l'***évolution de la peinture allemande au XXe s.*** Noter l'influence du fauvisme chez les premiers expressionnistes allemands, comme en témoignent les œuvres de ***Kirchner*** (membre du groupe *Die Brucke*). Notamment, la *Femme en rouge* et *Fränzi devant une chaise sculptée* (usage arbitraire de la couleur, simplification formelle). D'***Émile Nolde,*** *Soir d'automne,* puis ***Munch, James Ensor*** *(Théâtre de masques),* ***Matisse, Van Dongen.*** Émotion devant le *Cirque,* l'une des dernières œuvres d'***Auguste Macke,*** tué en 1914, l'un des premiers morts allemands de la bataille de la Marne. Nette influence du cubisme et du futurisme dans le *Métropolis* de ***Georges Grosz*** (salle 39). Ici, l'artiste, traumatisé par sa Première Guerre mondiale, donne à cette toile fascinante un aspect apocalyptique témoignant de l'aliénation de l'homme et de ses tendances à l'autodestruction... Dans *The Battery* de ***Réginald Marsh,*** grande vivacité du trait, le vent semble comme pousser le coup de pinceau...

Salle 40, magistral *Hotel room* d'***Edward Hopper*** sur la solitude. Salle 41, constater la rivalité ***Braque-Picasso*** des années 1910-1911... Peu de différences dans les styles, suivre le match opposant la *Femme à la mandoline* de Georges à *L'Homme à la clarinette* de Pablo ! Puis, salles 42-43, ***Kupka, Picabia, Kandinsky*** et l'avant-garde russe : ***Goncharova, Rozanova, Popova...***

Enfin, le rez-de-chaussée, des salles 44 à 48, consacré aux grandes tendances du XXe s, aussi bien en Europe avec le surréalisme ou le cubisme qu'aux États-Unis avec le pop art. En vrac, ***Klee, Marx Ernst, Picasso*** et son *Arlequin au miroir,* ***Chagall...*** De ***Dalí,*** une œuvre majeure et un titre « daliesque » : *Rêve causé par le vol d'une abeille autour d'une grenade une seconde avant l'éveil.* Ici, il propose ses propres représentations des rêves, se servant des théories de Freud pour démontrer la richesse de la signification des images... Puis ***Delvaux, Tanguy*** et les plus grands Américains contemporains : ***Pollock, Willem de Kooning, Rothko, Frank Stella.*** Autoportrait de ***Lucian Freud,*** tiens, moins trash que ses modèles ! ***Bacon,*** qui peignit, d'une façon prémonitoire, l'un de ses derniers amants 2 ans avant qu'il ne se suicide ; ou ***Rauschenberg,*** et puis la célèbre *Femme dans son bain* de ***Lichtenstein.*** C'est le « bain de Vénus » si souvent peint au cours de l'histoire de l'art, façon B.D., par l'un des fondateurs du mouvement pop art !

Bref, une collection diversifiée et très, très complète. Reste une question cependant : combien de canons faut-il fabriquer pour se payer une telle collection ?

Museo de la Biblioteca nacional de España *(musée de la Bibliothèque nationale ; plan détachable F3)* : *paseo de Recoletos, 20-22.* ☎ *91-516-89-67.* • *bne.es* • Ⓜ *Colón ou Serrano. Au rdc de la bibliothèque. Mar-sam 10h-20h, dim 10h-14h. GRATUIT.* Véritable musée du livre et de l'écriture dans une muséologie moderne attractive. Huit grandes salles où l'on n'a pas le temps de s'ennuyer. Parcours dans une douce lumière bleutée pour découvrir les dictionnaires des écritures les plus anciennes (cunéiforme, hiéroglyphes, calendrier maya, etc.). Expo d'objets liés à l'écriture et différents types de formes de livres. Histoire du papier et des incunables. Des « pièces » exceptionnelles : une *Vie du Christ* de 1513, lettre de sainte Thérèse (fondatrice des carmels ; 1604), ouvrages de religieuses du XVIIe s rédigés à la main, matériel de copistes médiévaux. Un manuscrit particulièrement rare : le *codice de Metz* (814-820) illustré d'animaux fantastiques, livres enluminés... Première traduction en espagnol des écrits en hébreu du savant *Maimonide* (XIIe s). Magnifique livre d'heures de Carlos V. Très intéressante section sur la généralisation du savoir (XVI-XIXe s). Premiers caractères d'imprimerie en gothique. Émouvant : les manuscrits originaux des plus grands poètes : Federico García Lorca, Neruda... Instruments de mathématiques du roi Carlos II. Pittoresque collection de globes célestes et de vénérables phonographes (dont un curieux *hérophon* illustré de musiciens célèbres). Petite section sur la gravure, la reliure, la presse écrite. Captivante maquette faite de microprocesseurs figurant une ville et posant une tout aussi intéressante question : « Est-ce la fin de l'écriture ? »...

Museo naval *(plan détachable E4)* : *paseo del Prado, 5.* ☎ *91-379-52-99.* • *armada.mde.es/museonaval* • Ⓜ *Banco de España.* ♿ *Mar-dim 10h-19h (15h en août) ; fermé 1er et 6 janv, Vendredi saint, 1er mai, 16 juil, et 24, 25 et 31 déc. Visites guidées thématiques le w-e à 11h30 (en espagnol). Don de 3 € pour la maintenance du musée. Attention, il faut* ***présenter son passeport ou sa carte d'identité*** *à l'entrée : ne l'oubliez pas !*
Le Musée naval de Madrid est à la mer et à l'histoire maritime ce que le Prado est à la peinture : une merveille à ne pas rater. Voilà un des plus beaux musées maritimes au monde ! La grandeur de l'Espagne du Siècle d'or (XVIe s) reposa avant tout sur sa puissance navale, l'audace et la compétence de ses marins. Tel ce Magellan portugais au service de la couronne de Castille qui accomplit sur la mer le premier tour de la Terre, découvrant le Pacifique et les îles Philippines. Ou ce Christophe Colomb, découvreur du Nouveau Monde, dont des portraits peints (rares) sont présentés ici. Mais comme ils datent du XIXe s, leur ressemblance est sujette à caution. Les salles se suivent dans l'ordre chronologique, de l'âge des Découvertes (fin XVe s) jusqu'à la guerre civile d'Espagne (1936-1939). Grandioses maquettes de bateaux, instruments nautiques, canons. Voir la première carte du Nouveau Monde réalisée en 1500 par Juan de la Cosa (salle 13). Reconstitution d'une salle d'état-major et d'une cabine de commandant. Salle 17, magnifique collection d'armes orientales : on constate que les Philippins étaient des forgerons hors pair ! Une autre salle est consacrée aux trésors du *San Diego,* un galion espagnol coulé le 14 décembre 1600 dans la mer des Philippines. La cargaison composée en majorité de porcelaines chinoises d'époque Ming a été retrouvée par le Français Franck Goddio. Cet archéologue des fonds sous-marins, aficionado de l'Espagne, a fait don d'une partie de ces précieuses pièces au Musée naval.

CaixaForum *(zoom détachable E5)* : *paseo del Prado, 36.* ☎ *91-330-73-00.* • *obrasociallacaixa.org* • Ⓜ *Atocha. Légèrement en retrait du paseo, à mi-chemin entre le museo del Prado et le Reina Sofía. Tlj 10h-20h. Fermé 1er et 6 janv, et 25 déc. Entrée : 4 € ; gratuit moins de 16 ans. Audioguide : 2 €.* Un centre culturel qui offre de nombreuses expositions d'art contemporain, conférences, etc. Le bâtiment étonne : une ancienne centrale électrique du XIXe s, toute de brique rouge, qui a été carrément surélevée et posée sur des piliers habillés de revêtements métalliques à la Star Trek, et coiffée en son sommet de panneaux d'acier oxydé, délicatement ajourés tels des moucharabiehs pour certains. Une œuvre résolument contemporaine et indéniablement réussie, que l'on doit au fameux cabinet suisse *Herzog & Meuron.* Sur l'esplanade qui la précède, un superbe mur végétalisé (le premier en Espagne, réalisé par des Français !). À l'intérieur, trois étages pour accueillir les expositions et une cafétéria plutôt agréable au dernier niveau, le tout desservi par un escalier rectangulaire moderne tout en arrondis et à l'axe légèrement décalé : effet visuel garanti. Librairie très fournie.

LE MADRID DE LOS AUSTRIAS

Plan détachable C4-5 ; Ⓜ Sol ou Ópera

MADRID

Difficile au cours d'un séjour madrilène de ne pas boire un verre sur une des terrasses de la ***plaza Mayor,*** un des cœurs historiques du Madrid communément appelé *Madrid de los Austrias (le Madrid autrichien,* en fait *Madrid des Habsbourg),* qui donne lieu à de riches balades émaillées de nombreuses découvertes architecturales.
Au sud de la place, le charmant et non moins dynamique quartier de ***La Latina.*** Ruelles étroites, qui montent et descendent au gré des petits vallons urbains, escaliers menant à des places cachées, maisons rouges et ocre, urbanisme de ville de province plus que de capitale : on pense parfois à certains quartiers de Rome. La Latina mérite bien son nom. Pourtant, c'est un secteur qui s'est développé du temps des Habsbourg aux XVIe et XVIIe s, quand Charles Quint et ses alliés régnaient sur le pays. La Latina est aujourd'hui l'un des cœurs battants de la nuit madrilène avec le quartier de Chueca et celui de las Letras. De populaire doucement branché, il est devenu carrément l'un des coins les plus en vue. On y trouve surtout des bars à tapas et des restos où l'on se presse le soir, des terrasses animées aux beaux jours, et le dimanche, jour du marché, même les étudiants sont de la partie. Un quartier très agréable où les promeneurs sont plus à l'aise que les automobilistes.

Où manger des tapas ?

Du côté de la plaza Mayor

Tôt ou tard

🍴 ***Mercado de San Miguel*** *(plan détachable C4,* ***130****)* **:** *pl. San Miguel.* ☎ *91-542-49-36.* • *administracion@mercadodesanmiguel.es* • Ⓜ *Sol. Tlj 10h-minuit (2h jeu-sam).* À deux pas de la plaza Mayor, cette magnifique halle en fer de 1916, et rénovée à grands frais, abrite un agréable gastro-mercado moderne, très pratique en cas de fringale. On y trouve fruits et légumes, fromages, charcuterie, viande, poisson, pâtisseries, vin, etc., sous toutes leurs formes, à déguster sur place, debout ou perché sur des chaises hautes au comptoir des commerçants. Et même un bar à huîtres ! Prix assez élevés. Aussi animé à midi qu'en soirée, et bien mieux que les restos à touristes de la plaza Mayor !

The Hat Roof Top *(plan détachable C4,* ***81****) : c/ Imperial, 9. ☎ 91-772-85-72. • info@thehatmadrid.com • Ⓜ Sol, Tirso de Molina ou Ópera. Au dernier étage (ascenseur). Tlj 18h-1h. Tablas 8-15 €.* Perché au sommet de cette AJ nouvelle vague, donc vraiment à deux pas de la plaza Mayor, un très agréable *rooftop* où se partager des *tablas* de charcuterie ou de fromage, assis sur de petits tabourets. Quelques tables abritées sous une grande véranda pour les jours plus frais ou plus-vieux. Vue extra ! Mais comme les *rooftops* sont rares à Madrid, l'endroit est couru, et le videur, en bas de l'ascenseur, ne s'en laisse pas compter... Prendre son mal en patience...

Museo del Jamón *(plan détachable C4,* ***131****) : sur la pl. Mayor, 7. ☎ 91-531-23-67. Ⓜ Ópera ou Sol. Petits menus 9-17 €.* Un peu plus cher que les autres établissements de la chaîne, surtout en terrasse ! Mais peut dépanner au comptoir.

La Torre del Oro *(plan détachable C4,* ***133****) : pl. Mayor, 26, c/ del Arco de Triunfo. ☎ 91-336-50-16. Ⓜ Ópera ou Sol. Tlj. Bocadillos 6-10 €, raciones et plats 14-26 € (plus cher encore en terrasse).* Pour les amateurs de déco tauromachique : photos de *matadores* célèbres, vidéos de corridas en continu, têtes empaillées d'énormes taureaux. Bar proposant de tapas (chères) et des produits de la mer très frais, mais à la qualité parfois discutable. Grande terrasse l'été, éminemment touristique et bourrée de monde les soirs d'après corrida. On paye clairement l'emplacement.

Bodega La Ricla *(plan détachable C4,* ***184****) : c/ Cuchilleros, 6. Ⓜ Ópera ou La Latina. Tlj sf dim soir et mar, 13h-16h, 19h30-minuit. Tapas env 3,50 €.* Toute petite bodega bien dans son jus, malgré la proximité de la plaza Mayor. Uniquement un comptoir contre lequel les habitués se pressent pour se réjouir d'une *tapa de bacalao* (l'une des spécialités) ou d'un *bocadillo de calamares.*

Du côté de La Latina

La Latina est, par excellence, le quartier des bars à tapas. Comme on dit à Madrid, c'est le quartier pour « *ir de tapeo* ». Il suffit d'arpenter la **calle Cava Baja,** où s'alignent en enfilade les bars à tapas de qualité, pour s'en convaincre ! Le week-end, à partir de 21h, l'animation bat son plein. Le dimanche après-midi et même le dimanche soir, il y a foule également. Normal, c'est le jour du marché !

Taberna Txakolina *(plan détachable C5,* ***134****) : c/ Cava Baja, 26. ☎ 91-366-48-77. Ⓜ La Latina. Tlj 18h-minuit. Pinchos 3-5 €.* On s'est régalé dans cette petite taverne basque moderne aux murs de brique couverts de planches récupérées de caisses de vin. Quelques maquettes de bateaux de pêche, fierté du *País Vasco,* et un insolent comptoir où trônent des montagnes d'alléchants *pinchos,* ces délicieux canapés garnis de jambon, fromage, morue, crevettes, noix de Saint-Jacques, etc., à engloutir debout. Pour la version chaude, c'est sur commande, et très rapide. Une excellente adresse abordable et fort appréciée.

Casa Lucas *(plan détachable C5,* ***127****) : c/ Cava Baja, 30. ☎ 91-365-08-04. • info@casalucas.es • Ⓜ La Latina. Fermé 24-25 déc et 31 déc-1er janv. Tlj sf mer midi 13h-15h30, 20h-minuit (ven-sam 13h-16h, 20h-1h). Pinchos 6-8 €, raciones 6-20 €.* Une cuisine de bistrot recherchée et goûteuse, servie en toute simplicité dans un paisible cadre de bois clair. Carte restreinte, mais parfaitement maîtrisée. Parmi les spécialités, essayer le foie gras mi-cuit aux fruits caramélisés ou les délicieux cannellonis noirs aux fruits de mer... Le tout mis en valeur par une présentation attrayante et une carte des vins très étudiée. On comprend pourquoi les quelques tables de ce minuscule bar à tapas sont si prisées... D'ailleurs, la cuisine a un furieux goût de revenez-y : on voudrait goûter à tout !

|●| ***Juanalaloca*** *(plan détachable C5,* ***138****) : pl. Puerta de Moros, 4. ☎ 91-366-55-00 ou 91-364-05-25. • restaurantejuanalaloca@hotmail.com • Ⓜ La Latina. Tlj sf lun midi jusqu'à 1h. Congés : 2e sem en août. Raciones 7-15 € ; petit menu le midi en sem 14,50 €.* Cadre moderne (carrelages métro, lumière tamisée) pour cet excellent bar à tapas. On recommande leur menu du midi, inventif et d'un rapport qualité-prix convaincant ; à dévorer sur les quelques tables de bistrot en marbre. Derrière le comptoir, bel étal de tapas bien frais et toujours aussi créatif. Vaste choix de bons vins espagnols servis au verre.

|●| ***Posada del Dragon – Bar Dragónate*** *(plan détachable C5,* ***136****) : c/ Cava Baja, 14. ☎ 91-119-14-24. • info@posadadeldragon.com • Ⓜ La Latina. Tlj midi et soir. Pinchos 3-4 €, raciones 8-15 €.* Au rez-de-chaussée d'un hôtel, voici un bar à tapas servant des petits délices créatifs et d'une qualité indéniable. Sur le beau comptoir de granit et de marbre s'étalent *empanadas* variées, tartines, croquettes et *ceviche*... Tout est frais, à base de produits du marché. Vins au verre et bières artisanales. Plus cher du côté des salles carrelées de blanc, ventilées et modernes, ainsi que sur la terrasse-patio intérieure : mieux vaut se contenter des tapas du bar.

|●| 🍷 ***La Cabra en el Tejado*** *(plan détachable C5,* ***137****) : c/ Santa Ana, 31. Angle c/ Toledo. ☎ 91-142-46-43. • lacabradeltejado@gmail.com • Ⓜ La Latina. Tlj à partir de 11h (ven-sam 18h-23h). Quiches, crêpes, croquettes et tostas env 4 €.* 📶 Entre le bar à tapas et le bar tout court, un bar de quartier resté dans son jus et investi par une équipe dynamique. Miniquiches, minicrêpes et croquettes font office de tapas, pour accompagner un joli choix de vins. Très fréquenté par les 25-35 ans, aussi bien entre copines autour d'un gâteau au chocolat dans l'après-midi que par des bandes assoiffées. De quoi faire vraiment monter la chèvre sur le toit (*i la cabra en el tejado !*)...

|●| ***Delic*** *(plan détachable C5,* ***135****) : c/ Costanilla de San Andrés, 14 (pl. de la Paja). ☎ 91-364-54-50. • bazardelic@gmail • Ⓜ La Latina. Tlj sf lun 11h-2 sam). Grignotage 5-10 €.* Un endroit agréable pour un en-cas sucré ou salé (un en-cas, on a dit : les gros appétits resteront sur leur faim). Difficile de ne pas trouver saveur à son goût : salades originales, *empanadas, houmos,* mais surtout des gâteaux, tartes et muffins alléchants. Un éclairage chaleureux, de vieilles pubs *Banania* et des photos en noir et blanc. Musique cool. Jusqu'à 22h30, vous avez une chance de trouver une table sans trop de problèmes, après... Tables en terrasse sur la plaza de la Paja, toutes aussi disputées !

Plutôt le soir

|●| ***Lamiak*** *(plan détachable C5,* ***140****) : c/ Cava Baja, 42. ☎ 91-365-52-12. • lamiak@lamiak.net • Ⓜ La Latina. Mar-sam 13h-16h, 20h-minuit ; dim 13h-16h. Pincho env 2 €, raciones 7-9 €.* Un cadre joyeux, entre des murs jaune paille. Une ambiance décontractée (expos de peinture, musique électro-jazzy). Au rez-de-chaussée, pas d'autre alternative que de rester debout, son verre à la main, tellement l'endroit est bondé en soirée (ainsi que le dimanche à l'heure du marché). Quelques tables en sous-sol. Chaleureux, vraiment bon et pas cher. Autre adresse à Lavapiés *(zoom détachable D5,* ***140*** *; c/ de la Rosa, 10 ; ☎ 91-539-74-50 ; tlj 13h-1h),* toute proche de la plaza de Antón Martín : même esprit décontracté de bar de potes, du bon son et des *pinchos* qui callent.

|●| ***Taberna Almendro 13*** *(plan détachable C5,* ***139****) : c/ del Almendro, 13. ☎ 91-365-42-52. Ⓜ La Latina. Tlj 13h-16h, 19h30h-minuit (w-e et j. fériés 13h-17h et 20h-1h). Env 15 €.* Un bar andalou immuable aux mignonnes petites fresques, animé et chaleureux en diable ! Ici, les patrons ne plaisantent pas sur le choix de leurs produits, charcuteries et vins de Xérès, qu'ils vont chercher chez de petits producteurs. Voici le rituel : 1) passez la commande ; 2) décrochez vos verres pour vous servir vous-même à boire (de la *manzanilla,* un xérès doux, par exemple) ; 3) récupérez vos plats

au comptoir quand la cloche tinte ; 4) régalez-vous en parlant beaucoup, haut et fort ! Seuls les plus chanceux pourront s'asseoir autour de l'une des tables, peu nombreuses. Une excellente adresse à prix justes.

Vers la gare de Príncipe Pío

🍽 ***Casa Mingo*** *(plan détachable A3,* ***232****)* **:** *paseo de la Florida, 34. ☎ 91-547-79-18. Les bus nos 46 (départ à l'angle d'Alcalá et Gran Vía) et 75 (départ Callao) s'arrêtent à 50 m, le bus nº 41 part d'Atocha. Ⓜ Príncipe Pío ; puis 300 m à pied. Tlj 11h-minuit. Plats et raciones 6-11 €.* À côté de l'ermitage décoré de fresques de Goya. C'est le dernier grand *chigre* (« bar à cidre » en *bable,* dialecte des Asturies) et le plus ancien de Madrid (1888), enserré entre les pierres massives d'un ancien dépôt ferroviaire sous la voie de chemin de fer. À l'intérieur, les milliers de bouteilles alignées au-dessus du comptoir et les grandes barriques composent un décor authentique figé depuis des lustres. L'été, c'est bourré et on sort les tables. Choix restreint ; on vous conseille la spécialité de tripes à la madrilène (avec chorizo, lard et boudin), le poulet rôti *(pollo asado),* le chorizo au cidre... Garder absolument une place pour l'un des plus fameux fromages d'Espagne : le *cabrales* (genre de roquefort servi en tranches généreuses), que l'on écrase en le mélangeant à un peu de cidre. L'usine de production de cidre est à côté, d'ailleurs une porte communique avec la *Casa Mingo.* Terrasse fort plaisante. Bon, on vous en a dit assez pour passer pour un vrai Asturien !

Où manger (assis) ?

Du côté de la plaza Mayor

Prix moyens (15-25 €)

🍽 ***El Chiringuito de El Señor Martín*** *(plan détachable C4,* ***154****)* **:** *c/ Mayor, 31. ☎ 91-795-71-70. • comunicacion@srmartin.es • Ⓜ Sol. Fermé au Nouvel An. Tlj. Raciones 8-16 €, sinon menu 27 €. Apéro maison offert sur présentation de ce guide.* À défaut de mer, Madrid a désormais, presque sur la plaza Mayor, un resto de plage *(chiringuito).* C'est-à-dire, avant tout, un resto où poissons et fruits de mer, ultra frais, se choisissent à l'étal sur un lit de glace, juste devant la cuisine ouverte (vitrée, quand même, histoire de limiter les odeurs...). Salle lumineuse et pleine d'humour, où les bouées acidulées se font lampadaires, et les assiettes écailles multicolores. On déguste tout ça sur de grandes tables en bois semi-brut, pendant que de gros poissons rouges et bleus s'ébattent sur les murs blancs. Qui est dans l'aquarium, finalement ? Accueil efficace et agréable. Seul bémol : pas toujours très copieux, en particulier les salades.

🍽 ***El Cucurucho del Mar*** *(plan détachable C4,* ***201****)* **:** *c/ Postigo de San Martín, 6. ☎ 91-522-08-95 ou 91-524-08-41. • restaurante@cucuruchodelmar.com • Ⓜ Callao. Tlj sf lun soir. Menus tlj midi et en sem le soir env 12 € (vin compris), ou le w-e le soir 13-14 €, carte 20-35 €.* Décor de coquillages et d'étoiles de mer incrustés sur fond crème réussi. Parce que dans ce resto galicien, le poisson et les fruits de mer règnent en maîtres, de la soupe en passant par la ventrèche jusqu'à l'arrivage de la pêche du jour. Frais, goûteux et cuissons parfaites, un trio gagnant. Excellente *mariscada* pour 2. Attention, le menu du jour, lui, est plus basique, et loin des fonds marins. Quelques tables en terrasse.

Plus chic (plus de 35 €)

🍽 ***Casa Botín*** *(plan détachable C4,* ***202****)* **:** *c/ de Cuchilleros, 17. ☎ 91-366-42-17. • gesbotin@botin.es • Ⓜ Tirso de Molina. Tlj 13h-16h, 20h-minuit. Résa le soir. Menus min 42 € le soir.* Maison datant de 1725, ce qui en fait l'un des plus vieux restaurants du monde, selon le *Guinness des records.* Pour la petite histoire, c'est un cuisinier français, M. Jean Botin, qui l'a ouvert. Demander à voir le four et la préparation de l'agneau de lait (la spécialité) et du cochon. Plusieurs salles à manger à la déco soignée. Bien sûr, c'est l'un des restos les plus touristiques de Madrid, et quand vient l'addition, c'est un peu le coup de bambou... Une astuce : se rabattre sur le ½ poulet rôti, accompagné de pommes de terre au four, le plat le moins cher de la carte !

Du côté de La Latina

Bon marché (max 15 €)

Viva Burger *(plan détachable C5, **135**) : c/ Costanilla de San Andrés, 16 (pl. de la Paja). ☎ 91-366-33-49. • reservas@vivaburger.es • Ⓜ La Latina. Tlj 11h-minuit (2h ven-sam). Menus midi 11,50 €, carte env 15 €.* Belle terrasse sur l'adorable et prisée plaza de la Paja, ou grande salle boisée et chaleureuse : déjà deux beaux atouts pour ce resto végétarien. Mais ce qui attire la foule (carrément !), ce sont les burgers végé bien frais proposés en formule au déjeuner (boisson et dessert compris).

De prix moyens à chic (15-35 €)

Naia *(plan détachable C5, **135**) : pl. de la Paja, 3. ☎ 91-366-27-83. • info@naiabistro.com • Ⓜ La Latina. Tlj sf lun 13h30-16h30, 20h30-23h. Menu midi en sem 12 €, raciones 8,50-18 €. Sur présentation de ce guide, réduc de 10 % sur l'addition en sem (mar-ven).* Encore une bonne adresse sur cette adorable plaça de la Paja, où la carte assez courte joue le jeu des produits traditionnels revus et corrigés de manière raffinée. À partager en guise de tapas sur la terrasse (prise d'assaut, comme toujours), ou en s'attablant pour un vrai repas dans les agréables salles très contemporaines et plutôt classes, qui se prêtent bien à un tête-à-tête intime.

Très chic (min 35 €)

El Landó *(plan détachable B5, **205**) : pl. Gabriel Miró, 8. ☎ 91-366-76-81 ou 91-365-82-53. • info@casalucio.es • Ⓜ La Latina. Fermé en août. Tlj sf dim 13h-16h30, 20h30-minuit. Carte 35-50 €.* Au sous-sol, dans un décor de superbes boiseries, une salle climatisée et une carte typiquement castillane. Voici le resto le plus fréquenté par la jet-set et le monde du spectacle. Il suffit de jeter un coup d'œil aux photos, à l'entrée : Tom Cruise, Will Smith, les Rolling Stones, Randy Cooper (dernier people en date) et aussi... Juan Carlos, en personne ! Cuisine traditionnelle de haute volée. Spécialité : *patatas con huevos* (pommes de terre aux œufs). Est-il nécessaire de préciser que la réservation est ultra-conseillée ?

Où prendre son petit déj ? Où savourer des douceurs ?

Sedelú *(plan détachable C4, **197**) : c/ Santiago, 20. ☎ 91-758-30-04. Ⓜ Ópera. Tlj 10h-14h, 16h-21h (10h-22h le w-e).* Dans cette agréable ruelle piétonne, ce mignon salon de thé blanc et bleu relevé d'une légère pointe baroque aligne pâtisseries maison (et glaces artisanales en été), grande variété de thés (chaud ou glacé), et même quelques quiches salées et salades. Bien pour le petit déj comme pour une pause à l'heure du goûter. Service fort gentil, parfois en français. Quelques tables au grand air.

Chocolate con churros : les amateurs (nombreux ! et nous en sommes...) de cette onctueuse préparation dans laquelle on trempe sans vergogne de croustillants et fondants *churros*, apprendront qu'à Madrid le *chocolate con churros* est généralement servi jusque vers 11h-12h, puis en fin d'après-midi, vers 17h-18h. Direction, sans hésitation (adieu, régime !) à la **Chocolatería San Ginés** *(plan détachable C4, **272** ; pasadizo de San Ginés, 5 ; voir plus loin « Faims de nuit »)* ou à la **Chocolatería Valor** *(plan* *détachable C4, **273** ; c/ del Postigo San Martín, 7 ; ☎ 91-522-92-88, • serrabar@serrabar.es • ; lun-ven 8h-22h30, le w-e 9h-1h ; sur présentation de ce guide, 1 ration de churros offerte pour la commande de 4 chocolats chauds).* Dispose d'une terrasse agréable et d'une salle proprette.

Mistura *(plan détachable C4, **281**) : c/ Ciudad Rodrigo, 6. • shop@misturaicecream.com • Ⓜ Sol ou Ópera. Tlj 10h-minuit (1h ven-sam). Formules petit déj 3,50-5,50 € (jusqu'à 13h), glace min 2,50 €.* À l'entrée de la plaza Mayor, les onctueuses et savoureuses glaces artisanales *Mistura* (voir plus loin « Quartier de Chueca. Où prendre son petit déj ? Où savourer des douceurs ? »). Également un bon de choix de mueslis, salades de fruit, etc., pour des petits déj qui calent. Salle en sous-sol étonnante, petite terrasse face au *mercado* San Miguel, ou à emporter. Foncez !

Où boire un verre à l'heure du thé ?

Café de Oriente *(plan détachable C4, **271**) : pl. de Oriente, 2. ☎ 91-541-39-74 (cafétéria) ou 91-547-15-64 (resto). Ⓜ Ópera. En face du Palais royal. Tlj 9h-minuit (plus tard le w-e). Menu du jour (cafét') env 15 €.* Un café-brasserie situé à la place d'un ancien couvent. Banquettes de velours, tissus d'un classicisme très victorien tendus sur les murs. Y aller surtout pour « farnienter » sur l'agréable terrasse, l'été, face aux jardins du Palais royal. Cuisine assez sophistiquée. Atmosphère d'une simplicité élégante (le style madrilène) mais pas trop chichiteuse compte tenu de l'endroit.

El Ventorrillo *(plan détachable B5, **270**) : c/ de Bailén, 14. ☎ 91-366-35-78. Ⓜ Ópera. Lunch le midi 12 € (boisson comprise).* Voici sans doute l'une des plus belles terrasses de Madrid, avec une vue imprenable sur la cathédrale Santa María la Real de la Almudena et les arbres des parcs alentour, puisqu'ici on les surplombe tous. Alors évidemment, les boissons (jus de fruits, bières, vins au verre) sont chères mais *¡ dios !* que l'on s'y sent bien !

Où boire un verre ?
Où écouter de la musique live ?

Du côté de la plaza Mayor

Plutôt dans la journée

Plusieurs bars-restos avec ***terrasses*** autour de la plaza Mayor *(plan détachable C4)*, excessivement chers bien sûr, et qui racolent le client à qui mieux mieux !

Plutôt le soir

La Coquette Blues Bar *(plan détachable C4, **306**) : c/ del Arenal, 22 (entrée par la c/ de las Hileras). ☎ 91-530-80-95. Ⓜ Ópera ou Sol. Congés : août. Tlj sf lun 20h-3h (21h en hiver). Musique live mar-jeu et dim. Entrée libre mais conso plus chère les soirs de concert.* On aime bien ce *blues bar* installé dans une minuscule cave voûtée en brique rouge. Sympathique sélection de *musica en vivo*. Venir tôt, car très vite plein à craquer.

Du côté de La Latina

Plutôt dans la journée

On a un petit faible pour la terrasse de la ***Cervecería San Andrés*** *(plan détachable C5, **310**)* sur la belle place San Andrés (pardi !) avec ses quelques tables à l'ombre du clocher de l'église San Andrés (re-pardi !) et, surtout, à l'écart de la circulation automobile.

Café del Nuncio *(plan détachable C5, **311**) : c/ de Segovia, 9. Ouv jusqu'à 2h (3h ven-sam).* À l'angle de la travesía del Nuncio, ce vieux café bien nommé est agréable pour faire une halte. Cadre de velours rouge feutré et tables aux nappes de dentelle posées sur les escaliers en été. Bonne sélection de cafés. Petite restauration.

Plutôt le soir

🍷 Aux beaux jours, on apprécie vraiment de discuter et de faire des rencontres aux ***terrasses*** des bistrots donnant sur la ***plaza Puerta de Moros,*** la ***plaza de la Paja*** et la ***plaza San Andrés*** *(plan détachable C5),* vraiment très animées en soirée (mais sous la pression des riverains – qui veulent, paraît-il, dormir la nuit – tout ferme à 1h du mat !).

🍷 Juste à côté, dans la ***calle de la Morería*** *(Ⓜ La Latina),* quelques ***bars*** *(plan détachable C5,* ***313****)* bougent pas mal le soir. L'entrée est libre, alors pourquoi ne pas y aller au feeling ? N'hésitez pas à pousser la porte et à faire quelques pas de plus, si vous ne vibrez pas au même tempo.

🍷 ♩ ***Contraclub*** *(plan détachable B5,* ***314****) : c/ de Bailén, 16. ☎ 91-365-55-45. • info@contraclub.com • contraclub.es • Ⓜ La Latina. Juste après le pont de Segovia. Mer-sam 22h30-5h30. Entrée : env 10 €.* Une petite salle de concerts au décor rougeoyant pour une programmation assez éclectique : flamenco, jazz, rock... 3 à 4 concerts par semaine. Puis, quand les musicos ont rangé leur matos, un DJ passe aux commandes. La clientèle rajeunit alors un peu.

🍷 ♩ ***María Pandora*** *(plan détachable B5,* ***315****) : pl. Gabriel Miró, 1. ☎ 91-364-00-39. • info@mariapandora.com • mariapandora.com • Ⓜ La Latina. Tlj sf lun 19h-2h30 (dim 16h-2h30).* Vue imprenable sur le parc de la Casa de Campo depuis ce café littéraire tranquille : canapés et fauteuils, lumières tamisées et musique jazzy. Si le coin librairie cache des trésors de la littérature latino-américaine, la carte des boissons, elle, fait la part belle aux champagnes et *cavas* (vins catalans pétillants...). Parfois des concerts, one-man-shows, soirées poésie et présentations de livres qui garantissent une soirée intello cool. Une adresse assez intemporelle, version décontractée, qui colle bien à l'esprit du quartier.

🍷 ♩ ***Café del Kosaco*** *(plan détachable C5,* ***316****) : c/ Alfonso VI, 4. ☎ 91-365-27-18. Ⓜ La Latina. Mer-dim 21h (16h dim)-3h30. Entrée libre ; majoration sur la 1re conso lors des spectacles, mer et jeu à 22h.* Dans une rue discrète à côté, ne pas confondre avec le grand café sur la place. Un bar tout rouge, chaleureux et très cosy, monté par trois anciens acteurs de théâtre. Petite scène sur laquelle se révèlent de jeunes artistes et de futurs talents dans la plus pure tradition du café-théâtre. Programmation de qualité où tous les styles sont les bienvenus : poésie, humour, politique...

🍷 ♩ ***Rincón del Arte Nuevo*** *(plan détachable C5,* ***317****) : c/ de Segovia, 17. ☎ 91-365-50-45. Ⓜ La Latina. Tlj 22h30-4h30. Entrée libre, mais conso min 8 €.* Petite cave intime et un peu élimée, tapissée des photos des chanteurs et chansonniers qui se produisent ici depuis plus de 25 ans. Bonne programmation musicale, très variée.

Flamenco

♩ ***Corral de la Morería*** *(plan détachable B5,* ***401****) : c/ de la Morería, 17. ☎ 91-365-84-46 ou 11-37. • info@corraldelamoreria.com • corraldelamoreria.com • Ⓜ Ópera ou La Latina. Rue qui donne c/ de Bailén, au niveau du viaducto. Résa conseillée. Tlj jusqu'à 2h ; dîner à 20h et 22h40 ; spectacles à 21h et 22h55. Selon saison, spectacles 39-43 € (conso incluse) ; dîners-spectacles à partir de 80 €.* L'un des meilleurs spectacles de flamenco de Madrid. En basse saison, assez facile de se contenter d'une boisson. De mai à septembre, beaucoup moins évident à cause du monde : on ne peut alors échapper au dîner-spectacle. Ce haut lieu madrilène a reçu des clients prestigieux au fil des ans : Marlon Brando, Marlène Dietrich, Lauren Bacall, Burt Lancaster, Richard Gere, Mohammed Ali... Troupe de flamenco d'excellente qualité dans un décor néo-hispanique. Veiller à la tenue vestimentaire.

Faims de nuit

Chocolatería San Ginés *(plan détachable C4,* ***272****) : pasadizo de San Ginés, 5. ☎ 91-365-65-46. • info@chocolateriasangines.com • Ⓜ Sol. Dans le vieux Madrid, dans le passage qui contourne l'église San Ginés et donne sur c/ Arenal. Tlj 24h/24. Chocolat 2,60 €.* Les murs de cette chocolaterie historique, fondée en 1894, résonnent des derniers décibels de la boîte voisine, le *Joy Eslava,* à l'heure où les grands fauves vont boire à la rivière ; les oiseaux de nuit, eux, se désaltèrent avec un chocolat épais, accompagné de *churros* et de *porras.* Faites de beaux rêves... Tables et comptoir de marbre, et, aux murs, les clients célèbres... Richard Gere, Yves Montand, Javier Bardem, Penélope Cruz, Almodóvar... On paye au comptoir, on va se poser, et on donne son coupon au serveur. Madrilènes et touristes joyeusement mêlés plongent sans complexe leurs *churros* dans le liquide onctueux et délicieux, jusque sur les terrasses dans la ruelle piétonne.

Où danser ?

♫ **Joy Eslava** *(plan détachable C4,* ***288****) : c/ del Arenal, 11. ☎ 91-366-37-33. • comercial@joy-eslava.com • joy-eslava.com • Ⓜ Sol. Tlj 23h30-6h. Entrée : 12-18 € selon j. de la sem.* Le mardi à 21h30, *comedy club ;* le jeudi, nuit étudiante ; le vendredi, soirée *beautiful people...* Cet ancien théâtre reconverti en boîte est un lieu incontournable de la nuit madrilène. Lasers, écrans plats, danseuses... C'est un endroit sélect, mais pas trop, où vient transpirer la jeunesse dorée de Madrid, un brin *fashionista,* mais décontractée. On y croise régulièrement des VIP du monde des sports, du spectacle, des médias... Concerts de *musica en vivo* en début de soirée.

♫ **Charada Club de Baile** *(plan détachable C4,* ***289****) : c/ de la Bola, 13. ☎ 91-541-92-91. • info@charada.es • Ⓜ Santo Domingo. Jeu-sam 1h-6h. Entrée : env 15 €.* Avec son design rouge et noir, c'est très tendance chez les trentenaires. Clientèle élégante et branchée, où se glissent souvent des personnalités du show-biz espagnol. Et tout ce beau monde ondule son corps sur des rythmes fous !

Achats

Quartier commercial par excellence. Dans la calle Mayor s'alignent des ***boutiques de jeans.***

Madrueño *(plan détachable C4,* ***423****) : c/ Postigo de San Martín, 3. ☎ 91-521-19-55 ou 91-531-63-18. • comercial@marianomadrueno.es • Lun-sam 10h (11h sam)-14h, 17h30-20h30.* Spécialisé dans les vins espagnols depuis 1895, ici, on en connaît un rayon. Gamme pour toutes les bourses (à partir de 2 €) et conseils judicieux. Vaste choix de liqueurs également.

El Flamenco Vive *(plan détachable C4,* ***424****) : Conde de Lemos, 7. ☎ 91-547-39-17. • elflamencovive@elflamencovive.es • Ⓜ Ópera. Lun-sam 10h30-14h, 17h-21h.* Les voix inoubliables d'Antonio Maierena ou de Camarón, la guitare de Paco de Lucía, le flamenco-blues de Ketama, le flamenco-variétés de Pata Negra... une petite boutique très spécialisée pour tout connaître du flamenco : livres, CD, tenues et chaussures.

El Arco Artesanía *(plan détachable C4,* ***425****) : pl. Mayor, 9. ☎ 91-365-26-80. Ⓜ Sol. Tlj 11h-22h (23h ven-sam).* Vous avez beau être sur la plaza Mayor, l'endroit reste intéressant : c'est le point de vente d'une cinquantaine d'artisans espagnols. Bijoux, verre, métal, céramique, il y en a pour tous les goûts et tout est fait main, ce qui justifie les prix élevés.

Casa Hernanz *(plan détachable C4-5,* ***426****) : c/ de Toledo, 18. ☎ 91-366-54-50. • alpargeteriaher* *nanz.com • En contrebas de la plaza Mayor. Lun-ven 9h-13h30, 16h30-20h ; sam 10h-14h.* Touristes et Madrilènes traversent la ville pour venir y choisir leurs espadrilles faites main depuis 1845. Certains jours à l'ouverture, il y a même la queue ! Également de la vannerie artisanale et un bon choix de sacs en jute.

Discos la Metralleta *(plan détachable C4,* ***423****) : pl. de San Martín, en sous-sol. ☎ 91-531-82-64. • felipe@lametralleta.es • Accessible par un escalier qui descend à côté de l'*Hotel Palacio San Martín. *Lun-sam 10h-14h30, 16h30-21h.* Les collectionneurs de disques passeront des heures dans ces 3 grandes salles débordant de vinyles et de CD, en quête de la perle rare. Belle section de musique latino, beaucoup de rock toutes tendances et de la variété en pagaille.

Maty *(plan détachable C4,* ***405****) : c/ de las Hileras, 7. ☎ 91-541-20-16. Ⓜ Ópera ou Sol. Lun-ven 10h-14h, 17h-20h ; sam 10h-14h.* Un très ancien magasin (1943) qui regorge de robes et costumes pour danseurs de flamenco. En soi, un vrai spectacle. Une antenne à deux pas de là *(c/ Maestro Victoria, 2, ☎ 91-531-32-91),* pas mal non plus *(et ouv sam ap-m 17h-20h).*

Ferpal *(plan détachable C4,* ***432****) : Arenal, 7. ☎ 91-532-38-99. Lun-sam 9h45-20h30.* Épicerie fine, jambons, chorizo, saucissons suspendus au-dessus des étals... On pourrait craindre le pure piège à touristes vu l'emplacement, mais il n'en est rien : les produits sont de qualité, et les Madrilènes aussi viennent s'y ravitailler.

Foire aux timbres *(plan détachable C4) : dim mat sous les arcades de la plaza Mayor.* Également grand choix de billets de banque et cartes postales anciennes (mais question prix, pas de cadeau !).

MADRID

À voir

Plaza Mayor *(plan détachable C4) :* une superbe place (122 m sur 94), construite entre 1617 et 1619, sur ordre du roi Philippe III (au centre, sa statue), symbole de l'architecture du Madrid de los Austrias. Cette place a servi de scène pour les autodafés, de théâtre pour les pièces religieuses de Lope de Vega ou d'arène pour des corridas. Elle était aussi la place des exécutions criminelles, ou des manifestations populaires et carnavals (encore de nos jours). Autant de souvenirs tragiques ou joyeux relatés sur les dossiers des quatre bancs circulaires situés à chaque coin de la place. Mais s'il y a du monde, vous aurez bien du mal à admirer les gravures !

Architecture assez dépouillée, révélant l'influence de Herrera. De grandes arcades voûtées communiquent avec les principales rues voisines. Les habitations situées entre les tours sont antérieures à la construction de la place. Cela dit, la place est en pleine rénovation, et certaines façades sont bâchées.

On peut y voir la ***casa de la Panadería*** (boulangerie) avec ses fresques mythologiques peintes en 1992 pour remplacer les anciennes fresques très détériorées et, de l'autre côté, la ***casa de la Carnecería*** (boucherie). Elles portent toujours leur nom respectif. Belles maisons à portique. L'été, on prend le café au soleil, entre amis, au milieu des bateleurs de rue en tout genre, musiciens, mimes, etc. ; faut dire que c'est un point d'affluence incontournable pour les visiteurs de passage, d'autant qu'elle accueille l'office de tourisme principal. Tous les dimanches matin, marché aux timbres et à la monnaie sous les arcades. Une dernière chose : au n° 30, l'une des plus anciennes boutiques de sombreros de la ville. De la casquette d'hidalgo un peu ringarde aux chapeaux à larges bords...

Tout autour, petits cafés et restos en pagaille dans un réseau de rues piétonnes et marchandes reliant la puerta del Sol à la plaza Callao au niveau de la Gran Vía. Les rues du quartier portent les noms des petits métiers artisanaux qu'on y trouvait du temps de Philippe III : *cuchilleros* (couteliers), *bordodores* (brodeurs), *botoneros* (fabricants de boutons), etc.

➢ De la plaza Mayor, passer sous l'arche voisine de l'office de tourisme et remonter la petite rue Felipe III jusqu'à l'***iglesia San Ginés*** *(plan détachable C4 ; n'ouvre qu'à 18h).* Cervantes et Lope de Vega (écrivain et poète, auteur de plus de 1 800 comédies) y furent baptisés, entre autres. L'église, d'origine mozarabe, est l'une des plus anciennes de la ville puisqu'elle fut mentionnée au XIIe s. Elle fut plusieurs fois réformée et arbore un petit air de forteresse. À l'intérieur, deux œuvres intéressantes : *Les Marchands chassés du Temple* du Greco et un très beau christ en ivoire (XVIIe s). Poursuivre tout droit par la c/ San Martín jusqu'à la plaza de las Descalzas Reales, pour visiter son fameux couvent.

✱✱✱ ***Convento de las Descalzas Reales*** (plan détachable C4) **:** *pl. de las Descalzas Reales, 3. ☎ 902-04-44-54. • patrimonionacional.es • Ⓜ Sol. Mar-sam 10h-14h, 16h-18h30 ; dim et j. fériés 10h-15h. Fermé 24, 25 et 31 déc. Dernières entrées 1h avt. Visites en petits groupes, obligatoirement guidées (et parfois au pas de course), en espagnol, anglais ou italien selon les heures : il faut* ***impérativement venir tôt*** *(dès 9h) pour prendre son ticket de résa. Entrée : 6 € (8 € avec le Real monasterio de la Encarnación, valable 48h). Également inclus dans le Bono 2 de Patrimonio Nacional (ts les monuments de la communauté de Madrid gérés par Patrimonio Nacional). Gratuit mer ap-m et jeu à partir de 16h pour les ressortissants de l'UE.*
Qui devinerait l'existence, derrière cette noble mais sobre façade de monastère, d'un important trésor artistique Renaissance ? À l'origine, un palais construit au XVIe s par Luis de Vega (déjà architecte de l'extension de l'Alcázar de Séville), et occupé par Carlos V (c'est-à-dire Charles Quint, rien que ça !) et Isabel de Portugal, son épouse. C'est d'ailleurs ici que naquirent leurs enfants, le futur Philippe II et Doña Juana. Cette dernière se retrouve très jeune veuve de son cousin le prince Juan du Portugal, et décide de prendre le voile : son gentil frère Philippe II transforme tout bonnement le palais familial en couvent franciscain, qui n'accueillit guère que des femmes issues de la noblesse ! Ce qui explique la magnificence Renaissance de ce couvent très spécial.
Charmant cloître planté d'orangers, dont la galerie conduit à un escalier en marbre typiquement Renaissance, aux murs et plafond couverts de fresques baroques, balustrades en trompe l'œil, etc. L'une de ces fresques s'anime de pas moins de huit archanges (au lieu des quatre reconnus par l'Église : privilège royal !), et vous remarquerez à droite de la deuxième volée d'escaliers un portrait de la famille royale au complet.
La galerie du 1er étage aligne les chapelles, toutes plus richement décorées les unes que les autres : Christ sanguinolent et martyrs sont à l'honneur. La chapelle de l'Annonciation avait à l'origine été décorée par Fra Angelico : pour remplacer son œuvre déplacée au musée du Prado, un artiste anonyme a produit une copie « à la manière de », afin de conserver à la chapelle son esprit. Belle collection d'objets liturgiques également, au fil de la visite : croix en cristal de Bohême, reliquaires, ostensoirs, tableaux en relief (en nacre, en corail, entre autres), etc.
Galeries de portraits de la famille royale à tous les âges, superbe salle aux sculptures, dont une étonnante Marie Madeleine en pénitente, très réaliste, vêtue d'une peau de chameau (véritable !). Et dans la grande salle du Roi, nombreux portraits de la famille (royale, toujours), dont certains peints par Rubens (sœur Dorothée, Catherine de Médicis...). Puis des enfilades de salles présentant les collections de tableaux : Zurbarán, Bruegel l'Ancien, Titien (bien représenté dans la salle « italienne »), etc. Également une superbe église (mais que l'on ne visite pas pendant les messes, en particulier le dimanche).

➢ En redescendant vers la plaza Mayor, on croise la c/ de Arenal, une longue rue piétonne et commerçante qui part de la puerta del Sol. Prendre à droite, sans oublier de lever le nez pour admirer les balcons et corniches sculptés. La rue s'achève par la plaza de Isabel II, où trône l'austère ***Teatro real*** *(Ⓜ Ópera ; plan détachable C4 ; voir plus loin).* Initiée au début du XIXe s par le roi Fernando VII, sa construction est poursuivie par Isabel II qui sera toutefois amenée à faire détruire une partie du travail accompli, puisqu'il n'était plus au goût du jour. Cet édifice néoclassique sera finalement inauguré en 1850 et accueillera pièces, opéras, concerts et ballets avant d'être remodelé et converti définitivement en opéra, sa fonction exclusive depuis 1997. Longer le *Teatro real* par la droite en remontant la c/ Arrieta, jusqu'au couvent de la Encarnación.

Real monasterio de la Encarnación *(plan détachable C4)* **:** *pl. de la Encarnación, 1 ; en bas de la c/ Bola. ☎ 91-454-88-00. • patrimonionacional.es • Ⓜ Ópera. À deux pas de la plaza Isabel II et de la plaza de Oriente. Mar-sam 10h-14h, 16h-18h30 ; dim et fêtes 10h-15h. Dernières entrées 1h avt. Visites guidées ttes les 30 mn, en espagnol ; durée : 1h. Entrée : 6 € (8 € avec le Convento de las Descalzas reales ; valable 48h). Également inclus dans le Bono 2 de Patrimonio Nacional (ts les monuments de la communauté de Madrid gérés par Patrimonio Nacional) ; gratuit mer ap-m et jeu ap-m pour les ressortissants de l'UE.*
Façade de style classique et beau retable dans l'église. Mais c'est surtout le *musée* qui mérite une visite : peintures de l'école madrilène ; ***Ribera, Carreño*** et ***Bartolomé Román*** sont notamment représentés. Dès l'entrée, on admire le *Saint Augustin et sainte Monique* de ***Luca Giordano,*** ainsi que le précieux *Rencontres franco-espagnoles sur la Bidassoa* (ou l'échange des Princesses) d'un anonyme flamand et deux peintres ténébristes. Grande salle de peinture d'où émergent une belle *Assomption* de ***Carreno,*** une *Sainte Famille* de ***Van Cleeve*** et une douce *Vierge à l'Enfant* napolitaine.
– *Au 1er étage :* un impressionnant christ gisant assez sanguinolent, un beau *Christ en Croix* en ivoire sculpté hispano-philippin et un *Portement* de Luca Giordano. Dans la grande salle suivante, nombreux portraits en pied de nobles et de princesses (dont le fondateur du monastère).
– Retour au *rez-de-chaussée* pour une description un peu fastidieuse par le guide de toutes les fresques du cloître. Cependant, dans la première chapelle, intéressante *Apothéose de l'Agneau,* œuvre de ***Juan Van der Hamen*** (couleurs vives, visages expressifs). Puis suivent les épisodes de la vie de la Vierge (l'Annonciation, la Naissance, la Circoncision, la Présentation au Temple, etc.). Pour finir, les épisodes de la *Passion du Christ* et le martyre de saint Sébastien.
Salle du chapitre avec stalles en bois, grande fresque de la Cène et série de peintures de saints convertis en anges (Raphaël, Gabriel...). Mais le clou de la visite, c'est la ***salle des reliquaires,*** unique en Espagne, si ce n'est en Europe. Ils sont de toutes les formes possibles, faits de matériaux divers et précieux et abritent plus de 1 500 reliques, dont un morceau de la Sainte Croix et une fiole contenant le sang de saint... Pantaleon (qui se fige, dit-on, tous les 26 juillet !). Plafond peint et intéressant *La Vierge et Joseph,* tableau de ***Bernadino Luini*** (de l'école de Léonard de Vinci). Suivent sacristie et salle dédiée à la patronne des marins.
Imposante architecture néoclassique de l'église, mais sans trop de charme. Croisée de transept sous coupole et immense retable à colonnes de marbre. On notera la lourde table de communion à balustre en cuivre jaune.

➢ Au coin du *monasterio de la Encarnación* débute la ***plaza de Oriente*** *(plan détachable C4),* l'une des plus majestueuses de la ville. Semi-circulaire et agrémentée d'un jardin à la française, elle donne, comme vous l'aurez remarqué, sur la face est du Palais royal. Joseph Bonaparte, en supervisant la construction de cette place, fit détruire les maisons médiévales qui avaient le tort de gâcher la perspective. Au centre, la célèbre ***statue équestre de Philippe IV,*** gracieuse et imposante à la fois, réalisée au XVIIe s par Pietro Tacca, considéré comme le meilleur représentant du baroque toscan. Le poids repose entièrement sur les pattes arrière et la queue du cheval : une vraie prouesse technique pour l'époque. L'astuce, c'est que l'avant de la statue est creux alors que l'arrière est massif. Ainsi, l'équilibre et l'assise de l'ouvrage sont garantis. Mais l'aspect artistique n'est pas en reste : la posture du cheval cabré et le mouvement du roi, accentué par le drapé de son étole, donnent à l'ensemble une dynamique indéniable. Tout autour de Felipe sont alignés une vingtaine de rois wisigoths surnommés les ***Reyes godos,*** qui régnèrent du IVe au VIIe s apr. J.-C. Prévus à l'origine pour décorer la façade du *Palacio real,* ils furent en fait dispersés dans les jardins publics de la ville, car leur poids aurait rudement mis à l'épreuve la solidité des corniches... et mis en danger les passants ! Quelqu'un aurait pu y penser avant, non ?

Teatro Real *(plan détachable, C4)* **:** *pl. de Oriente. ☎ 91-516-06-96. • teatro-real.es • Ⓜ Ópera. Visites guidées tlj 10h-13h (une seule en anglais à 12h30 ; rarement en français), durée 50 mn-1h ; entrée : 8 € ; réduc. Également des visites thématiques, slt en espagnol : artistique (tlj à 9h30, env 1h15, 12 €) ; technique (tlj à 10h, env 1h15, 16 €) ; nocturne (à quelques dates slt, slt sur résa, voir sur le site).* La visite classique est déjà une bonne introduction à l'histoire du bâtiment (enfin ouvert aux visiteurs), depuis son inauguration en 1850 jusqu'à sa rénovation à la fin du XXe s : les luxueux salons, le foyer, la salle et ses balcons. Très intéressante aussi, la visite « artistique » permet d'approcher les salles de répétition (chœur ou orchestre), les ateliers de couture ou de coiffure, les loges des comédiens ou la régie. Quant à la visite technique, centrée sur la scène et ses coulisses, c'est toute la vie cachée de ce type de prestigieuses salles de spectacles qu'elle dévoile.

Palacio real *(Palais royal ; plan détachable B4)* **:** *c/ de Bailén. ☎ 91-454-88-00. • patrimonionacional.es • Ⓜ Ópera. ♿ Avr-sept : tlj 10h-20h ; oct-mars : tlj 10h-18h ; dernier accès 1h avt ; fermé les jours de réceptions officielles et la plupart des j. fériés. Entrée : 11 € ; ajouter 3 € pour l'audioguide (en français, on conseille de le prendre) ; expo temporaire : 5 € ; également inclus dans le Bono 2 de Patrimonio Nacional (ts les monuments de la communauté de Madrid gérés par Patrimonio Nacional) ; réduc moins de 16 ans, étudiants moins de 25 ans, et plus de 65 ans ressortissants de l'UE ; gratuit moins de 5 ans ; visite libre gratuite pour les ressortissants de l'UE lun-jeu à partir de 18h avr-sept, de 16h oct-mars. Impressionnante relève solennelle de la garde le 1er mer du mois à 12h dans la grande cour (sf en été !). Une autre relève, plus modeste et routinière, se déroule chaque mer 11h-14h devant la puerta del Príncipe, côté plaza de Oriente.*
Grande vue sur le parc de la Casa de Campo et les faubourgs de Madrid. Sur la place conçue par Joseph Bonaparte, statue équestre de Philippe IV.

Histoire

Le Palais royal est construit à partir de 1738, sur le site de la forteresse ou *alcázar* fondé au milieu du IXe s sous l'émirat de Muhammad ben Abd al-Rahman, qui constitue le noyau dur du développement urbain de Madrid. L'*alcázar* est ensuite récupéré par les rois de Castille au tout début de la Reconquista (1085). Sous le règne de Charles Quint (Carlos V), la forteresse est transformée progressivement en palais de la Renaissance. C'est avec le transfert de la capitale de Tolède à Madrid en 1561, sous Philippe II, que le Palacio real retrouve son rôle politique. À Noël 1734, le vieil *alcázar* est détruit par un incendie. Le roi Felipe V, premier roi de la maison des Bourbons d'Espagne, ordonne alors la construction d'un nouveau palais : c'est celui que l'on voit aujourd'hui. Une trentaine d'années furent nécessaires pour l'édifier dans ce style néoclassique, au charme assez austère.

Visite

On traverse d'abord la ***place d'Armes,*** grande esplanade utilisée pour les parades militaires. C'est là que l'actuel roi d'Espagne passe en revue les troupes chaque année. Puis, le palais présente une intéressante déco intérieure, à commencer par le vestibule et le Grand Escalier qui mène aux appartements royaux. Plusieurs salles se distinguent par leur riche décor, autour du patio del Principe. Ornée de belles tapisseries, la ***salle des Colonnes*** est utilisée comme salle de fêtes, banquets et réceptions. Elle servit de cadre à la signature le

12 juin 1985 du traité d'adhésion de l'Espagne à la Communauté européenne, et plus récemment à l'abdication du roi Juan-Carlos. Également un rien chargé, le ***salon Gasparini,*** l'un des ensembles rococo les plus étonnants d'Espagne : c'était la chambre à coucher du roi Charles III. Ne pas rater le délicieux ***cabinet des Porcelaines,*** exemple frappant du goût pour les chinoiseries au XVIIIe s. La monumentale ***salle à manger,*** parsemée de dorures, affiche au plafond une fresque représentant Christophe Colomb offrant le Nouveau Monde au roi. Passage maintenant dans la ***chapelle royale*** (pas toujours ouverte), d'aspect très théâtral avec ses ors, ses marbres, son plafond doré à caissons, etc. Voir ensuite la ***salle de musique*** abritant une collection d'instruments à corde réalisés à la fin du XVIIe s par Stradivarius, le meilleur luthier de tous les temps. Enfin, succession de petites salles : la salle de billard à la déco boisée, l'étonnant fumoir à la déco orientalisante très prononcée, et l'élégant boudoir tout en stuc (œuvre de Sabatini) de Marie-Louise de Parme qui demeure l'une des salles les plus importantes du palais. Enfin, précédée de l'antichambre officielle, la ***salle du trône,*** toute en velours cramoisi et dorure, s'affirme kitschissime ! Au plafond, superbe fresque de Giambattista Tiepolo, *La Grandeur de la monarchie espagnole.*

– ***La Real Farmacia*** *(pharmacie royale)* **:** *accès par la place d'Armes.* ***Actuellement fermée pour rénovation.*** Destinée depuis son origine à préparer les substances médicinales pour soigner la famille royale et la cour, on y admire de riches collections de pots à pharmacie, récipients en verre de toutes formes, mortiers, distillateurs, etc. ; le tout rangé dans des meubles anciens.

– ***La Real Armería*** *(Armurerie royale)* **:** *accès par la place d'Armes.* Ce musée présente de très belles armes et armures – datant du XIIIe au XIXe s – dont la plupart proviennent de la collection personnelle de l'empereur Charles Quint (Carlos V). Si on n'aime pas les armes en tant que telles, on peut toutefois y retrouver à travers elles le souffle de la grande histoire. Parmi les pièces les plus rares : les armures personnelles de guerre de Charles Quint et de Philippe II, la litière de voyage de Charles Quint, l'épée du conquistador Francisco Pizarro, les armes et les vêtements de l'amiral turc Ali Pacha (tué à la bataille de Lépante), et, enfin, la tente du roi François Ier (roi de France) prise par son ennemi Charles Quint (encore lui !) après la bataille de Pavie (24 février 1525). L'épée de François Ier (symbole de la défaite française de Pavie) ne fut rendue à la France qu'en 1808 lors de l'occupation napoléonienne de Madrid.

– À l'ouest du Palais royal, ***deux grands parcs agréables*** : le ***campo del Moro*** *(plan détachable B4 ; tlj 10-18h, jusqu'à 20h avr-sept ; GRATUIT)* et celui de la ***Casa de Campo,*** qu'on peut rejoindre par un téléphérique *(A/R 6 €)* du paseo del Pintor Rosales Ferraz.

Face à la place d'Armes se trouve la ***cathédrale Santa María la Real de la Almudena*** *(plan détachable B4)* : *c/ de Bailén, 10. ☎ 91-542-22-00. • catedraldelaalmudena.es • Tlj 9h-20h30 (10h-21h en juil-août), sf pdt les offices. Entrée : 1 €.* Commencée à la fin du XIXe s mais consacrée seulement en 1993, elle tire son nom de la muraille de l'*alcázar* : l'*Almudayna.* Si son architecture est d'un intérêt tout relatif, il faut néanmoins voir ses vitraux contemporains signés Kiko Argüello, vraiment étonnants ! Admirez également son plafond et ses portes en bronze au passage. Et puis elle est tout de même le siège officiel de l'archevêché de Madrid. En sortant, tournez deux fois à droite pour aller voir la ***crypte néoromane*** : *c/ Mayor, 92 ; ☎ 91-548-09-30 ; tlj 10h-14h, 17h-20h, donation 1 ou 2 €.* Située juste en dessous de la cathédrale, c'est un impressionnant ensemble composé de près de 500 colonnes, celles de la nef centrale étant taillées d'un seul bloc. Sous le sol de marbre blanc, de nombreux tombeaux, étonnamment fleuris pour certains ; ce qui donne un drôle d'aspect aux transepts, ponctués de pots de fleur. Mais la perle de la crypte est cette icône de la *Vierge à la fleur de lys,* sur la droite, de loin la plus ancienne de Madrid, puisqu'elle fut peinte

MADRID

en 1083, après la reconquête de la ville. Pour l'anecdote, elle disparut pendant plusieurs siècles puis réapparut « par miracle » en 1623, à l'occasion des travaux de l'église.

➢ Juste en face de la crypte, jeter un œil aux très modestes restes de la ***muraille arabe,*** découverts en 1950 sous des habitations. Ces remparts ceinturaient la ville au temps des Maures. Bon, il n'en reste vraiment pas grand-chose. Remonter vers le centre-ville en prenant la c/ Mayor. Sur la gauche au nº 86, le ***palacio de Abrantes,*** qui abrita les contingents italiens des Brigades internationales pendant la guerre civile espagnole. Aujourd'hui, cet édifice orné de jolies fresques est le siège de l'Institut culturel italien.

PASSE-MURAILLE

Les Madrilènes sont surnommés los gatos (les chats) à cause de l'habileté qu'ils déployèrent, lors de la reconquête de la ville, à escalader la haute muraille construite par les Maures. Comme des chats.

🎥🎥 ***Plaza de la Villa*** *(plan détachable C4)* **:** plus loin dans la calle Mayor, on tombe sur cette « place de la mairie » très harmonieuse, bien qu'affichant trois styles différents. Tout d'abord, l'hôtel de ville *(ayuntamiento),* appelé aussi ***Casa de la Villa,*** avec son architecture du XVIIe s caractéristique de la maison d'Autriche. Une partie servait autrefois de prison. Sur le côté est de la place, un vieux palais de brique dominé par la ***torre de los Lujanes,*** d'influence mudéjare (début du XVe s). Cette demeure, sans doute l'une des plus vieilles de la capitale, présente une belle porte gothique armoriée. Elle servit de prison à François Ier, roi de France, après sa défaite à Pavie contre Charles Quint (son grand ennemi), de février 1525 à janvier 1526. Côté sud, la ***Casa de Cisneros,*** bâtie au XVIe s mais en partie reconstruite au début du XXe s lorsqu'elle fut rachetée par la mairie (l'arche qui la relie à la Casa de la Villa date d'ailleurs de cette rénovation). Belle façade plateresque de... Bellido, qui date du début du XXe s ! Seules les façades donnant sur la c/ Sacramento et l'escalier sur le côté sont d'origine.

ON N'EST JAMAIS MIEUX TRAHI QUE PAR LES SIENS...

Pirouette de l'histoire, François Ier dut sa défaite à Pavie à son propre cousin, le connétable Charles de Bourbon. Et plus encore, avant de passer sous la férule de Charles Quint, Charles était un compagnon d'arme de François Ier : il l'a d'ailleurs secondé avec autant d'ardeur que de succès à la bataille de Marignan, en 1515. En fait, ils se brouillèrent pour une histoire d'héritage...

➢ Descendre la c/ del Cordón jusqu'à la place du même nom, dominée par... la ***casa del Cordón,*** pardi ! Elle tient son nom du cordon porté en guise de ceinture par les Franciscains, et qu'on peut observer en façade. En empruntant sur 20 m la c/ San Justo au coin de la place, on aperçoit la curieuse façade bombée de l'***iglesia San Miguel*** *(plan détachable C4),* de style baroque italien.
En face, descendre les marches du petit *pasaje del Obispo* et prendre la c/ Segovia sur la droite. Noter au passage l'amusante façade du *Centro de Salud,* composée d'un entrelacs de motifs floraux stylisés sur fond rouge. Plus bas, vous remarquerez plusieurs façades en trompe-l'œil. Nous changeons de quartier : ***voici La Latina, l'un des coins les plus attachants de la ville.***

➢ Grimper la costanilla San Andrés, qui débouche sur la ***plaza de la Paja*** *(place de la Paille ; plan détachable C5).* C'était l'un des centres névralgiques à l'époque médiévale : le grand marché s'y tenait. Elle doit son nom à une coutume chrétienne qui obligeait les habitants à fournir en paille les chapelains et aumôniers du coin afin qu'ils puissent nourrir leur âne.

Tout de suite à gauche, ne pas manquer l'adorable ***jardín del Príncipe Anglona*** *(tlj 10h-22h, en hiver 10h-18h30)* l'un des rares exemples de jardins nobles qui nous soient parvenus. Dessiné au XVIIIe s, réamenagé début XIXe s et devenu public, il mélange le style néoclassique à des éléments arabes (fontaine). On peut faire un détour en remontant la c/ del Príncipe Anglona jusqu'à l'***iglesia San Pedro el Viejo,*** avec sa tour mudéjare.
Mais revenons à notre place de la Paille : en haut se trouve la ***capilla del Obispo*** *(plan détachable C5 ; visites possibles en silence, 20 mn avt chaque office, lesquels ont lieu : lun-ven 18h30 et 19h30 – ainsi que 12h30 mar, jeu et ven –, sam 12h30 et 20h, dim 12h30 et 19h ; sinon prendre le ticket au Museo de la catedral de la Real Almudena, ☎ 91-559-28-74 ou sur • reservascapilladelobispo@archimadrid.es •),* bâtie au XVIe s afin d'abriter la dépouille de san Isidro. Elle mêle le style gothique avec une façade plateresque et des éléments Renaissance. Beau retable polychrome et intéressant tombeau sculpté.
Juste derrière, l'***iglesia San Andrés*** *(tlj sf dim ap-m, 8h-13h, 18h-20h),* du XVIIe s, vaut le coup d'œil pour sa coupole baroque surchargée d'angelots et de fruits.

Voisin, le petit ***Museo de San Isidro*** (ou ***Museo de los Orígenes*** ; *mar-dim 9h30-20h ; gratuit ; feuillet à l'entrée en anglais ou espagnol*) est avant tout un mini-musée de Madrid, mais on lui préfère le *Museo de Historia*, nettement plus riche. Installé dans un ancien couvent, quelques pièces intéressantes cependant, dont une grande salle qui permet de visualiser en 3D la faune (dont dinosaures et autres mastodontes) qui occupait le site de la ville avant l'installation des hommes (les enfants kiffent !). Vestiges archéologiques aussi, puis une salle consacrée à San Isidro le laboureur, patron de la ville (y compris l'utilisation de son nom pour vendre de l'ambroisie ou du *vino quina*), et l'évocation de différentes légendes fondatrices de la ville, avant de finir par la chapelle. Enfin, petit jardin de simples.
Depuis la très agréable *plaza San Andrés,* où aiment flâner les Madrilènes, on aperçoit l'***iglesia San Francisco el Grande*** *(plan détachable B5),* dont l'unique intérêt est une chapelle décorée par Goya (la première à gauche).
À l'opposé partent les ***cava Baja*** et ***cava Alta,*** rues des plus vieilles auberges de Madrid, où les routards de l'époque traînaient leurs guêtres. Ça n'a pas vraiment changé, puisque aujourd'hui on y trouve de nombreux bars à tapas et une ambiance des plus animée en soirée. De là, il suffit de remonter les rues commerçantes vers le nord, en se laissant attirer comme un aimant par la très magnétique plaza Mayor.

Ermita de San Antonio de la Florida *(plan détachable A3)* **:** *sur la glorieta du même nom, au bout du paseo de la Florida. ☎ 91-542-07-22. Ⓜ Príncipe Pío. Bus nos 46, 41 et 75 (départ sur Alcalá, à l'angle de la Gran Vía). Mar-dim 9h30-20h. Fermé 1er janv, 1er mai et 25 déc. GRATUIT.*
Cette chapelle, construite à la fin du XVIIIe s et décorée de fresques de Goya – représentant le miracle de San Antonio –, est bizarrement peu connue. C'est pourtant l'un des joyaux de Madrid. La dépouille de Goya, mort à Bordeaux en 1828, fut rapatriée 70 ans plus tard pour reposer dans cette chapelle... du moins son corps, puisque sa tête, pour des raisons demeurées mystérieuses, n'a jamais été retrouvée.
Les fresques, illustrant des épisodes de la vie de saint Antoine de Padoue, furent peintes en 1798. Ce qui fait leur prodigieux intérêt, c'est leur style résolument profane et leur fraîcheur. Tableau très précis de la société madrilène de l'époque avec ses aristos, grands bourgeois, demi-mondaines, mais aussi pauvres et gens du peuple qui ont plutôt l'air de demander des comptes à saint Antoine. Visages très expressifs où se lit souvent l'inquiétude. Arriver de bonne heure pour profiter seul du silence et de la quiétude de la chapelle... Vous remarquerez que, juste à côté de la chapelle originale, a été bâtie sa sœur jumelle, où se déroulent les offices religieux.

QUARTIER DE LAVAPIÉS ET LE RASTRO

Plan détachable et zoom détachable C-E5-6 ; Ⓜ Antón Martín

Demandez aux Madrilènes où se trouve le quartier des origines de Madrid, où l'histoire de la capitale a commencé. Ils vous diront : Lavapiés. Il faut savoir qu'à Madrid les habitants de chaque quartier prétendent être les « vrais » Madrilènes. Ceux de Lavapiés le crient plus fort que les autres. Ce quartier populaire et cosmopolite, d'une extrême hospitalité, accueille des émigrés et des restos du monde entier, et attire également une nouvelle population composée d'artistes et d'intellectuels. Le tout forme une joyeuse tour de Babel vraiment attachante, avec ses épiceries de tous les coins du monde et ses nombreux théâtres et centres culturels, comme le ***Ciné Doré*** *(zoom détachable D5)*. Au niveau gastronomique, quelques rues se sont même transformées en *Little India* (au nord de plaza de Lavapiés, calle Lavapiés, del Ave María, del Olivar...).
C'est aussi un quartier en pleine mutation, à l'image de la place de Lavapiés, restaurée. Il est aujourd'hui menacé par la pression spéculative des promoteurs et de la mairie, qui veulent le « normaliser ». Il serait pourtant dommage que ce quartier perde son esprit de village. Quoi qu'il en soit, Lavapiés est un quartier qui monte, tendance « branchouille bohème », et l'un de ceux qui réservent le plus de surprises au visiteur curieux.

Où manger des tapas ?

🍴 ***Lacaña*** *(zoom détachable E5,* ***159****) : c/ Santa Isabel, 50. ☎ 91-527-22-69. • rosacatalanlosa@gmail.com • Ⓜ Atocha (le plus proche), Antón Martín ou Lavapiés. Tlj 8h-2h (le w-e 9h-1h). Petit déj dès 2,50 €, menu midi 12 €, tapas 3-6 €, couscous le dim 20 €, repas 15-20 €. CB refusées.* Pratique, à deux pas du musée Reina Sofía. Un bar à tapas de quartier, aux couleurs pimpantes rehaussées par de belles expos de peinture. Grands choix de tapas et *raciones*, plus toujours 3 plats (et l'un des meilleurs couscous de Madrid le dimanche de 13h30 à 16h30). Bonne sélection de cocktails et de jus de fruits hyper frais aussi (kiwi, papaye, maracujá, mangue, etc.). Terrasse très sympa aux beaux jours.

🍴 ***Restaurante Achuri*** *(zoom détachable D5,* ***161****) : c/ Argumosa, 21. ☎ 91-468-78-56. Ⓜ Lavapiés. Tlj jusqu'à tard.* Un des rendez-vous de la faune locale, tendance libertaire. Plutôt animé le soir (pas de cuisine avant 13h30). Tapas, *raciones, bocadillos,* croquettes, salades, gratins, mon tout du genre classique, mais les gens viennent surtout parce que c'est un très populaire point de rencontre. Terrasse.

Où manger (assis) ?

Bon marché (max 15 €)

🍴 ***El Economico – Soidemersol*** *(zoom détachable D5,* ***170****) : c/ de Argumosa, 9 (angle c/ del Salitre). ☎ 91-539-41-95 ou 91-528-16-55. Ⓜ Lavapiés. Tlj sf lun 12h-1h. Menu en sem env 12 € ; plats 9-12 €, rioja*

« jeune » 12 €. Nourrit le quartier depuis 1948. Ce fut longtemps le resto des fauchés, et aujourd'hui, même si les prix ont grimpé, la cuisine maison, simple et peu chère, reste correcte (sans plus, hein !) et appréciée des étudiants, artistes et motards du quartier. Salles en enfilade avec tables en bois et azulejos, ou petite terrasse ombragée. Spécialité de confit de canard sauce orange et *bacalao a la plancha.* Pour les grosses faims, la *parrillada* de viandes (largement pour 2 !).

Maisha *(zoom détachable E5,* ***162****) : c/ Doctor Piga, 21 (et Argumosa). ☎ 91-527-84-04. 617-55-74-87. Ⓜ Lavapiés. Angle de la c/ Argumosa. Tlj dès 13h30. Poulet tandoori 8,20 €, repas 10-12 €.* Ça ressemble plus à une gargote bien tenue qu'à un resto (abondance un poil vulgaire de propositions de menus et de prix en devanture), mais elle se révèle être, curieusement, l'une des bonnes tables indiennes du quartier et, surtout, l'un des meilleurs rapports qualité-prix. Tandoori parfumé et tendre à souhait (tenez, arrosez-le donc d'un délicieux *mango lassi*)... Les divers minimenus sont la providence des petits budgets.

Prix moyens (15-25 €)

Taberna de Antonio Sánchez *(zoom détachable D5,* ***141****) : c/ del Mesón de Paredes, 13. ☎ 91-539-78-26. 620-29-88-12. Ⓜ Tirso de Molina. Tlj sf dim soir 12h-16h, 20h-minuit. Tapas env 2,50 € ; plats 8,50-15,50 €. Menu express le midi env 10 €.* Baptisée du nom d'un célèbre torero, c'est une magnifique taverne fondée en 1830 et au charme suranné : murs de bois sombre, bancs, tables en marbre, têtes de taureaux empaillées... Dans l'assiette, bon choix de spécialités de la Castille, dont se régale la clientèle d'habitués tranquilles. Flamenco le vendredi soir, vers 22h.

Sidrería Casa de Asturias *(zoom détachable D5,* ***171****) : c/ de Argumosa, 4. ☎ 91-527-27-63. • casadeasturias@casadeasturias.com • Fermé 3 sem fin août. Tlj sf dim. Menu 10 € le midi en sem (11 € en terrasse) ; carte 25 €.* Au cœur de Lavapiés, un populaire bar-resto asturien où l'on retrouve le traditionnel cidre frais et fruité pour se désaltérer et qui, bien sûr, accompagne harmonieusement les bons petits plats de là-bas ! *Chorizo a la sidra, pimientos del padrón* (modérément épicés, pas trop grillés), *churrasco al troceado, sépia de la rias, fabada asturiana,* porc à toutes les sauces... le tout copieusement servi. Atmosphère turbulente et bruyante à souhait, terrasse sur le trottoir prise d'assaut aux beaux jours.

El Imparcial *(plan détachable C5,* ***226****) : c/ Duque de Alba, 4. ☎ 91-795-89-86. • administracion@elimparcialmadrid.com • Ⓜ Tirso de Molina ou La Latina. Tlj. Menu midi 14 € ; carte 30 €.* Derrière la belle façade, à l'étage sous de bien hauts plafonds, c'est un long bar à cocktail et sa table d'hôtes en marbre qui sautent d'abord aux yeux. Mais notre préférence va à la grande salle à l'éclectisme classe et étudié où l'on s'attable : nappes impeccables, mobilier mêlant baroque et contemporain, moulures et vieux parquet lasuré conservé dans son jus. Ensemble lumineux, très contemporain, et plébiscité par les habitants du quartier. En particulier au déjeuner, pour son menu au choix restreint mais hyper frais, autour d'une cuisine espagnole moderne qui suit les saisons.

Malacatín *(plan détachable C5,* ***164****) : c/ Ruda, 5. ☎ 91-365-52-41. Ⓜ La Latina. Ouv le midi lun-sam 11h-17h30, le soir jeu-ven 20h30-23h. Résa conseillée. Cocido complet env 20 €. Belle sélection de vins à partir de 14-15 €.* Existe depuis 1895. L'un des restos les plus populaires du Rastro, et l'un des meilleurs *cocidos* de Madrid (pas moins de 14 ingrédients !). Pas bien grand, c'est vite surpeuplé. Cadre chaleureux d'affiches de *toros,* belles céramiques, vieux souvenirs se serrant les uns contre les autres, collection de chopes au plafond... Atmosphère rugissante garantie et réservation quasi obligatoire !

La Buga del Lobo (zoom détachable D5, **321**) : *c/ de Argumosa, 11. ☎ 91-528-88-38. • tabernalabuga@labugadellobo.com • Ⓜ Lavapiés. Fermé 9-11 août. Tlj sf mar 13h30-2h. Menu midi 11,50 €. Plats 13-19 €. Belle sélection de vins. Apéro maison offert sur présentation de ce guide.* Chaleureux décor de fresques et œuvres locales franchement alternatives, comme l'endroit. Tout évoque ici le voyage (La Buga est un petit port du Guatemala, près de Livingstone). On y déguste une bonne cuisine hispano-sud-américaine. Risotto d'asperges et bolets, *bacalao confitado* au riz noir, rien que des petits plats soigneusement élaborés... et un *viridiana* rouge très abordable et remarquable ! Terrasse.

Où prendre le petit déjeuner ?

Pan Adoré (plan détachable C5, **261**) : *pl. de Cascorro, 20. ☎ 91-011-54-36. Tlj 8h-21h. Petit déj dès 3 €, salades du j. env 6 €, menu du jour 9,90 €, tostas y bocadillos 4-6 €, brunch ven-sam 12,50 €.* Un petit local bien dans son époque, qui surfe de manière sympathique sur la vague des salades fraîches, quiches maison et pain artisanal. Et les viennoiseries du petit déj se tiennent très bien ! Faut dire que les jeunes proprios sont français...

La Rollerie (zoom détachable D5, **277**) : *c/ Atocha, 20. ☎ 91-420-46-75. Tlj 8h-22h30. Petit déj servis 8h-12h30, brunch 11h-16h. Petit déj dès 4 €.* Un vaste espace clair doublé d'une mezzanine, et une ambiance « à la campagne » agréablement standardisée pour cette boulangerie-salon de thé (une mini-chaîne espagnole) qui débite du petit déj pour tous les goûts, sucré ou salé (on y trouve même un petit déj avec hamburger). Viennoiseries et pains de bonne tenue, jus d'orange frais... De quoi bien commencer la journée. N'ayez pas peur de la file d'attente, elle progresse vite ! Comptoir pour emporter, aussi.

Où manger une glace ?

Sani Sapori (zoom détachable D5, **198**) : *c/ Lavapiés, 31. ☎ 91-530-89-96. • info@sanisapori.es • Mars-oct, tlj sf mar et mer mat 10h-23h (1h sam, 22h30 dim) ; nov-fév, ouv slt jeu-dim mêmes horaires. Glaces 2,50-4 €.* Un glacier absolument extra, qui ne travaille que des produits bio soigneusement sélectionnés et élabore tous ses parfums, parfois franchement originaux, dans son propre laboratoire. La glace au baobab, vous en aviez déjà goûté, vous ? Onctueux, onctueux....

Où boire un verre ?
Où écouter de la musique live ?

Sur la place Lavapiés et le long de la calle de Argumosa *(zoom détachable D-E5)*, une ribambelle de bars sympas étalent leurs terrasses : un paradis à l'heure de l'apéro, du moins quand on arrive à dégoter une table ! La nuit, pas de parano inutile, mais les jeunes filles éviteront tout de même de se promener seules dans les rues peu animées autour de la place de Lavapiés. Aucun risque, en revanche, dans la c/ de Argumosa, pleine de vie.

Tôt ou tard

Bar Automatico (zoom détachable D5, **326**) : *c/ de Argumosa, 17. ☎ 91-530-99-21. • mespe18@hotmail.com • Tlj 13h-1h30 (18h lun). Fermé en août.* Intime, coloré et un poil branchouille, il y règne une ambiance très relax. Bonnes tapas, croquettes, brochettes de poulet, etc., économiques.

Nuevo Café Barbieri (zoom détachable D5, **320**) : *c/ del Ave María, 45.* ☎ *91-527-36-58.* Ⓜ *Lavapiés. Tlj sf lun 16h-1h, 1h30 jeu et 2h30 le w-e.* Belle grande salle style éclectique fin XIXe s conservée dans son jus : miroirs gravés, tables en marbre, banquettes en velours, colonnettes à chapiteaux, plafond mouluré. Un charme suranné pour les théâtreux et autres intellos bohèmes du quartier. Excellents cocktails de café aux mélanges parfois surprenants. Parfois, spectacles musicaux payants en fin de semaine et expos.

La Buga del Lobo (zoom détachable D5, **321**) : *c/ de Argumosa, 11.* ☎ *91-467-61-51.* • *labuga@labocadellobo.com* • Ⓜ *Lavapiés. Tlj sf mar 12h-2h. Menu du midi env 12 € ou tapas.* L'un des bars les plus animés de la rue en soirée, avec ses fresques exotiques colorées et chaleureuses, et ses expositions d'œuvres d'artistes du quartier. Plus qu'un bar ou un resto (voir plus haut), c'est un lieu alternatif qui fait aussi espace culturel et salle de concerts *(La Boca del Lobo, c/ Echegaray, 11 ; voir plus haut « De la plaza de Santa Ana au paseo des Arts »).*

Culture, grignotage et café...

Espacio cultural La Victoria (zoom détachable D5, **327**) : *c/ Santa Isabel, 40.* ☎ *91-528-64-57.* • *lavictoriacultural.com* • Ⓜ *Antón Martín. Tlj 12h-16h, le soir jusqu'à 1h (2h ven-sam).* Petit café-théâtre aménagé dans une boutique restée fermée 50 ans ! On en a conservé le vieux carrelage, les fines colonnettes de fonte, le côté usé et patiné, et rajouté un vénérable piano et du mobilier de brocante. Théâtre au sous-sol, le week-end, vers 21h (parfois le jeudi soir aussi). Sinon, lieu sympa pour se retrouver dans une atmosphère reposante, déjeuner de quelques salades, burgers, *tortas* et gâteaux, ou prendre le thé.

Café Ciné Dr Steam (zoom détachable D5, **328**) : *c/ Olivar, 17.* ☎ *91-173-62-73.* • *info@doctorsteam.es* • *doctorsteam.es* • Ⓜ *Tirso de Molina ou Antón Martín. Mar-sam 17h-minuit (2h ven-sam), dim 12h-23h. Fermé 15 j. fin août.* Petite halte sympathique pour boire un café et grignoter viennoiseries, tartes et quiches vraiment pas chères. Surprise, une confortable et intime petite salle de cinéma derrière (10 places !). Belle programmation : Tarentino, Brian de Palma, Milos Forman, etc. (semaines thématiques, 5 à 6 séances quotidiennes). Et des forfaits boisson + ciné.

La Fugitiva – Librería Café (zoom détachable D5, **329**) : *c/ Santa Isabel, 7 (angle c/ Duque de F. Núñez).* ☎ *91-468-24-53.* • *info@lafugitiva.es* • Ⓜ *Antón Martín. Lun-mar 10h-23h, mer-sam 10h-minuit, dim 11h-23h.* Très intéressante librairie de quartier (bouquins pointus, signatures d'auteurs, animations littéraires diverses) où l'on peut à toute heure se relaxer devant un bon café et des muffins. La librairie, l'âme d'un quartier, une espèce en voie de disparition, qu'il faut toujours défendre avec acharnement !

La Libre (zoom détachable E6, **267**) : *c/ de Argumosa, 39.* ☎ *91-527-89-92.* Ⓜ *Lavapiés. Tlj 9h-22h30 (23h30 ven-sam).* Au bout de la rue, juste derrière l'aile Nouvel du Reina Sofía, sympathique et intime café-librairie pour déguster un café ou un thé, prendre son petit déj (brunch servi à toute heure) ou grignoter un snack, tranquillou au milieu des bouquins. Cadre hétéroclite et chaleureux, mobilier *kitschy*, et miniterrasse recherchée.

Plutôt le soir

Juglar (zoom détachable D5, **322**) : *c/ de Lavapiés, 37.* ☎ *91-528-43-81.* • *info@salajuglar.com* • *salajuglar.com* • Ⓜ *Lavapiés. Fermé 15 j. en août. Mer-dim 21h30-3h. Entrée libre ; ou 9-20 € selon concert (vers 22h).* On aime bien ce chaleureux bar tout en brique où ont lieu, dans la salle du fond, des concerts de musique live quasi quotidiens : pop, rock, funk,

MADRID

soul, reggae, flamenco, électro... Une programmation éclectique de qualité, très courue par les jeunes et moins jeunes, qui sirotent bières et cocktails pas chers en se laissant flatter les esgourdes ! Une référence dans la nuit madrilène.

Bodegas Lo Máximo *(zoom détachable D5,* ***323****) : c/ de San Carlos, 8. ☎ 91-539-00-70. Ⓜ Lavapiés. Lun-mer 19h-2h, jeu-sam 13h-2h30, dim 13h-1h. Entrée libre.* Un bar d'étudiants sympa dont la déco pittoresque allie avec élégance aluminium et carrelage mosaïque. Facile d'y faire connaissance en sirotant des cocktails pas chers dans une atmosphère très « peace ». Plus calme les mercredi, jeudi et dimanche.

Taberna La Aguja *(zoom détachable D5,* ***324****) : c/ del Ave María, 25. ☎ 91-527-79-50. • laagujalavapies@hotmail.com • Ⓜ Antón Martín ou Lavapiés. Tlj 20h30-2h. CB refusées. Menus 8-12 €.* Un petit rade très *roots* fréquenté par les jeunes bohèmes du coin. Quelques affiches de concerts (les Stones, The Who...) donnent le ton. Les vinyles de blues et de rock qui tournent sur la platine font le reste. *Musica en vivo* de temps en temps. Pas cher. Quelques tables dans la rue.

Flamenco

Casa Patas *(zoom détachable D5,* ***400****) : c/ de los Cañizares, 10. ☎ 91-369-04-96. • casapatas@casapatas.com • casapatas.com • Ⓜ Antón Martín ou Tirso de Molina. Fermé 1re quinzaine d'août. Flamenco live lun-jeu à 22h30, ven-sam à 20h et 22h30. Entrée : env 38 €, 1 boisson comprise.* C'est une scène de flamenco incontournable à Madrid, présentant des spectacles de qualité. En supplément du *concierto*, c'est aussi un resto tout en longueur avec des nappes à carreaux, d'où l'on ne voit cependant pas le spectacle. Bonnes tapas ou cuisine traditionnelle méditerranéenne goûteuse et pas trop chère *(resto 13h-16h30, 20h-minuit ; ven-sam 19h30-1h).*

Cinéma

■ ***Ciné Doré*** *(zoom détachable D5) : c/ de Santa Isabel, 3 ; à l'angle du pasaje Doré, à côté du Mercado Antón Martín. ☎ 91-369-11-25. Ⓜ Antón Martín. Fermé lun. Prix dérisoires. Cafétéria mar-dim 17h-1h.* Ce ciné-club plein de charme abrite la *Filmoteca española* et propose des projections de vieux films espagnols et étrangers, en intérieur ou en plein air. C'est le repaire des cinéphiles madrilènes. Le plafond de la grande salle vaut le coup d'œil.

■ Voir aussi plus haut dans « Culture, grignotage et café » le ***Café Ciné Dr Steam*** *(zoom détachable D5,* ***328****), c/ Olivar, 17.*

Achats

Chaque dimanche matin, jusque vers 15h, la ***plaza de Cascorro*** et la rue ***Ribera de Curtidores*** *(plan détachable C5)* sont envahies de stands : c'est El Rastro, le marché aux puces de la ville (voir ci-dessous dans « À voir. À faire ».)

Mercado Antón Martín *(zoom détachable D5,* ***403****) : tlj sf sam ap-m et dim 9h-14h, 17h30-20h30.* Un marché couvert avec des montagnes d'olives, des fromages locaux, de beaux fruits et légumes et bien sûr des jambons, chorizo, bref, un marché très espagnol.

Librería Malatesta *(zoom détachable D5,* ***430****) : c/ Jesús y María, 24. ☎ 91-539-10-07. • lamalatesta.net • Ⓜ Tirso de Molina ou Lavapiés. Lun-ven 10h30-14h, 17h-21h. Le dim, au Rastro, plaza Tirso de Molina.* LA librairie alternative et libertaire de Madrid, bourrée de bouquins sur tous les sujets : politique, socio, écolo, Guy Debord en espagnol et des inédits

de Bakounine en français, Thoreau, Orwell... Signatures d'auteurs. Cartes postales, affiches, excellent rayon musique et chansons, vidéos, bon choix de T-shirts engagés et même un jeu de société sur la guerre civile !
Voir aussi plus haut dans « Culture, grignotage et café » ***La Fugitiva – Librería Café*** *(zoom détachable D5, **329** ; c/ Santa Isabel, 7).*

À voir. À faire

Lavapiés : agréable balade à l'écart des sentiers battus de la plaza de Santa Ana, avant d'aller boire un verre... Sortir du métro à Tirso de Molina, et descendre la c/ del Mesón de Paredes tranquillement. Elle est bordée de *corralas,* ces habitations populaires typiques du vieux Madrid. Une *corrala,* c'est une cour entourée de galeries à chaque étage avec des montants et balcons en bois. Les pouvoirs publics ont restauré plusieurs grandes *corralas* typiques. On découvre aussi, toujours en descendant, les ruines d'une vieille église. Au nº 8, calle del Ave María, un *salón de peluquería* (coiffeur) avec devanture en azulejos reproduisant des dessins marrants.

➢ ***À la découverte du Lavapiés alternatif :*** pour humer l'air du temps et s'extasier devant la créativité de la jeunesse madrilène, rien de tel que de visiter les centres culturels autogérés que compte ce quartier hors normes. Le plus connu est ***la Tabacalera*** *(c/ de Embajadores, 53 ; plan détachable D6, **451** ; Ⓜ Embajadores ; • latabacalera.net • ; tlj sf lun),* installé dans une ancienne fabrique de cigarettes. Dans ce bâtiment décrépit et fourmillant de vie, on assiste chaque jour à des concerts gratuits, ateliers d'art, cours en tout genre. Cafétéria et bar à prix d'amis. Plus calme, enclavé entre des immeubles, le jardin partagé alternatif ***Esta es una plaza*** *(zoom détachable D-E6, **453** ; c/ del Dr Fourquet, 24 ; • estaesunaplaza.blogspot.fr • ; dim 12h-15h ; en principe, tlj ensoleillé en saison)* accueille les promeneurs entre ses carrés de potager bio. Les enfants disposent d'aires de jeux et peuvent suivre des ateliers créatifs pendant que les parents papotent dans des fauteuils de récup' ou suivent des cours de jardinage. Il y a même un petit amphithéâtre fabriqué à partir de vieux cageots, où l'on assiste les soirs de week-end à des concerts et pièces de théâtre. Au passage, petite visite à la ***Librería Malatesta*** *(c /Jesús y María, 24, voir plus haut, rubrique « Achats »).* Dans un style plus lisse, la ***Casa Encendida*** *(plan détachable D6 ; ronda de Valencia, 2 ; ☎ 902-43-03-22 ; • lacasaencendida.es • ; tlj 10h-22h),* sponsorisée par la *Caja Madrid.* Ici, pas de hippies pieds nus ni de graffitis sur les murs, mais de grandes salles accueillant des expos gratuites, parfois aussi des films et concerts. Terrasse sur le toit, cafétéria. Enfin, le ***mercado San Fernando*** *(zoom détachable D6 ; Embajadores, 41 ; • mercadodesanfernando.es • ; lun 9h-14h, 17h30-21h, mar-jeu 9h-21h, ven 9h-23h, sam 10h-17h, dim 11h-17h)* a fait peau neuve. A perdu (un peu) de l'alimentation, mais s'est enrichi de nouvelles boutiques : produits bio et écolo, boutiques d'artisanat, petits ateliers, bières artisanales, cadeaux, petit troquet sympa...

C'est à deux pas que se tient le plus grand ***marché aux puces*** de Madrid, ***le Rastro*** *(plan détachable C5-6 ; c/ de la Ribera de Curtidores, Ⓜ La Latina).* Gigantesque marché aux puces qui se tient chaque dimanche jusque vers 15h. Une foule énorme : vers 11h, on fait du 10 m à l'heure, et vers midi du sur-place ! Nettement plus animé en été que lors des frimas d'hiver. Fripes, petit artisanat, objets « tombés du camion » (autoradios, portables, montres), mais dans l'ensemble, nettement plus de camelote chinoise que de perles pour chineurs avertis. Quant aux boutiques d'antiquités, ouvertes en semaine, elles n'offrent pas vraiment de bonnes affaires. Mieux vaut quitter la rue de Ribera de Curtidores pour aller dans les petites rues adjacentes (calle del Carnero, calle de Carlos Arniches) ou rendre une visite aux antiquaires et créateurs de la plaza Vara de Rey.

MADRID

AUTOUR DE LA GRAN VÍA ET DE LA PLAZA PUERTA DEL SOL

Ⓜ *Plaza de España, Santo Domingo, Callao ou Sol*

La Gran Vía, artère centrale, commerçante et bourdonnante, relie la ***plaza de España*** à la ***plaza del Callao*** : on est au cœur de Madrid, au centre de l'animation. Des flots de Madrilènes déferlent presque à toute heure pour lécher les vitrines des magasins de chaîne. Quant à la **plaza Puerta del Sol** *(plan détachable et zoom détachable D4),* elle ne possède aucun charme particulier, mais, carrefour de nombreuses avenues, centre névralgique des lignes de métro et de bus, c'est le passage obligé des Madrilènes et provinciaux venant faire du shopping. C'est aussi là que fut organisé le grand sit-in de protestation des « Indignados », en 2011. Vous y passerez forcément à plusieurs reprises lors de votre séjour. De l'ancienne porte médiévale, la ***puerta del Sol,*** il ne subsiste guère que le nom « Sol », qui provient du cadran solaire figurant jadis sur l'un des édifices. La place telle qu'on la découvre aujourd'hui fut aménagée sous Isabel II. À l'époque, c'était un lieu de rencontre où l'on venait parler politique et corridas. Cette place fut l'épicentre du bain de sang du *Dos de mayo 1808,* immortalisé par Goya. Une plaque commémorative le rappelle, sur la droite de la *Casa de Correos* (face sud de la place). Cette ancienne poste, qui abrite actuellement le gouvernement régional, servit de « Direction générale de la sécurité » sous Franco. C'est dire si les Droits de l'homme y ont donc été bafoués tant et plus. Au pied de cet édifice, la plaque indiquant le centre géographique d'où part le kilomètre 0 des nationales espagnoles.

À l'angle avec la c/ Alcalá se dresse une statue des deux symboles de la ville, *El Oso y el Madroño* (L'Ours et l'Arbousier). C'est ici que les Madrilènes, jeunes et vieux, se retrouvent le soir du Nouvel An. Au centre de la place, une statue équestre de Charles III. Plus loin, entre la ***plaza del Callao*** *(plan détachable C4)* et la ***plaza de España*** *(plan détachable B-C3),* le quartier change d'aspect : les rues transversales deviennent des successions de bazars et de restos chinois entrecoupés de cabarets louches devant lesquels traînent des filles de joie pas si joyeuses... C'est aussi ça, le nouveau visage de Madrid.

UNE TRADITION BIEN UTILE

Les Madrilènes se retrouvent à la puerta del Sol, le soir du Nouvel An, avec 12 grains de raisin. Ils les avalent au son des 12 coups de minuit pour que l'année soit bonne et prospère. Cette tradition ne date que de 1909, année de surproduction des vignes. Les vignerons eurent cette idée pour épuiser les stocks. La tradition est restée.

Où manger des tapas ?

Casa Labra (zoom détachable D4, **150**) : c/ de Tetuán, 12. ☎ 91-531-00-81. • casalabra@telefonica.net • Ⓜ Sol. Tlj 13h15-15h45, 20h15-22h30 (23h pour la taberna). Tapas et bocadillos 1-6 €. Cette taverne existe depuis 1860, et il y en avait 1 500 comme celle-là en 1900 ! La mecque des *croquetas de bacalao* (morue), à grignoter avec une bonne bière. Toujours bondé et, lorsque le petit bar sature, qu'importe, les clients débordent dans la rue piétonne où se trouvent quelques tables elles aussi fort prisées. Pour obtenir une boisson, demander un ticket à l'un des serveurs qui naviguent entre les consommateurs. Très bon vermouth à la pression *(vermuth de grifo)*. C'est ici que serait né le Parti socialiste ouvrier espagnol : comme quoi, c'est un lieu qui inspire !

Voir aussi dans « Où manger (assis) ? » ci-après ***El Mollete Taberna,*** pour ses bonnes tapas en soirée.

Corte Inglés – Gourmet (plan détachable C-D4, **183**) : plaza de Callao, 2 (entrée côté c/ del Carmen, puis à droite pour l'ascenseur jusqu'au 9e étage). Ⓜ Callao ou Sol. Tlj 10h-1h. Bon, on n'a pas vraiment l'habitude de vous emmener manger des tapas dans un grand magasin... Mais ce « marché » affiche deux sacrés atouts : plusieurs comptoirs, avec ou sans tables, pour commander à grignoter autour d'un verre (*Imanol* ou *La Máquina* pour les tapas par exemple, ou *Juanillo Club* pour les amateurs de cocktails), et un looong balcon avec une vue splendide sur la Gran Vía. Un conseil : squatter d'abord une table sur la terrasse et envoyer ensuite l'un des convives chercher les godets. C'est qu'à l'heure de l'apéro, elles se font rares, ces tables !

Casa Manolo (zoom détachable E4, **186**) : c/ Jovellanos, 7. ☎ 91-521-45-16. Ⓜ Sevilla. Tlj sf sam midi 8h30-minuit env. Tapas max 8 €, carte 25-30 €. Fondée en 1896. Découvrez la cantine informelle du Parlement espagnol – qui est à moins de trois pas. Depuis plus d'un siècle, on se presse pour y goûter les croquettes les plus fameuses de Madrid. Sinon, 2 spécialités : l'*estofado de rabo de toro* (ragoût de queue de bœuf) et la *bacalao a la vizcaina.*

Où manger (assis) ?

De bon marché à prix moyens (8-25 €)

El Molette Taberna (plan détachable C4, **144**) : c/ de La Bola, 4. ☎ 91-547-78-20. • tabernaelmolette@hotmail.com • Ⓜ Santo Domingo ou Ópera. Congés : août, Noël et Nouvel An. Tlj sf dim 10h-2h, avec fermeture 17h-20h en sem. Menu midi 11 €, repas env 20 €. Digestif offert sur présentation de ce guide. Une des plus anciennes tavernes du quartier (1830), bien connue de Francis Ford Coppola qui y mangea en 2008. Minuscule, seulement quelques tables en mezzanine et un petit comptoir. Cuisine familiale. Excellents produits. Bon menu au déj et grande affluence le soir. Bonnes et classiques tapas et *raciones* : croquettes de gorgonzola ou de boudin, *pulpo a la gallega,* flan de *marisco,* tartare de thon... Chouette sélection de vins.

Al Natural (zoom détachable E4, **188**) : c/ de Zorrilla, 11. ☎ 91-369-47-09. • acero@alnatural.biz • Ⓜ Banco de España. Tlj sf dim soir 13h-16h, 20h30-minuit. Le midi, 1er menu 12,20 € ; le w-e, menu dégustation 23 €. Salades et plats 8-12 €. Derrière la Chambre des députés *(las Cortes)*, une adresse où les végétariens trouveront mets à leur goût. Dans un cadre champêtre un poil kitsch (beau comptoir en céramique), le personnel, tout sourire, sert gratins et pains de légumes, lasagnes végétales (une bonne soixantaine de plats !), jus de fruits 100 % naturels et un large choix d'infusions.

De plus chic à très chic (de 25 à plus de 35 €)

Taberna La Bola (plan détachable C4, **146**) : c/ de la Bola, 5. ☎ 91-547-69-30 ou 91-541-71-64.

• *labola@labola.es* • Ⓜ *Santo Domingo. Tlj sf dim soir (en été sam soir et dim) 13h-15h30, 20h-23h. Menu 26 €. Carte 30-40 €, cocido env 20 €. CB refusées.* Depuis 1870, une des grandes tavernes classiques de Madrid, spécialiste du fameux *cocido madrileño.* Dans une rue discrète, mais repérable à son étincelante façade rouge. Le décor intérieur n'a guère changé depuis le XIXᵉ s. Cadre de panneaux sculptés et de banquettes de bois sombre, égayé de photos de clients célèbres et de dessins. Beau comptoir d'accueil et 2 salles chaleureuses où virevoltent des serveurs à l'ancienne, se prenant au sérieux. Faut dire que l'on a là une clientèle assez assise (voire âgée : remarquez, le Sénat est juste au bout de la rue !). Beaucoup de vieux habitués donc, ravis de cette carte immuable et de l'atmosphère un peu conformiste. Qualité régulière du *cocido,* l'un des plus réputés de la ville (un repas à lui tout seul) et encore à prix abordable. Sinon, *callos* (tripes), agneau rôti, *bacalao* à l'andalouse, plats traditionnels bien troussés. Si, à 13h, on a l'assurance de toujours trouver de la place, il est conseillé de réserver le soir.

Où prendre le petit déj ?
Où savourer de bons gâteaux ?

La Mallorquina *(zoom détachable D4,* ***192****) : pl. de la Puerta del Sol, 8. ☎ 91-521-12-01.* Ⓜ *Sol. Tlj 9h-21h.* À l'angle de la c/ Mayor, une pâtisserie qui régale les Madrilènes depuis 1894. Vitrines et rayons croulent sous les gâteaux et viennoiseries les plus savoureuses. Longs comptoirs où l'on se presse pour se sustenter avant le boulot ou salle au 1ᵉʳ étage au cadre banal, mais tranquille.

Où boire un verre à l'heure du thé ?

Cafetería La Pecera – Círculo de Bellas Artes *(plan détachable et zoom détachable Chueca E4,* ***274****) : dans le Círculo de Bellas Artes, Marqués de Casa Riera, 2 ; à l'angle d'Alcalá, 42. ☎ 91-360-54-00. • info@circulobellasartes.com •* Ⓜ *Banco de España. Tlj 9h-1h (3h le w-e). Droit d'entrée : 1 € pour les non-membres.* Le *Cercle des Beaux-arts* est situé dans un superbe immeuble Art nouveau. Fourmille d'activités : expositions, conférences, cinéma d'auteur, lectures publiques, rencontres d'écrivains, concerts (le tout de qualité). On sirote un verre sur la terrasse (brumisée en été), ou dans la salle Belle Époque sous un beau plafond peint et un lustre impressionnant éclairant une femme nue couchée (qui reste de marbre). Consos chères, mais c'est tellement classe...

Où boire un verre ? Où écouter de la musique live ? Où danser ?

Costello Café & Niteclub *(zoom détachable Chueca D4,* ***330****) : c/ del Caballero de Gracia, 10. ☎ 91-522-18-15. • costello@costelloclub.com • costelloclub.com •* Ⓜ *Gran Vía. Lun-mer et dim 20h-3h, jeu-sam 18h-3h30. Entrée libre ; concerts env 8-10 €.* Belle déco à la fois épurée et design dans ce chaleureux bar où la jeunesse madrilène (25-35 ans) cause fort sur de grandes banquettes, en sirotant le cocktail du jour pas cher. Également des concerts (rock, pop, funk, blues, surf, power...) sympas ou des soirées DJs sous les voûtes en brique de la jolie cave, qui compte aussi bar et piste de danse. Ambiance bon enfant. Une très bonne adresse qu'on recommande chaudement.

El Sol *(zoom détachable Chueca D4,* ***381****) : c/ Jardines, 3. ☎ 91-532-64-90. • elsol@elsolmad.com • elsolmad.com •* Ⓜ *Gran Vía. Mar-sam minuit-5h30 (6h le w-e). Concerts :*

10-20 € en moyenne. Entrée après le concert : env 9 €. Avec sa déco kitschissime, ce club, présent dès le début de la Movida, a démâté plus d'un branché ! Au gré des verres, étudiants et trentenaires bougent leurs petits corps comme des dingues sur de la « musique-de-danse-de-jeune ». Atmosphère bon enfant. Une valeur sûre de la nuit madrilène.

♫ ***Cool*** *(plan détachable C3,* ***390****) : c/ de Isabel la Católica, 6. ☎ 91-733-35-05. • info@fsmgroup.es • Ⓜ Callao ou Santo Domingo. Jeu-sam minuit-6h. Entrée : env 15 €.* Sur différents niveaux, voici 3 magnifiques salles au design psychédélique style *seventies*, revisité façon high-tech avec de l'Inox, des écrans plats et du mobilier Stark. Large éventail de musiques (du disco à la house...) qu'une clientèle jeune (25 ans en moyenne), *fashion victim* et enthousiaste, plébiscite en gesticulant jusqu'à l'aube. Une fiesta inoubliable !

♫ ♩ ***Sala Marco Aldany*** *(ex-Heineken ; plan détachable B-C3,* ***391****) : c/ de la Princesa, 1. ☎ 91-547-57-11. • salaarena.com • Ⓜ Plaza de España. Concerts à partir de 20h, programmation détaillée sur le site web. Boîte jeu-sam minuit-6h. Entrée : env 15 €.* Grande boîte avec 2 salles pleines à craquer. House, *go-go dancers* et déco métallique dans la plus grande. À l'étage, musique plus hétéroclite. Des baffles qui crachent, des serveurs qui ne s'embarrassent pas de T-shirts, une clientèle toutes tendances (hétéro, homo, jeunes, et moins jeunes), et puis des concerts réguliers qui mettent le feu ! Une boîte vraiment dynamique.

Où voir un spectacle de flamenco ?

♩ ***Cafe de Chinitas*** *(plan détachable C3-4,* ***404****) : c/ de Torija, 7. ☎ 91-547-15-01 ou 91-559-51-35. • chinitas@chinitas.com • chinitas.com • Ⓜ Santo Domingo. Spectacles tlj sf dim à 20h et 22h30 ; résa conseillée. Entrée 36 €, 1 boisson incluse.* Un *tablao* réputé, situé dans un palais du XVIIe s qui offre un cadre à la hauteur du spectacle proposé. Jolie scène. Cuisine pas donnée, mais on n'est pas obligé de manger, et puis ça empêche de se concentrer pleinement sur la représentation !

♩ ***Las Tablas*** *(plan détachable B3,* ***401****) : pl. de España, 9. ☎ 91-542-05-20. • info@lastablasmadrid.com • lastablasmadrid.com • Spectacle de 1h ts les soirs à 20h et 22h. Entrée : 29 €/pers, 1 boisson incluse.* Un *tablao* modeste planqué dans un recoin de la plaza de España, qui vérifie l'adage : petite salle, grande qualité ! Certes, l'endroit est moderne, sans vrai cachet, mais la scène est toute proche et les spectacles sont à vous dresser le poil ! Les troupes, qui tournent, viennent en général d'Andalousie. Parfois uniquement guitare et chant, parfois avec des danseurs, c'est selon. On peut y grignoter aussi, mais comme ils n'ont pas de vraie cuisine... ce sera planche de charcuterie ou salade de tomates...

Cinéma

■ ***Ciné Golem*** *(plan détachable B3) : c/ de Martín de los Heros, 14. ☎ 91-559-38-36. • golem.es • Ⓜ Plaza de España.* Un des premiers cinés d'art et d'essai de Madrid qui, à ses débuts, invitait des réalisateurs et acteurs pour promouvoir un genre nouveau en Espagne à la fin des années 1970 : François Truffaut, Wim Wenders, Alan Turner et beaucoup d'autres sont venus ici. Les films sont en version originale.

Achats

Antigua Casa Talavera *(plan détachable C3,* ***427****) : c/ de Isabel la Católica, 2. ☎ 91-547-34-17. • info@antiguacasatalavera.com • Ⓜ Santo Domingo. Tlj sf sam ap-m, dim et j. fériés 10h-13h30, 17h-20h.* À deux pas de la plaza Santo Domingo, une façade en azulejos, pour un magasin tenu par un grand connaisseur et passionné de céramiques hispaniques. Anciennes, modernes, traditionnelles, reproductions du Xe au XIIIe s : ce sont des pièces fabriquées artisanalement aux quatre coins de l'Espagne. Une belle caverne d'Ali Baba !

Killer's Discos *(plan détachable D4, 433)* **:** *c/ de la Montera, 28. ☎ 91-521-44-33. • discoskillers.com • Ⓜ Sol. Lun-sam 10h30-14h, 17h-20h30.* Sur 2 étages, d'innombrables vinyles et CD d'occasion à bas prix : du pain bénit quand on aime fouiner dans les bacs pendant des heures ! Absolument tous les styles sont représentés.

Discos Babel *(plan détachable C4, 434)* **:** *costanilla de Los Angeles, 5. ☎ 91-548-10-82. • discosbabel.com • Ⓜ Ópera ou Santo Domingo. Tlj sf dim 11h-14h15, 17h-20h15.* Là aussi, pour les fans, un choix énorme de vinyles, des « pièces » uniques...

À voir

Gran Vía : la colonne vertébrale de Madrid regroupe la plupart des hôtels de chaîne, les magasins de marque et les franchises, les hommes d'affaires, etc. Là, quelques grandes salles de cinéma pour voir les derniers films américains et espagnols. Ouverte en 1918, avec un tracé en lignes brisées, cette avenue traverse un quartier de la fin du XIXe s, où certains immeubles s'inspirent de l'architecture du New York de l'époque ou de Chicago. C'est le cas de la ***torre de la Telefónica*** *(zoom détachable Chueca D4)*, à l'angle de la c/ Fuencarral, construite en 1930, grandiose la nuit lorsqu'elle s'illumine. Ce style néoclassique, désormais typiquement madrilène, est à l'origine l'œuvre de l'***architecte Antonio Palacios*** (lequel construisit aussi la première ligne de métro de la ville). Expo gratuite *(accès par c/ Fuencarral, 3 ; tlj sf lun)* sur les nouvelles technologies de la communication. La balade architecturale n'est pas terminée ! Voici un autre bel édifice, de style Belle Époque : l'***immeuble Metropolis*** (angle Gran Vía et c/ de Alcalá). Sa façade monumentale abrite un groupe de sculptures allégoriques dédiées au commerce et à l'industrie. Six d'entre elles sont signées de la main du sculpteur français René de Saint Marceaux. Mais on doit ce colosse haut de 45 m à deux architectes parisiens : ***Jules et Raymond Février*** (le père et le fils). Les ornementations (colonnes corinthiennes, tête de lions, etc.), caractéristiques de l'architecture haussmannienne du début du XXe s, rappellent furieusement Paris, et plus encore à la vue de la coupole d'ardoises sombres ornée de dorures et couronnée d'une victoire ailée. Achevé en 1911, l'***Edificio Metropolis*** (que vous retrouverez sur bon nombre de cartes postales !) devint très vite l'emblème du Madrid moderne.

L'écrivain américain Hemingway adorait la Gran Vía (qu'il fréquenta dans les années 1930-1940) et en parle souvent dans ses romans : il allait boire des whiskies au ***Café Chicote*** *(Gran Vía, 12)*, qui existe toujours aujourd'hui mais où l'esprit ne souffle plus vraiment. À l'autre bout, du côté de la plaza de España, trône le colossal monument à la mémoire de Cervantes.

Museo Real Academia de Bellas Artes de San Fernando *(plan détachable D4)* **:** *c/ Alcalá, 13. ☎ 91-524-10-34 ou 08-64. • realacademiabellasartessanfernando.com • Ⓜ Sol ou Sevilla. Mar-dim et j. fériés 9h-15h (dernière entrée à 14h30) ; fermé août et certains j. fériés (1er et 6 janv, 1er et 30 mai, 9 nov, 24, 25 et 31 déc). Entrée : 8 € ; réduc ; gratuit moins de 18 ans, étudiants moins de 25 ans et le mer pour ts (sf j. fériés).*

Le musée comporte deux sections. Si le 1er étage, le plus important, est toujours ouvert, c'est plus aléatoire pour le 2d étage fermé. Voici un musée méconnu à tort, et qui offre de belles surprises. On peut y voir un ensemble d'œuvres couvrant la période du XVIe au XIXe s. Cette académie créée en 1752 par Ferdinand VI, dans un superbe édifice de style néoclassique, assura l'enseignement des beaux-arts jusqu'à la moitié du XXe s. Goya en fit partie à partir de 1780.

Rez-de-chaussée

– Les expos temporaires, mais surtout, tout au fond, la présentation des plaques de cuivre originales (1815) des *Désastres de la guerre* de **Goya.** Dans un cadre tamisé à souhait, une merveille !

1er étage

– *Salle 3,* consacrée au XVIIIe s, une esquisse du *Sacrifice de Callirhoé* de **Fragonard** (la version définitive est au Louvre) et une *Vénus* de **Van Loo** qui tente d'aguicher Mercure : comment résister ? De même, plusieurs portraits dont ceux du couple royal Fernando VI et Bárbara de Breganza. *Salle 6,* belle série de moines de **Zurbarán** (il s'agit des moines du couvent de la Merced, à Séville) et un adorable *Agnus Dei* prêt à être sacrifié. Et *salle 9,* un très expressif (et musculeux) *Saint Jérôme* d'**El Greco.**

– *Salle 13,* ne pas manquer le *Martyre de saint Barthélemy* de **Ribera,** pour son beau travail sur la lumière et le spectaculaire arrachage de peau, ou son *Saint Jérôme pénitent,* presque illuminé par son écriture. De même, son *Ascension de Madeleine* pleine d'un doux lyrisme... Entre les deux, une captivante *Prise du Christ* de **Seghers,** qui semble éclairée par un feu toujours vivace. Dans la petite *salle 14* attenante, le *Sauveur* de **Giovanni Bellini,** comme étonné d'être là, un *Saint Jérôme* méditatif du **Corrège,** une *Cène* sublime du **Tintoret** (ici, c'est des apôtres qu'émane toute la luminosité du tableau). Enfin, on reste sidéré par le sens du détail et la richesse des costumes de la *Crucifixion* de **Hans Müelich...**

– *Salle 17, L'Extase de saint François d'Assise* de **Murillo,** et aussi sa *Madeleine* qui en fait peut-être un peu trop... tout comme ses miséreux font bien proprets dans son *San Diego de Alcala et les pauvres.* Et encore, *salle 19,* deux beaux **Rubens,** *Saint Augustin* et *Suzanne et les vieillards,* une *Vierge à l'Enfant* de **Van Dick** et l'unique **Arcimboldo** d'Espagne, le *Printemps.*

– *Salles 20-21,* une douzaine de **Goya,** dont quelques toiles majeures, comme *L'Enterrement de la Sardine,* tableau joyeux et inquiétant à la fois, auquel l'artiste sut insuffler vie et action, sans perdre sa manière grotesque. Ou encore, *La Tirana,* qui, malgré la sévérité de son visage, n'est que le surnom donné à l'actrice María Rosario Fernández. Citons aussi les scènes de genre : l'entrée des taureaux dans le village, la *Procession de flagellants,* une *Scène d'Inquisition,* la *Maison de fous* et une jolie série d'eaux-fortes. Les fans y trouveront encore quelques lettres écrites de sa plume et sa dernière palette, en noyer.

2e étage

– Un étage éclectique où l'on découvrira des salles d'objets décoratifs, des émaux et surtout d'étranges reliefs miniatures en cire du XVIIIe s (notamment des vues de Dresde, Naples et Jérusalem), d'une étonnante précision. Intéressants portraits de **Vicente Lopez** (classique, mais superbe rendu !) et d'un certain **Velásquez,** mais celui-là s'appelait Zacarias Gonzalez... Collection insolite d'*azufres,* petits portraits de terre cuite en médaillon. Splendide portrait en pied d'Isabelle II par **Federico de Madrazo y Kuntz** *(salle 28)* : remarquable mise en lumière du personnage, travail délicat sur la dentelle, fond très sombre, mais détails particulièrement élaborés... Les routards amateurs de cartes se régaleront de la salle des plans et reliefs. *Salle 36,* une spectaculaire et dramatique mise en scène sculptée du *Massacre des Innocents* (noter la femme qui tente de donner le sein à son fils mort). Dans la salle des plâtres, modèle de la célèbre *Porte du baptistère* de **Lorenzo Ghiberti** à Florence.

Dernier étage

Vaste section dédiée à la ***peinture du XXe s.*** Entre autres, collections de porcelaines, quelques œuvres de ***Juan Gris*** et une série de dessins et de bronze de ***Picasso,*** sur le thème du rapport entre le peintre, le sculpteur et leur modèle.

➢ En continuant la calle de Alcalá, au carrefour avec la Gran Vía, on aperçoit, en levant les yeux, des statues d'anges et de chars romains en bronze trônant fièrement sur les toits, ce qui allège un peu l'ensemble.

Plaza de Cibeles *(plan détachable E4)* **:** *Ⓜ Banco de España.* La calle de Alcalá mène à cette grande place consacrée à Cybèle, déesse de la Fertilité dans le monde gréco-romain. Celle-ci est représentée au milieu de la place sur un grand char tiré par deux lions. Lieu de rencontre des fans du Real Madrid après les grands matchs historiques. Tout autour, on trouve la Banque d'Espagne, le palacio de Cibeles de style romantico-gothique, le ministère de la Défense, etc. De là, la calle de Alcalá se prolonge jusqu'à la plaza de Independencia avec l'imposante *puerta de Alcalá* au centre *(plan détachable F4).*

Mirador de Cibeles – CentroCentro *(plan détachable E4)* **:** *plaza de Cibeles, dans le* ***Palacio de Comunicaciones****, qui fait office d'hôtel de ville et de poste. ☎ 91-480-00-08. • centrocentro.org • Ⓜ Banco de España. Accès aux expos (gratuit) mar-dim 10h-20h (fermé certains j. fériés) ; montée au mirador mar-dim 10h30-13h30, 16h-19h. Montée : 2 € ; réduc moins de 12 ans ; gratuit le 1er mer du mois ; limitée à 50 pers à la fois :* ***prendre son ticket à l'avance*** ! Rénové à grands frais, cet élégant « palais des communications » du début XXe s offre, depuis son mirador situé à 70 m de haut, une vue absolument splendide sur la ville. Profitez-en pour admirer l'édifice, avec ses ponts de verre, sa magnifique verrière et ses stucs ciselés. Il abrite aussi des expos temporaires de qualité et une cafétéria au 6e étage avec bar en terrasse *(tlj 10h-minuit).*

Museo Cerralbo *(plan détachable B3)* **:** *c/ Ventura Rodríguez, 17. ☎ 91-547-36-46. • museocerralbo.mcu.es • Ⓜ Plaza de España ou Ventura Rodríguez. Mar-sam 9h30-15h, plus jeu 17h-20h ; dim et j. fériés 10h-15h. Fermé lun et la plupart des j. fériés : 1er et 6 janv, 1er mai, 24, 25 et 31 déc. Entrée : 3 € ; gratuit moins de 18 ans, plus de 65 ans, étudiants moins de 25 ans, familles nombreuses ; et pour ts jeu 17h-20h, sam 14h-15h et dim.* Comme le musée Lázaro Galdiano, il s'agit d'un don, en l'occurrence du marquis de Cerralbo, qui résidait dans cet hôtel particulier bâti à la fin du XIXe s. L'édifice est si somptueux et si riche en chefs-d'œuvre qu'il serait vraiment dommage de zapper cette visite. Le but de ce genre de demeure était d'étaler sa fortune et son statut social afin d'impressionner le visiteur. Force est de constater que l'effet est réussi, même plus d'un siècle après ! Après le hall clinquant et le majestueux escalier d'honneur entièrement plaqué de marbre, on déambule au gré de somptueux salons, qui tranchent avec la sobriété de la chambre à coucher du maître des lieux (pièce que personne n'était censé visiter, ceci explique cela !). À l'étage noble, impressionnante salle d'armes qui rend hommage au prestigieux passé militaire de la famille. Joli fumoir décoré à l'orientale, un style exotique dont la haute société de l'époque était friande. Puis la salle à manger d'apparat vous en mettra plein les mirettes avant d'accéder à la salle de billard, où l'on notera le portrait de Louis XIV par Hyacinthe Rigaud ainsi qu'un beau Tintoret. Les amateurs de peinture frétilleront en arrivant dans les trois galeries où trônent, entre autres, un magnifique *Saint François d'Assise* du Greco, des Zurbarán et des Ribera, un Caravage et des dessins de Goya.

Templo de Debod *(plan détachable B3)* **:** *paseo del Pintor Rosales, dans le parque de la Montaña. ☎ 91-366-74-15. Ⓜ Plaza de España. Mar-ven : avr-sept 10h-14h, 18h-20h ; oct-mars 10h-14h, 16h-18h ; tte l'année le w-e 9h30-20h. Fermé 1er et 6 janv, 1er mai, 25 déc. GRATUIT (mais pas plus de 60 visiteurs à la fois à l'intérieur du temple).* Une sacrée surprise : un authentique temple égyptien en plein Madrid ! Qui plus est situé dans un très beau parc : on y a construit un plan d'eau et planté des palmiers pour recréer son environnement. Construit en Égypte au IIe s av. J.-C., ce temple est un cadeau de l'État égyptien, offert en 1968 en remerciement pour la contribution de l'Espagne au sauvetage du temple d'Abu Simbel (déplacé pour construire le barrage d'Assouan). C'est l'un des rares vestiges de la civilisation égyptienne en bon état en dehors du pays. Dédié à Amon et Isis, il était initialement situé en Nubie (sud de l'Égypte). À l'intérieur subsiste la décoration d'origine, essentiellement des scènes d'adoration des divinités. De nuit, le temple éclairé est une splendeur.

➢ À 5 mn du temple, départ du ***téléphérique*** *(plan détachable A2)* qui monte à la Casa de Campo. ☎ *91-541-11-18.* • *teleferico.com* • *Tlj 12h-20h ou 21h d'avr à mi-sept (avec pause sieste en sem). Le reste de l'année, slt le w-e jusqu'à 18h-19h. Prix : 4,20 € l'aller simple, 5,90 € A/R ; réduc ; gratuit moins de 3 ans.* Belles vues à glaner sur l'ouest de la ville.

QUARTIER DE CHUECA

Zoom détachable Chueca ; Ⓜ Chueca

Cœur battant du Madrid nocturne, épicentre de la vie agitée des jeunes branchés, Chueca est un secteur très vivant, grand comme un mouchoir de poche. Dans ce quadrillage de rues étroites que l'on sillonne volontiers à pied (éviter à tout prix la voiture), vous trouverez une foule de magasins de mode et de gadgets pour geeks ainsi que de nombreux bars branchés, restos design, boutiques dans le vent et outlet. Agréable de se balader en levant les yeux sur les balcons à fenêtres *(cristaleras)* qui ornent les façades des immeubles...

C'est aussi le quartier homo, mais ici, pas vraiment d'esprit de ghetto. Les jeunes (ou moins jeunes) – homos et hétéros – viennent avant tout profiter de l'animation des fins de semaine.

Plus qu'ailleurs, la vie nocturne dans ce quartier est grande consommatrice de lieux. Ce qui amène souvent des changements dans les noms des établissements ou dans le genre de clientèle.

Ne nous en veuillez pas. Vous trouverez à coup sûr, plus loin ou à côté, la toute dernière adresse tendance ! Il suffit d'observer ce qui se passe autour de soi et de suivre la foule...

Où manger des tapas ?

Tôt ou tard

I●I ***Mercado de San Antón*** *(zoom détachable Chueca D-E3,* ***156****) : c/ Augusto Figueroa, 24.* • *info@mercadosananton.com* • Ⓜ *Chueca. Tlj 10h-minuit (22h pour la partie marché traditionnel au 1er étage).* Un marché tout beau tout neuf puisque rénové de fond en comble. Au 2e étage, des stands permettent de manger grec, italien, japonais ou même... espagnol ! Les prix un peu élevés correspondent à la nouvelle population du quartier, plutôt bobo. Mais les produits sont excellents, le choix varié et le cadre contemporain bien rafraîchissant. Le toit-terrasse, au 3e, est occupé par un agréable resto (la ***Cocina de San Antón,*** ☎ *91-330-02-94 ; tlj 10h-minuit – 1h30 ven-sam ; menu midi env 14 € ; résa conseillée*), qui a vite été adopté par les habitants du quartier. Et on peut même venir y faire accommoder à son goût les produits achetés dans le marché (à préciser aux commerçants à l'achat).

I●I ***El Tigre Sidrería*** *(zoom détachable Chueca D3-4,* ***165****) : c/ de las Infantas, 30.* ☎ *91-532-00-72. Tlj jusqu'à 1h30. Verre de cidre 2,50 €. CB refusées.* Un des bars à tapas les plus populaires de Chueca... et pour cause, les tapas accompagnant la boisson (elle-même pas chère !) sont gratuites. Certes, pas d'une grande finesse, mais cette grosse assiette de tapas, croquettes et patates sautées comble les faims des étudiants les plus fauchés ! Toujours plein comme un œuf, les coudes sur le comptoir de marbre, les pieds dans les papiers gras, et la tête dans les conversations bruyantes. Cerise sur les tapas, service joyeux et alerte... *Annexes, toujours dans Chueca, au c /Infantas, 23, et c/ Hortaleza, 30.*

Bodega de la Ardosa *(zoom détachable Chueca D3, **155**) : c/ de Colón, 13. ☎ 91-521-49-79. • info@laardosa.com • Ⓜ Tribunal ou Chueca. Lun-ven 8h30-2h, le w-e 11h45-2h30. Tapas à partir de 3 €, plats 8-20 €.* Fondée en 1892, on a un petit faible pour cette *bodega* vivante et pittoresque aux murs couverts de beaux azulejos, d'affiches anciennes, d'émouvants souvenirs et, derrière le vieux comptoir en bois, d'un impressionnant choix de bouteilles poussiéreuses. On boit de la bière et du vermouth sur des tonneaux, en se régalant de *croquetas*, de *pintxos* garnis de morue, anchois, thon, calmar, tomate, etc., et d'assiettes de jambon, saucisson et fromage. Voir l'insolite tableau des records d'absorption de Guinness... Il n'y a pas beaucoup d'adresses aussi adorables (mais purement hispanophones) que celle-ci, avec une vraie bonne ambiance, en journée comme tard le soir.

Das Meigas *(zoom détachable Chueca D3, **166**) : c/ Barbieri, 6. ☎ 91-532-85-76. Ⓜ Chueca et Gran Vía. Tlj midi et soir jusqu'à 23h.* Voilà encore une sympathique *marisquería* galicienne, fréquentée surtout le soir. Vraiment popu ; les habitués se pressent au comptoir pour se régaler de fruits de mer et de copieuses tapas. Salle de resto confortable derrière, mais peu fréquentée, les clients préférant la 1re salle, plus chaleureuse et animée. Nul doute que vous y ferez un bon repas. En plus du poisson et des crustacés, l'occasion de déguster un bon *cocido completo*. Éviter la paella, décevante (en même temps, c'est normal, ce n'est ni galicien, ni castillan !).

Stop Madrid *(zoom détachable Chueca D3, **157**) : c/ de Hortaleza, 11. ☎ 91-521-88-87. Ⓜ Gran Vía. Tlj 12h (13h dim)-1h (2h30 le w-e, minuit dim). Tapas min 3 €.* Maison fondée en 1928. Cette ancienne boucherie au blanc carrelage n'a pas changé d'un iota depuis sa création. Aujourd'hui, sur le marbre du boucher, on ne découpe plus des quartiers de viande mais des tranches de *jamón*. Bonne qualité, certes, mais un peu chérot quand même au vu des portions : les petits budgets se contenteront d'un vermouth à la pression. Clientèle d'habitués, ça va sans dire. Quelques tables basses en marbre ou tonneaux pour poser une fesse.

Bocadillo de Jamón y Champán *(zoom détachable Chueca, E3, **152**) : c/ Fernando VI, 21. ☎ 91-029-94-69. Tlj, sf lun midi et dim, 13h-16h30, 19h30-minuit. Tlj sf dim et lun midi 13h-16h30, 19h30-minuit. Compter 10-15 € pour 1 verre + 1 bocadillo.* Envie d'emballer à la française, un verre de champ' à la main ? Mais en restant simple, sur fond de *bocadillo* garni d'un *jamón* de 1er choix, ou d'une 'tite salade de ventrèche de thon ? Certes, c'est un peu guindé et plutôt chérot, pour un bar à tapas, mais c'est bien le seul bémol qui nous vient, car les produits du terroir espagnol sont excellents, les champagnes au top de leurs bulles... et on y trouve même du vermouth, voire des planches de fromage français, pour les nostalgiques.

Où manger (assis) ?

Bon marché (moins de 15 €)

Tienda de Vinos *(zoom détachable Chueca D-E3, **149**) : c/ Augusto Figueroa, 35. ☎ 91-521-70-12. Fermé fin août. Tlj jusqu'à 22h30. Plats 7-12 €.* Vieux resto populaire, chargé d'histoire, fondé en 1890. Fréquenté durant la dictature de Franco par les étudiants de gauche, ce qui lui valut le surnom de *El Communista*. Est resté quasiment dans son jus depuis les années 1950-1960, avec son cadre austère de panneaux marron foncé, son vieux bar à l'entrée. Seuls quelques articles de journaux, dessins et caricatures mettent un peu de couleur aux murs. Cuisine rustique, mais bonne, comme ces *chipirones* à l'encre bien servis, les *callos* au chorizo (tripes), *rinones al jerez* (rognons), *conejo* à la tomate (lapin). Peu de monde, curieusement, car le quartier est devenu tellement branché que ce lieu prolo dans l'âme est devenu paradoxalement décalé, presque out ! Nous, en tout cas, on l'aime toujours...

Bazaar Restaurant *(zoom détachable Chueca D-E3,* ***221****) : c/ de la Libertad, 21. ☎ 91-523-39-05. Ⓜ Chueca. Fermé 1er janv, 24, 25 et 31 déc. Tlj 13h15-16h, 20h30-23h30 (minuit jeu-sam). Plats 7-10 €.* Une élégante salle blanche avec un beau parquet, entourée par d'immenses baies vitrées. Tables bien séparées. Les produits d'épicerie sont artistiquement disposés dans d'élégantes armoires. Bien que l'ensemble du personnel soit asiatique (comme dans tous les autres restos de cette minichaîne), la cuisine s'inspire de la Méditerranée. À des tarifs si bas, ne vous attendez tout de même pas à de la grande cuisine ni à un service très pro. Mais le rapport qualité-prix est dur à battre.

Bogotá *(zoom détachable Chueca E3,* ***151****) : c/ Belén, 20. ☎ 91-308-12-47. • bogotarestaurante@gmail.com • Ⓜ Chueca ou Alonso Martínez. Tlj sf dim. Menus midi 12-15 € ; carte 20 €.* Comme les galeristes et créatifs du quartier, c'est surtout au déjeuner que l'on se presse entre ces murs pâles rehaussés de tirages photos originaux et de quelques tableaux. Une affaire de famille, qui privilégie la fraîcheur des produits et les plats de la cuisine populaire madrilène. Efficace et sympa au déjeuner, mais beaucoup plus désert le soir.

El Pollo Gambero *(zoom détachable Chueca E3,* ***153****) : c/ del Barquillo, 34. ☎ 91-532-33-63. Tlj sf lun, midi-23h (2h jeu-sam, 17h dim). Menu 8,50 € midi et soir, ½ poulet 5 €, salade du jour 2,50-4 €/100 g.* Ça ressemble à un fast-food, et ça en est presque un... à 3 gros détails près ! D'abord, l'endroit est spécialisé dans le poulet, mais du poulet de qualité, rôti dans les règles de l'art, servi avec son jus. Ensuite, on y trouve un sous-sol voûté qui programme du rock *(jeu-sam dès 20h)*. Enfin, c'est le dernier projet en date du grand chef Sergi Arola, aussi talentueux qu'iconoclaste... et dont nous apprécions déjà le *Vi Cool* (voir dans Le Barrio de las Letras). La providence des gros appétits à petit budget.

La Mordida *(zoom détachable Chueca E3,* ***222****) : c/ de Belén, 13. ☎ 91-308-20-89. • avaquerolamordida@yahoo.es • Ⓜ Alonso Martínez ou Chueca. Tlj 13h30-1h non-stop. Plats 8-14 €.* Chaîne mexicaine : une explosion de couleurs, calendrier aztèque peint au plafond, tables et chaises aux peintures éclatantes, portraits de Zapata et du *subcomandante* Marcos, Frida Kahlo et autres illustres Mexicains. Crêpes de maïs au fromage fondu *(quesadillas)*, guacamole, *nachos, fajitas* (viande de poulet effilée en sauce), tacos... Ambiance, comme la déco, joyeuse et colorée.

Lo Siguiente *(plan détachable E3,* ***174****) : c/ Fernando VI, 11. ☎ 91-319-52-61. • info@losiguiente.es • ♿ Fermé 1er janv et 15 j. en août. Tlj 8h30 (12h le w-e)-2h. Menu midi 11 €, carte 15-18 €. Apéro maison offert sur présentation de ce guide.* À deux pas du *museo del Romanticismo,* dans la partie nord de Chueca, une impeccable pause déjeuner autour d'un menu du jour frais à prix serré. Le soir, on se retrouve autour des hautes tablées ou des quelques fauteuils de récup à partager des tapas, toujours à prix doux. Bon accueil pas guindé dans ce quartier qui monte.

Ex-Libris *(zoom détachable Chueca E4,* ***229****) : c/ Infantas, 29. ☎ 91-521-28-28. • exlibris@lussohoteles.com • ♿ Tlj. Menu midi en sem 11,50-21 €, menu dégustation soir et w-e 25 €.* Au rez-de-chaussée d'un hôtel, ce resto au cadre élégant (les murs sont couverts d'une superbe collection... d'ex-libris, anciens et modernes) affiche un menu du déjeuner déjà gastronomique à un prix démocratique. Et copieux qui plus est ! Même le pain est fait maison. Talentueux, le chef ! Service au diapason, soigné sans être guindé. Une belle surprise.

La Cocina del Desierto – Al-Jaima *(zoom détachable Chueca D3,*

MADRID

224) : *c/ Barbieri, 1. ☎ 91-523-11-42. Ⓜ Gran Vía ou Chueca. Tlj 13h30-16h, 21h-minuit (0h30 ven-sam). Repas 12-20 €.* Petit resto à la façade discrète, dans lequel vous dégusterez des spécialités d'Afrique du Nord : tagines, couscous et brochettes, généreusement servis. Le pain est apporté dans des paniers en osier, tables en cuivre ou petites estrades pour jouer au pacha sur des coussins. Une adresse pleine de saveurs du désert.

El Cisne Azul *(zoom détachable Chueca E3,* **148***)* : *c/ de Gravina, 27. ☎ 91-521-37-99. Ⓜ Chueca. Tlj sf dim. Viandes 16-21 €. Sélection champignons 15-25 €.* N'allez pas croire qu'on vous prend pour une truffe, mais voici un resto spécialisé... dans les champignons. Dans ce simple troquet décoré de photos de champis aux murs, on déguste des dizaines de variétés, parfois rares quand la saison s'y prête. Comme vous ne connaissez sans doute pas tous les noms en espagnol, un serveur vous les présente de visu. Ils sont ensuite apprêtés à votre convenance : aux œufs, au foie, au fromage, aux pétoncles, avec des ris d'agneau, etc. À vous chanterelles, russules et tricholomes ! Et au n° 19, à quelques pas, la version *taberna,* plus populaire, où l'on savoure des tapas de champignons accoudé au comptoir en sirotant de petits verres de vermouth.

Plus chic (25-35 €)

Ribeira d'O Miño *(zoom détachable Chueca D3,* **167***)* : *c/ Santa Brígida, 1. ☎ 91-521-98-54 ou 91-531-33-93. Ⓜ Chueca ou Tribunal. Tlj sf lun midi et soir jusqu'à 22h30. Plateaux à partir de 22 €.* Une des *marisquerías* les plus populaires de Madrid, à des prix étonnamment modérés. Tout au fond, 2 salles tranquilles pour savourer une excellente cuisine galicienne et des fruits de mer d'une belle fraîcheur. Le plateau de base, vraiment copieux, arrosé du p'tit blanc du patron, présente déjà un remarquable rapport qualité-prix. Chaleureuse atmosphère et clientèle d'habitués réjouis.

La Barraca *(zoom détachable Chueca D4,* **230***)* : *c/ de la Reina, 29. ☎ 91-532-71-54. • info@labarraca.es • Ⓜ Gran Vía ou Banco de España. Tlj 13h30-16h30, 20h-minuit. Plats 13,80-20 €. Paellas 15-22 € (avec mariscos). Résa conseillée.* Un resto de poche à la déco d'azulejos dans lequel on vient manger la spécialité de la maison : la paella, déclinée en de multiples recettes. La plupart sont servies pour 2 personnes ou plus. Copieux et succulent, est cité dans tous les bons guides gastronomiques. Aussi bien fréquenté par les hommes d'affaires du quartier que par les touristes de passage. Choix de vins impressionnant. Service blasé, en revanche.

La Sacristía *(zoom détachable Chueca D3,* **231***)* : *plaza Vázquez de Mela, 1. ☎ 91-522-09-45. • info@lasacristia.es • Ⓜ Gran Vía ou Banco de España. Tlj sf dim et août 13h-16h, 20h30-minuit. Repas env 30 €.* Une enfilade de salles sobres, cossues et tranquilles permettent d'apprécier la cuisine. On vous apporte d'emblée de quoi picorer et c'est avec le sourire qu'on vous sert gibier et poisson. Mais la grande spécialité, c'est la morue (la devise ici : « *i la bacalao, estrella de nuestra cocina !* »). N'abusez pas du vin de messe en dessert...

Où prendre son petit déj ?
Où savourer des douceurs ?

Horno San Onofre *(zoom détachable Chueca D3,* **275***)* : *c/ San Onofre, 3. ☎ 91-522-85-44 ou 91-522-72-16. Ⓜ Gran Vía. Tlj sf 1er janv et 25 déc 8h-21h30 (9h-21h dim).* Hormis les viennoiseries encore tièdes à tremper dans le chocolat chaud ou le café, laissez-vous tenter par l'étonnante variété de *turrones* maison ou par la savoureuse *tarta de Santiago,* sorte de gâteau aux amandes. Nombreuses spécialités selon les périodes de l'année, demander celles du moment. Seulement 2 petites tables sur place.

L'heureux propriétaire possède 3 autres pâtisseries dans le même quartier : *c/ Hernani, 7 ; c/ de Hortaleza, 9 ; c/ Mayor, 73, ainsi qu'aux marchés de Chamberí et San Miguel.*

Mama Inès Café *(zoom détachable Chueca D3, **225**) : c/ de Hortaleza, 22. ☎ 91-523-23-33. • cafe@mamaines.com • Ⓜ Chueca. Tlj 9h-1h30.* Café de quartier convivial tout en longueur, dans les tons blancs, avec tables de marbre, et lumières bien tamisées le soir... Organise régulièrement des expos de peinture contemporaine, ce qui peut changer la déco du tout au tout ! Bons petits déj à prix doux, et aussi glaces, salades et sandwichs. L'ambiance change complètement en soirée autour des cocktails !

Harina *(zoom détachable Chueca D3, **282**) : c/ de Augusto Figueroá. ☎ 91-521-72-51. • harina@harinamadrid.com • Tlj 9h-minuit. Petits déj 5-6 €.* Une boulangerie-cafét' en service continu, qui permet de prendre un petit déj comme une salade, une part de tarte ou un sandwich dodu à toute heure ! Certes, c'est une minichaîne, mais qui a de la tenue. Agréable salle aux matériaux bruts, claire et lumineuse, et petit éventail de tables sur la ruelle piétonne. Autre adresse, dotée d'une bien plus grande terrasse : *pl. de la Independencia* (c'est-à-dire Puerta de Alcalá, face au parque del Retiro), pour savourer le Madrid monumental.

Mistura *(zoom détachable Chueca D3, **281**) : c/ de Augusto Figueroa, 5. ☎ 91-755-63-91. • shop@misturaicecream.com • Tlj 10h-minuit (1h ven-sam). Formules petit-déj 3,50-5,50 € (jusqu'à 13h), glace min 2,50 €.* Les glaces de *Mistura* (« mélange » en portugais) sont simplement succulentes ! Artisanales, sans conservateur ni colorant ou autre additif bizarre, à teneur en graisse réduite (si madame, c'est possible !)... On choisit ses parfums et son *topping* (fruits frais, fruits secs, graines variées, pépites de choco, etc.), qui sont habilement malaxés ensemble à froid, ce qui donne une texture assez unique. À vrai dire, on les a adorées même sans *topping.* La pistache à elle seule vaut le voyage à Madrid... Également des cafés et jus de fruits, mais la salle est vraiment mini et se résume à des guéridons. Annexe du côté de la plaza Mayor (avec petits déj également).

MADRID

Où boire un verre ?
Où écouter de la musique live ?

Tôt ou tard

Angel Sierra *(zoom détachable Chueca E3, **335**) : c/ de Gravina, 11. ☎ 91-531-01-26. Ⓜ Chueca. Tlj 12h30-2h.* Fresques patinées, azulejos, belles glaces gravées de pubs, grosses barriques dans la salle de derrière, centaines de bouteilles poussiéreuses, etc. Dans cet antique « abreuvoir » fondé en 1917 et donnant sur la plaza Chueca, cœur de la fiesta du quartier, on picole de bons vins au comptoir, du vermouth artisanal, accompagnés, pourquoi pas, de délicieux anchois. Bondé les soirs de fin de semaine, quand la *plaza* est littéralement envahie par les noctambules.

Café Acuarela *(zoom détachable Chueca D3, **336**) : c/ de Gravina, 10. ☎ 91-522-21-43. Ⓜ Chueca. Tlj 14h-3h.* Au cœur de Chueca, un petit salon de thé en journée, plutôt bar *lounge* le soir. Cadre dans les tonalités brunes et tamisées. Déco baroque classe et sympa, atmosphère élégante et très cosy, un poil mystique aussi avec ses images pieuses et tous ces *puppi* potelés. Quelle que soit l'heure, on s'affale dans les fauteuils défoncés, on s'y pose confortablement pour papoter, échanger des regards, dragouiller...

Café Belén *(zoom détachable Chueca E3, **338**) : c/ de Belén, 5. ☎ 91-308-27-47. Ⓜ Chueca ou Alonso Martinez. Tlj 15h30-1h (3h ven-sam).* Un îlot de tranquillité et de détente au beau milieu de la fiesta. Agréable petit bar cosy : vieilles poutres, tables en marbre, éclairage tamisé et musique électro pas trop forte pour discuter gentiment entre amis ou en amoureux. À la carte : une foule de thés et de délicieux cocktails.

Plutôt le soir

🍷 ♪ ***Areia*** *(zoom détachable Chueca D3,* ***339****) : c/ de Hortaleza, 92.* ☎ *91-310-03-07.* • *info@areiachillout.com* • Ⓜ *Chueca, Alonso Martínez ou Tribunal. Tlj 14h (13h le w-e)-3h. Entrée libre.* Un resto-bar musical qui a la cote auprès des jeunes actifs et autres trentenaires. Tout en longueur, avec des coins sombres, des canapés et une déco colorée aux accents orientaux. Bien pour une pause *lounge* dans l'après-midi, et encore mieux le soir, lorsque l'ambiance bat son plein. Le week-end, on se trémousse sur de la bonne musique électro en descendant des cocktails. Possibilité de se restaurer (rien d'extraordinaire) en continu jusqu'à minuit. Une très bonne adresse.

🍷 ♪ ***El Junco Jazz Club*** *(plan détachable E3,* ***341****) : plaza de Santa Barbara, 10.* ☎ *91-319-20-81.* • *info@eljunco.com* • *eljunco.com* • Ⓜ *Alonso Martínez ou Chueca. Mar-sam 23h-5h30 (6h ven-sam). Entrée : 6-12 €.* Dans cette jolie cave voûtée en brique, tous les soirs des orchestres de jazz *en vivo.* Une formidable programmation, suivie de musiques funk, soul, blues, latina, brazil, reggae, etc., mixées par un DJ qui vous emmène jusqu'aux premières lueurs du jour. *Jams* d'enfer les dimanche, mardi et jeudi... Un club avec lequel il faut compter dans la nuit madrilène.

🍷 ♪ ***Búho Real*** *(zoom détachable Chueca E3,* ***342****) : c/ Regueros, 5.* ☎ *91-308-48-51.* • *info@buhoreal.com* • *buhoreal.com* • Ⓜ *Chueca ou Alonso Martínez. Mer-dim 20h-3h. Concert vers 21h30 : env 8 €.* On a bien apprécié cette petite salle voûtée kitsch à souhait, où se produisent des groupes de musique toutes tendances : pop, rumba, jazz... Mais aussi des lectures ou des performances. Public de trentenaires sympas.

🍷 ***Café Libertad 8*** *(zoom détachable Chueca E3,* ***344****) : c/ de la Libertad, 8.* ☎ *91-532-11-50.* • *info@libertad8cafe.es* • *libertad8cafe.es* • Ⓜ *Chueca ou Banco de España. Tlj 18h-3h. Fermé en août. Entrée libre ; animations : 4-5 €.* Créé juste après la chute de Franco, un café littéraire bien connu des amateurs de soirées *cuenta-cuentos* (contes), poésies et autres *cantautores.* Riche programmation et cadre très chaleureux, intime, pour passer une soirée culturelle au calme.

🍷 ♪ ***Les bars-boîtes aux couleurs du rainbow flag :*** on en trouve pas mal, souvent les uns à côté des autres. Leur entrée est généralement gratuite et accessible aussi aux hétéros sans restriction ni mauvaise grâce. Parmi les plus réputés du quartier, voici ***Liquid*** *(zoom détachable Chueca D3,* ***345*** *; c/ de Barbieri, 7).* On aime bien son design épuré, ses écrans plats et sa musique électro à donf ! Dans le même genre et juste à côté, le ***Studio 54*** est un autre incontournable de la nuit gaie tapageuse ; sans oublier, avec une atmosphère un peu plus discrète : le ***D'Night*** *(zoom détachable Chueca D3,* ***346*** *; c/ de San Bartolomé, 6),* avec son ambiance décontractée ; ou encore le ***Why Not*** *(zoom détachable Chueca D3,* ***347*** *; c/ de San Bartolomé, 7)* en sous-sol, cadre tamisé façon bateau en bois verni, photos de stars en noir et blanc.

Achats

🛍 ***Casa Postal*** *(zoom détachable Chueca E3,* ***428****) : c/ de la Libertad, 37.* ☎ *91-532-70-37.* Ⓜ *Chueca. Lun-ven 10h-14h, 17h-19h30 ; sam 11h-14h30 (fermé sam en août).* Un véritable paradis pour les amateurs de cartes postales anciennes, de vieilles photographies et de plaques émaillées de récup'. M. Martín Carrasco Marqués en a en effet une collection superbe, rangée dans des tiroirs minutieusement numérotés. Dans les vitrines, des mini-antiquités, de petites boîtes, des objets miniatures... Adorable !

🛍 ***Patrimonio Comunal Olivarero*** *(plan détachable E3,* ***431****) : c/ Mejía*

Lequerica, 1. ☎ 91-308-05-05. • pco.es • Ⓜ Alonso Martínez ou Tribunal. Fermé en août. Lun-ven et sam mat 10h-14h, 17h-20h. En juil, mar-sam 9h-15h. Une fondation destinée à promouvoir les huiles d'olive espagnoles, et qui a ouvert boutique. Toutes les DOC en huile du pays, depuis le flacon de 20 cl au bidon de 5 l ! Parfois possible d'en déguster certaines.

Mercado de San Antón *(zoom détachable Chueca D-E3,* ***156****) : c/ Augusto Figueroa, 24. Voir aussi « Où manger des tapas ? ». Tlj 10h-22h.* Si son resto en terrasse et ses bars à tapas sont désormais un must, il conserve aussi une partie marché traditionnel, certes pas donnée, mais qui aligne les produits du terroir espagnol. Et au sous-sol, supermarché bienvenu.

Dans la ***calle de Fuencarral*** (piétonne pour une large part), nombreux magasins de fringues branchées, de créateurs, et de grandes chaînes internationales. Assez cher toutefois. Les amateurs de stocks *(outlet)* déambuleront plutôt le long de la ***calle de Hortaleza*** (attention, chaussures en vue, surtout des marques dédiées aux filles, mais pas exclusivement !) et dans les ruelles avoisinant la station de métro Chueca. Bien entendu, plusieurs boutiques spécial homos (fringues, librairies, objets de toutes sortes, etc.) autour de la plaza Chueca, dans les calles de Pelayo et de Hortaleza. Enfin, nombreux magasins de chaussures (encore, si, si !) où l'on peut trouver quelques bonnes affaires.

À voir

Museo del Romanticismo *(musée du Romantisme ; plan détachable D3) : c/ San Mateo, 13. ☎ 91-448-10-45. • museoromanticismo.mcu.es • Ⓜ Tribunal. Fermé 1er et 6 janv, 1er mai, 24, 25 et 31 déc. Mar-sam 9h30-20h30 (18h30 nov-avr) ; dim et j. fériés 10h-15h. En juil-août, nocturne le jeu 20h30-23h (à vérifier). Entrée : 3 € ; réduc ; gratuit moins de 18 ans, étudiants moins de 25 ans, plus de 65 ans et pour ts sam après 14h, dim et certains j. fériés.* Installé dans un bel hôtel particulier, ce musée présente un panorama intéressant de la vie bourgeoise sous le règne d'Isabelle II (1833-1868), que l'on voit d'ailleurs à cheval et en uniforme militaire dès la deuxième antichambre. La déco et les œuvres exposées reflètent à merveille les tendances de l'époque : plafond peint, superbe mobilier inspiré du style Empire, salle de bal kitsch à souhait avec ses murs tendus de soie rose (on en mangerait !)... Quant aux appartements privés, ils illustrent le penchant de la noblesse et de la bourgeoisie pour les stéréotypes de l'Espagne populaire, dont ils étaient si éloignés et qui leur semblaient si pittoresques : scènes de beuverie à la campagne, belles Andalouses, paysans richement vêtus (!), brigands et canailles de tout poil... Salle 10, admirer le nécessaire de toilette du roi Fernando VII lui-même, et le siège d'aisance qui accueillit maintes fois l'auguste postérieur. Dans l'oratoire, on notera encore le portrait du pape Grégoire Ier par Goya. Agréable petit café dans le jardin.

Museo de Historia *(ex-Museo municipal ; plan détachable D3) : c/ de Fuencarral, 78. ☎ 91-701-18-63. • munimadrid.es/museodehistoria • Ⓜ Tribunal. ☎ 91-701-18-63. Mar-dim 10h-20h. Fermé 2e quinzaine d'août, 1er et 6 janv, 1er mai, 24, 25 et 31 déc. GRATUIT.* Après plusieurs années de fermeture, une muséographie récente qui se concentre vraiment sur l'histoire de Madrid et des madrilènes : les trois niveaux suivent la chronologie de son développement en tant que capitale depuis le XVIe s. Le ***rez-de-chaussée*** s'organise surtout autour de portraits royaux (Philippe II, Charles Quint), de gravures et de tableaux. On y retrouve San Isidro, patron très populaire de la cité, des scènes de fêtes populaires ou religieuses (dont le Corpus Cristi) des XVIe et XVIIe s, et les sites royaux développés dans les proches environs (le palais du Retiro – à l'emplacement de l'actuel parc, la Casa de Campo, le palais du Pardo – qui était le lieu préféré de Philippe IV, etc.). Le ***1er étage*** aborde l'époque des Bourbons, le XVIIIe s, essentielle puisque c'est eux qui font de Madrid une capitale monumentale en multipliant les palais et les symboles de pouvoir dans l'architecture de la ville, comme l'arc de Triomphe de la plaza de Alcalá. C'est aussi le siècle du développement des manufactures royales : on retrouve ici de monumentales toiles destinées à devenir des cartons de tapisserie, le cristal issu de la manufacture de La Granja de Ildefonso, des collections de porcelaine de celle du Buen Retiro, ou d'éventails. Enfin tout ce qui fait aussi la vie quotidienne et culturelle des madrilènes : le théâtre, les costumes, etc. Et l'épisode de l'entrée de Napoléon dans la ville, avec des madrilènes qui préfèrent mourir de faim plutôt que d'accepter du pain de l'ennemi ! Au ***2e étage,*** c'est le XIXe s et son cortège de guerres carlistes, qui opposeront Madrid et une partie de l'Espagne durant tout le siècle... Ce qui n'empêche pas le Romantisme d'émerger, comme partout en Europe, et de s'exprimer dans les beaux-arts en exaltant les héros de ces affrontements, comme le général Torrijos ou Mariana Pineda. Madrid est alors une ville à l'activité intellectuelle intense, où café et *tertullias* foisonnent d'échanges ! Période festive aussi, où Isabelle de Bourbons (Isabelle II) protège les artistes et érige l'opéra. Industrielle encore, alors que Alfonso XII met le train sur les rails... Ne pas finir la visite sans faire un tour au sous-sol, avec deux superbes maquettes de la ville, qui illustrent parfaitement son développement (comparer donc avec le plan détachable de votre *Routard* !) !

Museo de Cera *(plan détachable E3)* **:** *paseo de Recoletos, 41. ☎ 91-319-26-49. • museoceramadrid.com • Ⓜ Colón. Lun-ven 10h-14h, 16h30-20h ; w-e et j. fériés 10h-20h. Entrée à prix vertigineux : 19 € ; moins de 12 ans et plus de 65 ans : 12 €. Audioguide (pas en français) 3 €. Tarif famille dispo slt sur résa sur leur site.* Londres a son Tussaud, Paris a son Grévin, eh bien Madrid a aussi son musée de cire ! Plus de 450 personnages en deux galeries. La première retrace l'histoire de l'Espagne au travers de ses dirigeants, ses explorateurs, ses sportifs, ses artistes et écrivains, ses toreros... Et la seconde rassemble un melting-pot de tout et n'importe quoi. Autres attractions : un simulateur, un train fantôme et une projection avec des effets spéciaux sur l'histoire de l'Espagne. Le tout sans grand intérêt, il faut l'avouer...
– En sortant, vous ne pourrez pas louper une superbe grenouille en bronze de 4 m de haut, au corps bleu-vert gravé de petits symboles. Œuvre de Eladio de Mora, elle trône sur le trottoir juste devant l'entrée du Gran Casino de Madrid, qui a sponsorisé sa création et son installation. Cette **Rana de la Fortuna** (grenouille de la chance) est censée porter bonheur !

Fundación MAPFRE – Sala Braganza *(plan détachable E3)* **:** *c/ Bárbara de Braganza, 13. ☎ 91-581-46-09. • fundacionmapfre.org • Ouv slt pdt expositions : lun 14h-20h, mar-dim 11h-20h (19h dim). Entrée : 3 € ; gratuit lun ap-m.* MAPFRE n'est rien d'autre que la plus grosse compagnie d'assurance espagnole ! Et sa fondation subventionne plusieurs lieux culturels, dont cette salle. En général, expositions d'excellente tenue, dont les dates sont annoncées à grand renfort d'affichage dans toute la ville (et sur le site internet également).

QUARTIER DE MALASAÑA

Plan détachable B-C-D2-3 ;

Ⓜ Bilbao, Tribunal, Ventura Rodríguez ou Noviciado

À moins de 10 mn à pied de la puerta del Sol. Autant dire la *puerta* à côté ! Tranquilles le jour, les rues qui grimpent de la calle de la Luna jusqu'à la plaza Dos de Mayo s'enfièvrent la nuit. Nombreux murs couverts de tags et de graffitis, témoins du renouveau du quartier qui a commencé dès les années de la Movida.
Ce passé contestataire aux accents révolutionnaires n'était certes pas fait pour plaire à la dictature franquiste qui, en fermant l'université voisine de San Bernardo, parvint à disperser les étudiants devenus gênants. Pas étonnant donc, si la fin de l'obscurantisme culturel venue, tous les faiseurs de courants s'y soient retrouvés pour fêter le retour de la liberté.
Autour de la plaza Dos de Mayo *(plan détachable D2-3 ; Ⓜ Tribunal ou Noviciado)*, qu'on se le dise, c'est un quartier *de copas*, où l'on vient prendre un verre jusque tard dans la nuit dans une effervescence totale. Quelle ambiance ! Grosso modo, à l'ouest de la calle de Fuencarral et autour des *calles* (semi-piétonnes) de Velarde, de San Andrés, Vicente Ferrer, de la Palma et de la fac des arts appliqués, vous rencontrerez dès la nuit tombée un incroyable melting-pot culturel et pas mal d'adresses à l'esprit alternatif. Vieux punks sur le retour, nombreux étudiants, jeunes gens modernes, hipsters en pleine exploration urbaine, paumés sirotant leur bibine sur un banc, cœurs délaissés en quête de l'oubli, amoureux de « performances » et autres happenings... et une tripotée de bars et de restos dans l'air du temps.

LES CISEAUX DE LA LIBERTÉ

Le quartier tient son nom de Manuela Malasaña, jeune couturière qui fut exécutée à 16 ans par les troupes de Napoléon pour avoir, dit-on, détenu une arme interdite : une paire de ciseaux ! Elle devint une héroïne et un symbole de cette insurrection populaire de 1808 qui marqua le début de la guerre de Libération contre les Français.

MADRID

Où manger des tapas ?

Gros dilemme : à Malasaña, on peut manger des tapas partout, ou presque ! La difficulté sera plutôt de trouver de la place quelque part, en particulier en fin de semaine... Pour peu que le temps soit au beau fixe, des nuées de Madrilènes parcourent les ruelles et placettes du quartier à la recherche d'un coin de bar où poser son coude ou d'un bout de terrasse où squatter une table... Seules solutions pour le néophyte : se pointer très tôt (genre 19h), ou se laisser porter par la vague et tenter sa chance au pifomètre. Les rues et places les plus riches en bars : c/ Espiritu Santo (et sa placette Juan Pujol, à l'angle avec la c/ de San Andrés), et ses parallèles vers le nord jusqu'à la c/ de Manuela Malasaña ; plaza San Ildefonso (autour de l'église), c/ Baja de San Pablo, c/ del Pez... Et notre sélection de valeurs sûres, mais rarement vides !

Este o Este : *voir ci-après « Où manger (assis) ? » À 2 pas de la plaza Dos de Mayo.* On y grignote de bonnes tapas (*raciones* 7-10 €).

El Pez Gordo *(plan détachable D3,* ***145****) : c/ del Pez, 6. ☎ 91-522-32-08. Ⓜ Callao ou Tribunal. Tlj 20h-2h. Raciones 5-9 €. Chupito de la casa offert sur présentation de ce guide.* Dans cette petite rue qui draine de plus en plus de monde, tapas, vins et bières à prix fort raisonnables, que l'on grignote au son d'une musique jazzy, reggae ou *motown,* un poil rétro. Goûtez le *salmorejo,* le pâté servi avec de la confiture, les délicieuses croquettes ou encore les tripes à la madrilène servies en *ración* ou *media ración.*

La Gastro Croquetería de Chema *(zoom détachable Chueca D3,* ***168****) : c/ del Barco, 7. ☎ 91-364-22-63. • info@gastrocroqueteria.com • Ⓜ Gran Vía. Tlj sf dim soir et lun. Menu midi en sem env 14 €, carte 15-20 €. Résa le soir.* Comme son nom l'indique, la spécialité du lieu est bien la croquette, mais la croquette qui s'amuse, dans des associations et des jeux de textures inhabituelles. Non seulement c'est beau, mais c'est souvent délicieux ! Et leur menu au déjeuner est une bonne initiation à l'art de la croquette, qui, comme chacun sait, doit, pour être parfaite, conjuguer une robe ferme et croustillante avec un cœur fondant !

Taberna La Lirio *(plan détachable D3,* ***169****)* **:** *c/ Espiritu Santo, 30. ☎ 91-521-39-58. • tabernalalirio@gmail.com • Ⓜ Tribunal. Tlj midi et soir. Menu 10 €, repas 12 €.* Moins flamboyant et plus traditionnel que son voisin *Ojalá,* mais de bonnes tapas (à déguster en terrasse aux beaux jours) et une petite salle bariolée bien conviviale et vite remplie. De toute façon, sur cette placette, le soir venu, la première place dégotée sera la bonne !

Orio *(zoom détachable Chueca D3,* ***200****)* **:** *c/ Fuencarral, 49. ☎ 91-521-83-18. • info@gruposagardi.com • Ⓜ Tribunal. Tlj 10h-1h. Pintxo env 2 €.* Un bar à tapas basque qui aligne une bonne sélection de *pintxos* sur le bar. On demande une assiette, on se sert, et on se perche au bar ou sur les tables hautes. À la sortie, c'est le nombre de piques (alignées sur le bord de son assiette !) qui détermine l'addition. C'est rapide, raisonnable côté prix, et plutôt de qualité égale. Bar à huîtres dans un coin (c'est la grande mode à Madrid depuis quelques années !) et salle de resto (plus chère) au 1er étage.

El Cambalache *(plan détachable D3,* ***206****)* **:** *c/ del Espíritu Santo, 28. ☎ 91-521-11-72. Ⓜ Tribunal. Sur la pl. Juan Pujol. Tlj 10h-minuit. Part de pizza et empanadas 3-6 €.* Pas vraiment un bar à tapas, mais ces spécialités d'Argentine s'avèrent la providence des affamés à budget serré. Pizzas « roulées » et *empanadas* (ces chaussons fourrés à la viande, entre autres) richement garnies, à emporter (très peu de guéridon), histoire de caler cette affreuse dent creuse ! Un classique des faims intempestives du coin !

Où manger (assis) ?

Bon marché (max 15 €)

Ojalá – La Musa *(plan détachable D3,* ***169****)* **:** *c/ de San Andrés, 1. ☎ 91-523-27-47. • ojala@grupolamusa.com • Ⓜ Tribunal ou San Bernardo. Tlj 8h30-1h (1h30 ven-sam). « Plage » ouv dès 20h30. Menu midi 11,50 € ; le soir, bonne sélection de viandes autour de 16 €.* Sur cette placette qui, le soir venu, foisonne d'animation, *Ojalá* est d'abord une cafétéria-resto aux murs turquoise. Mais elle cache aussi au sous-sol une cave en brique aménagée en resto de plage ! On y mange assis sur de confortables coussins posés sur une épaisse couche de sable blanc (et fin) de la plage d'Alicante, le tout éclairé par des néons fluo, mauve et bleu, dans une ambiance solarium assez rigolote. Sous les briques, la plage donc, ou comment s'offrir une soirée de vacances tout en restant en ville... Cuisine hispano-imaginative, burger, salades, *empanadas...* Smoothies et jus variés bien frais. Très bien aussi pour le petit déj.

80° – Ochenta Grados *(plan détachable D2,* ***172****)* **:** *c/ Manuel Malasaña, 10. ☎ 91-445-83-51. Ⓜ Tribunal ou Bilbao. Tlj 13h30-16h (16h30 ven-dim), 20h30-minuit (2h ven-sam). Menus midi en sem 12,50-13,80 € ; carte 15-20 €.* Voici deux grandes salles claires et contemporaines, où les rouges-orangés viennent raviver les murs de brique. Quant à l'assiette, elle surprend, elle amuse, et on en redemande. Le principe ? Des plats plus ou moins traditionnels, proposés en *mediaración* pour en goûter plusieurs (3-4 suffisent à combler un bon appétit), et gentiment réinterprétés... Le tartare, par exemple, s'accompagne d'une glace à la moutarde, le calamar se glisse dans un *pan de cristal* pour devenir *bocadillo...* et le tout n'est jamais cuit à plus de 80 °C afin de préserver au maximum les produits, d'où le nom de l'endroit. Service efficace et agréable, ce qui ne gâte rien. Un vrai bon plan.

Este o Este *(plan détachable D2,* ***158****)* **:** *c/ Manuela Malasaña, 9. ☎ 91-445-33-57. Ⓜ Bilbao. Tlj sf lun soir et dim. Menu le midi en sem 10 €, plats 5-17 €.* Un bar à tapas-resto tout en longueur qui propose un choix assez restreint de salades, hamburgers et brochettes, mais la cuisine avec ses touches d'originalité par-ci, ses saveurs orientales et ses clins d'œil vers la Méditerranée par-là, est plaisante. Cadre sobre et coloré, service souriant et aimable. Et presque chaque jour une promo : le mercredi 20 % de réduc sur les plats, le vendredi *happy hour,* etc. Une p'tite adresse de quartier simple et sympa.

|●| ***Lupertz*** *(plan détachable D2,* ***204****) : c/ San Andrés, 31.* ☎ *91-448-83-10.* • *info@lupertz.com* • Ⓜ *Bilbao ou Tribunal. Tlj sf dim soir. Menu midi dès 10,50 €, plats 8-15 €.* Cuisine métisse, ici, mais toujours à base de bons produits, sous forme de tapas ou d'assiettes bien appétissantes. La cuisine latino-américaine est à l'honneur, mais la Méditerranée n'est jamais loin et le souffle de l'Asie guette ! Le tout dans une déco très personnelle où la récup' et les plantes occupent une bonne place, et une cuisine qui se fait quasi sous vos yeux. Alternatif, quoi ! Le soir, une sélection de plats est proposée au format tapas. Seul bémol peut-être, le *lunch urbano* est prévu pour des appétits d'oiseaux... Accueil chaleureux.

|●| ***La Cajita de Nori*** *(plan détachable C2,* ***153****) : c/ del Limón, 30.* ☎ *91-758-72-95.* • *lacajitadenori@gmail.com* • Ⓜ *Ventura Rodríguez ou Noviciado. Face à l'entrée du centre culturel Conde Duque. Tlj midi et soir jusqu'à minuit (1h30 le w-e). Menu 11,50 €, plats 9-20 €.* Ancien petit atelier de métallurgie (noter le système de poulies au-dessus du bar). Loin du tintamarre touristique, petit resto de quartier, clientèle locale sympa et accueil jeune ; petite salle derrière le bar, intime, colorée, climatisée et tranquille. Menu (vin et café compris) très correct, saucisse de Mamie Paulette et sa purée de 3 pommes vivement conseillées, et la paella du samedi et dimanche midi se révèle fort savoureuse... Terrasse sur la placette.

|●| ***Zombie Bar*** *(plan détachable D3,* ***203****) : c/ de la Pez, 7.* ☎ *91-011-19-52.* • *info@zombiebar.es* • Ⓜ *Tribunal ou Callao. Tlj 13h-1h30 (3h le w-e). Menu midi en sem 11 €, hamburger 11-12 €.* Pas besoin de chercher bien loin : derrière ce bar à cocktails-*hamburguesería* se cachent le duo électro des Zombie Kids... Déco inspirée de l'univers des comics Marvel, et carte de hamburgers variés et délicieux, avec une viande choisie avec soin (et même une version tofu pour les zombie-végétariens). Bière servie à la pression dans des bocaux (comme la confiote de maman !) et grand choix de cocktails. Arriver tôt ou tard, sous peine de virer mort-vivant de faim à faire la queue... Une deuxième adresse : *c/ Noviciado, 14 (toujours dans Malasaña, de l'autre côté de la c/ de San Bernardo ; mêmes horaires, mais fermé août, et brunch le dim 11h-16h).*

|●| ***Gabriel*** *(plan détachable C3,* ***168****) : c/ Conde Duque, 10.* ☎ *91-542-80-19.* • *jorge@restaurantegabriel.com* • Ⓜ *Noviciado ou Ventura Rodríguez. Lun-sam 10h-16h30 et mar-sam soir 18h-2h. Résa conseillée. Menu midi 14 €, carte 20-25 €.* Petite salle proprette pour une fraîche cuisine à base de produits du marché. Les musts : les croquettes de *jamón* ou de *bacalao* au parfum de truffe blanche, les lasagnes, le *lomo de buey* pour 2, les patates gratinées...

Prix moyens (15-25 €)

|●| ***Calle 30*** *(plan détachable C3,* ***173****) : c/ del Pez, 30.* ☎ *91-531-52-95.* Ⓜ *Noviciado, Callao ou Tribunal. Tlj sf dim soir et lun 13h-16h, 20h-minuit. Repas env 20 €.* Resto spécialisé dans les viandes et grillades, à la cuisine de qualité irréprochable et au cadre particulièrement original... Salle pavée comme une rue, palettes faisant office de tables, subtils jeux de lumière, service jeune, souriant et alerte... Bref, une chaleureuse modernité. Dans l'assiette, des viandes tendres et savoureuses cuites au feu de bois à la demande et servies généreusement. Nous conseillons vraiment la *parrillada* pour 2, les papillotes de poisson, les *tagliatelle vongole* (moules et fruits de mer), etc. Au sous-sol, box confortables et mignonnes toilettes.

|●| ***Subiendo Al Sur*** *(plan détachable C3,* ***216****) : c/ de Ponciano, 5.* ☎ *91-548-11-47.* 📱 *695-32-26-38.* • *info@subiendoalsur.org* • Ⓜ *Plaza de España ou Noviciado. Lun 12h-17h, mar-sam 12h-minuit. Menu le midi en sem env 10 €, carte 20-25 €.* Le prix

MADRID

Nobel de la paix 1992, la Guatemaltèque Rigoberta Menchu, est venue y manger. Les promoteurs de cette coopérative (à la fois resto et boutique), dans le quartier de Malasaña à Madrid, appliquent le principe du commerce équitable. Ils achètent directement les produits aux paysans du Sri Lanka, d'Inde, du Zimbabwe... et engagent des serveurs en réinsertion. La cuisine est métissée (asiatique, latino-américaine, maghrébine...). Non seulement c'est une belle idée, mais en plus on y mange bien. L'ambiance est à l'image du quartier, jeune, étudiant...

Paraíso del Jamón *(plan détachable C3,* ***217****) : c/ de San Bernardo, 8. ☎ 91-532-83-50. Ⓜ Santo Domingo. Tlj 7h-1h. Menus 10 € (avec vin et café) ou « spécial » 15 € (avec parilla entrecôte ou steak roquefort). Repas env 20 €.* Vous êtes plutôt *bellota, granadino, serrano* ? Pour le savoir, c'est ici qu'il faut vous rendre. Impressionnant ! Du sol au plafond, de beaux jambons entiers vous font de l'œil. Assiettes de dégustation plutôt copieuses avec également des salamis et des fromages du coin. Longs comptoirs de marbre et tables pour les déguster, dans une ambiance un peu ringarde mais rigolote. Éviter les plats, moins intéressants. Un îlot d'ibéritude ! Plusieurs autres adresses en ville.

Où savourer des douceurs et boire un café ou un thé ?

Café de Ruiz *(plan détachable D2,* ***276****) : c/ de Ruiz, 11. ☎ 91-446-12-32. • cafederuiz@gmail.com • Ⓜ Tribunal. Tlj 15h-2h30 (3h30 ven et sam). CB refusées.* Partageant les confortables banquettes, vieilles dames pomponnées et ados bavards passent des heures dans ce café ancien. Aux murs, de vieilles affiches et, sur les tables en marbre, des mousses au chocolat succulentes, des cafés viennois avec petits fours, des thés exotiques. Au fond, des recoins plus intimes pris d'assaut par les tourtereaux. Un régal en fin d'après-midi.

Acquolina *(plan détachable D2-3,* ***278****) : pl. del Dos de Mayo (angle c/ Velarde, 15). ☎ 91-523-30-36. Tlj 13h30-minuit. Dès 2,50 €.* Bon glacier artisanal aux saveurs riches et subtiles, qui fait tourner les fruits au gré des saisons... Un régal pour les grands comme pour les petits, d'autant qu'un coin de la plaza del Dos de Mayo est aménagé en aire de jeux pour les *niños*, à l'ombre des arbres.

Où boire du bon vin ?

Entrevinos *(plan détachable B3,* ***194****) : c/ de Ferraz, 36. ☎ 91-548-31-14. • entrevinos@entrevinos.net • Ⓜ Ventura Rodríguez ou Argüelles. Tlj jusqu'à minuit. Fermé en août. Plats 9-15 €.* Presque en face du parc de la Montana, un fameux bar à vins. Cadre plaisant mais sobre, rien ne doit détourner de la qualité des quelque 300 vins référencés ici. Cependant, les bruyants babillages de la clientèle donnent vie à ce lieu sympathique, petit havre inespéré dans ce quartier résidentiel. D'autant qu'on peut y déguster quelques plats assez élaborés et goûteux. Au tableau noir, les vins du mois.

Où boire un verre ? Où écouter de la musique live ?

Tôt ou tard

Les terrasses de la plaza Dos de Mayo *(plan détachable D2-3)* : sous les arbres, plusieurs bistrots disposent d'agréables terrasses pour boire un verre en grignotant tapas ou parts de pizza, en journée et jusque tard dans la nuit. Bonne ambiance au *El 2D*, à l'angle avec la c/ Velarde, ou au *Malabar*.

Mercado de San Ildefonso *(zoom détachable Chueca D3,* ***312****) : c/ Fuencarral, 57. ☎ 91-559-13-00. • info@mercadodesanildefonso.com • Ⓜ Tribunal.*

Tlj midi-minuit (1h jeu-sam). Sur trois étages et deux terrasses, voici le dernier *street food market* de la ville, pile à la rencontre de Chueca et Malasaña. Bon, en vrai, on n'a pas été complètement convaincu par les divers stands de croquettes, *tortillas* (omelettes), brochettes et autres tapas (18 comptoirs en tout et autant de bars que d'étages), en revanche l'ambiance est bien sympa pour un apéro, autour des grosses tables communes en bois. À l'image du quartier, en fait : pour tous les âges, et à la fois dynamique et rigolard.

Plutôt le soir

Café La Palma *(plan détachable C2-3,* **350***) : c/ de la Palma, 62. ☎ 91-522-50-31. • german@cafelapalma.com • cafelapalma.com • Ⓜ Noviciado. Mer-dim 17/18h-3h (4h le w-e). Concerts mer-dim vers 22h puis minuit. Entrée : 5-12 € ; gratuit les soirs sans concert.* Un bar qu'on affectionne particulièrement, d'abord pour son cadre et son atmosphère : salle colorée et, à l'arrière, petit recoin plus sombre, plus intime, avec tables basses et poufs, idéal pour se vautrer. Et puis saluons l'excellente programmation de groupes pop et rock, sans oublier les soirées DJs à tout casser, dans la salle du fond ! Une adresse réputée dans la nuit madrilène.

El Jardín Secreto *(plan détachable C3,* **351***) : c/ del Conde Duque, 2. ☎ 91-541-80-23. • eljardinsecreto10@gmail.com • Ⓜ Bilbao ou Plaza-de-España. Tlj 17h30-0h30 (1h30 jeu et 2h30 le w-e). Fermé 2e et 3e sem d'août. Carte 15-20 €.* On a un gros faible pour cet élégant café d'ambiance « coloniale », joliment arrangé avec un bric-à-brac d'objets hétéroclites. On boit donc un verre sur l'une des tables et chaises dépareillées, avec la curieuse sensation d'être un peu... « comme à la maison ». Bon choix de thés, cafés et chocolats délicieusement parfumés, mais aussi des cocktails qui descendent tout seuls, sans oublier les superbes salades, petits plats inventifs et desserts très craquants comme le prometteur *orgasmo por chocolate.* Excellent accueil.

La Vía Láctea *(plan détachable D2-3,* **352***) : c/ de Velarde, 18. ☎ 91-446-75-81. Ⓜ Tribunal. Tlj 20h-3h (3h30 le w-e). Entrée libre.* Ce bar *de copas* fut l'un des hauts lieux à l'époque de la Movida. Depuis les années 1980, le décor n'a pas changé d'un iota ! Néons rougeoyants, vieilles affiches de concerts tapissant murs et plafonds, et côté musique, même combat pour le vieux rock'n'roll ! Tout au fond, le billard. Clientèle plus ou moins jeune, où chacun trouve sa place dans cet univers délicieusement rétro.

Freeway *(plan détachable D3,* **355***) : c/ San Vicente Ferrer, 7 (angle corredera de San Pablo). ☎ 91-522-75-82. Tlj 18h-3h (3h30 ven-sam).* Toujours plein d'étudiants exubérants, sur fond musical tonitruant... Beau comptoir à fines colonnes en bois couvert de photos de chanteurs de rock. Mon tout dans une atmosphère rougeoyante, voire incandescente. Salle au sous-sol (danse, DJ, concerts).

Palentino *(plan détachable D3,* **356***) : c/ Pez, 8. ☎ 91-532-30-58. Ⓜ Callao ou Tribunal. Tlj sf dim jusqu'à 2h.* Ce rade, un vrai mystère pour nous : pas de charme en soi, style hybride années 1950, déco kitsch, néons assassins, extraordinairement bruyant... et c'est 3 ou 4 rangs devant le comptoir... Très rapidement plein comme deux œufs, et impossibilité d'entrer dedans... Pourquoi ? N'ayant pas pu y pénétrer, on n'a pas pu savoir ! Si vous en avez l'occasion, dites-nous !

Tupperware *(plan détachable D3,* **353***) : c/ Corredera Alta de San Pablo, 26. ☎ 91-548-50-16. 📱 625-52-35-61. • sonia@tupperwareclub.com • Ⓜ Tribunal. Mar-dim 21h-3h (4h le w-e). CB refusées. Entrée libre.* Ce petit bar à la déco colorée kitschissime (fresque murale naïve...) est un classique des établissements de nuit du quartier. Musique rock à fond pour ambiance bon enfant. Plein à craquer le week-end.

Taboó *(plan détachable D3,* **354***) : c/ San Vicente Ferrer, 23. ☎ 91-524-11-89. • taboo@taboo-madrid.com • taboo-madrid.com • Ⓜ Tribunal. Jeu-dim 22h-6h. Entrée : env 12 €.* Se voit de loin avec ses deux fresques. Petite salle de concerts très sympa avec piste de danse et programmation alternative éclectique : du flamenco au rock en passant par des rythmes latinos et autres. Également des soirées DJs. Très vite bondé avec les étudiants du quartier qui viennent « se terminer » ici. Chaude ambiance !

BarCo *(zoom détachable Chueca D3, **318**) : c/ del Barco, 34. ☎ 91-531-77-54. • barcobar.com • Ⓜ Tribunal ou Gran Vía. Tlj 22h-5h30 (6h ven-sam). Concert en général mer-sam, parfois aussi mar (voir le site pour les horaires, variables) ; régulièrement du flamenco dim. Entrée max 12 €.* Une salle à taille humaine, avec une programmation d'excellente qualité en jazz, soul, blues ou funk. Accueille aussi régulièrement les concerts de la *Escuela de Música creativa,* une école de jazz de bon niveau. Après les concerts, se transforme en boîte, mais c'est souvent un peu mort.

Sur un roof-top

Deux hôtels ont bien compris l'intérêt d'ouvrir les bars de leur toit-terrasse aux amateurs de belles vues sur les toits de Madrid (et de cocktails) : le ***Dear Hotel*** *(plan détachable C3, **325** ; Gran Vía, 80, presque au niveau de la plaza de España),* avec ses deux niveaux de terrasse qui ouvrent sur la plaza d'España, se parent d'une piscine et d'un resto, et d'un bar à cocktail un peu chic *(pour le bar : tlj dès 20h ; sinon, terrasses ouv tte la journée).* Et le ***Vincci Vía 66*** *(plan détachable C3, **326** ; Gran Vía, 66) :* on atteint la terrasse par un bel ascenseur à l'ancienne (puis un dédale de couloirs et un escalier !) pour s'installer dans un bar-lounge très chic et siroter des cocktails à 12-15 €...

À voir

La ***plaza Dos de Mayo*** *(plan détachable D2-3)* incarne le cœur de ce quartier puisque, à cet endroit, les Madrilènes défendirent une caserne dont il ne reste aujourd'hui qu'une arche en pierre. Dans les années 1940-1950, le quartier fit à nouveau parler de lui en résistant à tous les projets de démolition qui le menaçaient, et ses loyers modiques attirèrent par la suite hippies et bohèmes de tout poil. Il était donc logique que le mouvement de la Movida prenne ses quartiers nocturnes à cet endroit qui reste, encore aujourd'hui, un pôle d'activités foisonnantes, de cafés et de boutiques branchées.

Conde Duque Centro Cultural *(plan détachable C2-3) : c/ Conde Duque, 11. ☎ 91-480-04-01. • condeduquemadrid.es • Ⓜ Ventura Rodríguez, Noviciado ou San Bernardo. Musée et expo : mar-sam 10h30-14h, 17h30-21h ; dim et j. fériés 10h30-14h. GRATUIT.* Cette ancienne caserne début XVIIIe s, assez austère, accueille aujourd'hui, après une belle rénovation, une multitude d'activités et de services culturels. Bibliothèque historique de la ville, bibliothèque publique, et ce qui nous intéresse le plus : expositions de bonne qualité, théâtre, spectacles de danse ou concerts (programmation détaillée sur leur site). Également un petit ***musée d'Art Contemporain*** (MAC), où l'accrochage tourne régulièrement. Les passionnés de graphisme (au sens large : de la BD à l'histoire de la publicité) iront aussi faire un tour, à deux pas, au ***Museo ABC*** *(c/ Amaniel, 29-31, • museo.abc.es •, mar-sam 11h-20h, dim 10h-14h, GRATUIT),* qui ne présente que des expos temporaires, souvent assez pointues.

QUARTIER DE CHAMBERÍ

Plan détachable B-C1-2 ; Ⓜ Argüelles

Juste au-dessus de Malasaña, un paisible quartier résidentiel. Certes, pas de grands musées ou monuments à proposer, cependant quelques excellentes adresses de restos et de bons produits.

Où manger ? Où boire un verre ?

Ananías *(plan détachable C2,* ***179****) : c/ Galileo, 9. ☎ 91-448-68-01. • darnanias@gmail.com • Ⓜ Argüelles. Tlj sf dim jusqu'à 23h. Menu le midi 14 €, sinon 29-45 €. Repas 25-30 €. Digestif offert sur présentation de ce guide.* Fondé en 1930, l'un des derniers authentiques restos traditionnels madrilènes. Cadre adorable, chaleureux en diable. 3 salles décorées de ravissants azulejos anciens, d'énormes têtes de taureaux, affiches, photos, souvenirs divers, nappes à carreaux... À déguster, une cuisine de marché simple mais goûteuse à partir de superbes produits, un vrai savoir-faire et des cuissons exactes. Spécialités d'abats (ah ! les ris d'agneau, tripes et rognons !), de viandes tendres et légumes sélectionnés (en saison, les *espárragos trigueros,* petites asperges sauvages !). Beaux desserts, dont le traditionnel et voluptueux *torrija* (pain perdu frit, au lait et à la cannelle). Remarquable sélection de vins régionaux.

Los Chicos *(plan détachable B1-2,* ***195****) : c/ Guzmán el Bueno, 33 (angle Meléndez Valdés). ☎ 91-543-31-67. Ⓜ Argüelles. Tlj 8h-23h.* Un des plus fameux bars à tapas de Chamberí, connu surtout pour la qualité de ses *patatas bravas...* Toutes les spécialités au tableau noir : *zarajos* (tripes d'agneau), *orejas* (oreilles de cochon ail, origan et paprika), sandwichs aux *calamares,* etc. Prix modérés.

Où trouver l'un des meilleurs fromagers de Madrid ?

La Quesería *(plan détachable C2,* ***422****) : Blasco de Garay, 24. ☎ 91-594-38-56. Ⓜ Argüelles. Tlj sf sam mat, dim et 2de quinzaine d'août, 10h-14h30, 17h30-20h.* Pas une très grande boutique, mais on y trouve plus de 130 variétés de fromages (la plupart espagnols, et comme dirait Léo Ferré, allez savoir pourquoi ?)... Raúl Castañeda se révèle un artisan passionné, proposant les meilleurs produits du pays. Plus de 80 de ses fromages sont traditionnels, c'est-à-dire ayant au moins un siècle d'existence. Spécialités des Canaries comme le Palmero (un chèvre légèrement fumé), le Majorero et le Herreno. Il sait parler de toutes les régions avec talent et fait découvrir de vraies petites raretés. Emballage sous vide pour les voyageurs bien sûr !

À voir

Andén 0 – Estación Chamberí *(plan détachable D2)* **:** *pl. de Chamberí. ☎ 902-44-44-03. À l'angle de la c/ de Santa Engracia et de la c/ de Luchana, entrée par l'espèce de tourelle en verre et en métal. Ven 11h-13h, 17h-19h ; w-e 10h-14h. GRATUIT.* Une ancienne station de métro désaffectée transformée tout simplement en musée du métro de Madrid. Conservée dans son état d'origine (les années 1920), on y découvre, après une petite vidéo de 20 mn (en espagnol seulement) sur l'histoire et l'évolution du métro madrilène, le quai toujours décoré des réclames publicitaires, les belles céramiques et les guérites en bois des guichetiers. Et si vous empruntez la ligne 1, vous longerez ses quais fantomatiques.

QUARTIER DE SALAMANCA ET DU PARQUE DEL BUEN RETIRO

Plan détachable E-G2-5 ; Ⓜ Goya ou Príncipe de Vergara

À l'est du centre historique de Madrid, au-delà du paseo del Prado, s'étend le vaste quartier de Salamanca, habité par les catégories sociales aisées. Voici un autre visage de Madrid, luxueux et opulent. Quadrillé par une série de larges avenues et de rues se coupant à angle droit, Salamanca dévoile un urbanisme très différent de celui du Centro. C'est une sorte de ville nouvelle de la fin du XIXᵉ s et du début du XXᵉ s, juxtaposée à la ville ancienne. Le quartier est marqué dans son plan et son dessin par l'esprit fonctionnel et utilitariste, et l'opulence des années 1900. On y trouve les boutiques les plus chicos de la ville et des restos à tarifs généralement élevés. Ce n'est pas un quartier très animé le soir, mais on y vient dans la journée pour visiter le Musée archéologique, et se promener (ou faire un jogging) dans le parque del Buen Retiro.

Où manger des tapas ?

Prix moyens (15-25 €)

|●| ***29 Fanegas*** *(plan détachable F1,* ***178****) : c/ del General Oraá, 29. ☎ 91-411-61-31. Ⓜ Núñez de Balboa. Tlj 8h-1h (le w-e 11h-1h). Fermé dim soir en août. Tapas et raciones 4-14 €.* Bien sûr, vous ne traverserez pas Madrid pour ce resto, mais si vous vous baladez dans le coin, sachez qu'il est considéré comme une valeur sûre du quartier. Chose inhabituelle, la minisalle au sous-sol (climatisée) est tout aussi fréquentée que le comptoir. Décor brique, carrelage immaculé souligné de jaune, bouteilles bien en vue, et tables de marbre. Clientèle de bonne famille, avec beaucoup de cols blancs le midi. De goûteuses *raciones,* comme les *pimientos del padrón* (petits piments verts grillés modérément épicés), la brandade de morue, le foie gras poêlé, de copieuses salades et un joli choix de *pintxos* pour accompagner les apéros du soir.

|●| ***De Pura Cepa*** *(hors plan détachable par G3 et plan d'ensemble,* ***160****) : c/ Fuente del Berro, 31. ☎ 91-309-28-79. Ⓜ O'Donnell ou Goya. Tlj sf dim et j. fériés 9h-minuit. Menus lun-ven 16-30 €.* Une *enoteca* qui s'est fait sa place par la qualité de sa sélection de vins. La cuisine qui l'accompagne se révèle du même niveau à des prix tout à fait abordables. Salle tranquille aux tonalités plaisantes. Petite carte pour les mets, mais grande pour les vins *(min 13 €).* Excellente sélection au verre. Goûter aux *chipirones encebolladas* et au magret de canard aux fruits rouges. Traditionnel comptoir pour les tapas. Accueil gentil comme tout.

|●| 🍷 ***Platea Madrid*** *(plan détachable F3,* ***207****) : c/ Goya, 5-7, 19. ☎ 91-577-00-25. Ⓜ Serrano ou Colón. Tlj 12h-0h30 (2h30 jeu-sam). Assortiment de tapas min 20 €.* Le tout récent et immense spot gastronomique chic de Salamanca, magnifiquement aménagé dans une ancienne salle de spectacle dont on a conservé la structure. L'ancienne fosse et l'orchestre déploient un éventail de bars et de mini-restos à tapas thématiques (souvent doublé d'une boutique spécialisée : jambon, produits de la mer, fromage, miniburgers, etc.), y compris quelques

exotismes du côté japonais ou péruvien. Une fois la commande passée, le jeu est de trouver une place à l'une des tables que tout ce petit monde se partage... Et pour casser sa tirelire, grimper à l'étage jusqu'au resto *Arriba,* le resto très très gastronomique (et tout aussi cher !) du chef Ramón Freixa... Quant au balcon, il accueille *El Palco,* un bar à cocktail. Tout ça plaît beaucoup à la jeunesse dorée de la ville ! Il n'y a qu'à voir la file qui se forme à l'entrée le soir en fin de semaine.

Très chic (plus de 35 €)

Laredo *(plan détachable G4,* **175***) : c/ Doctor Castelo, 30. ☎ 91-573-30-61. • laredo@tabernalaredo.com • Ⓜ Ibiza. Tlj sf dim 12h-minuit. Congés : août. Repas min 40 €.* Le bar à tapas traditionnel de la bourgeoisie locale est devenu un resto assez classe dans un superbe cadre design, sobre et élégant tout à la fois. Spacieuse salle à manger et bar fort agréable, mon tout dans un beau jeu de lumières. Bien entendu, ce « nouveau *Laredo* » propose toujours la même qualité de cuisine et des produits d'une réjouissante fraîcheur. Choix particulièrement étendu de plats savoureux. Goûtez donc au *cochinillo confitado,* crème de patate truffée... Le vin se révèle également l'un des points forts du lieu. Superbe sélection de flacons espagnols bien sûr, mais aussi de grands crus français (notamment de superbes bourgognes)...

MADRID

Où manger (assis) ?

Prix moyens (15-25 €)

Puerto Lagasca *(plan détachable F2,* **183***) : c/ Lagasca, 81. ☎ 91-576-41-11. • info@puertolagasca.com • Tlj 8h30 (10h30 w-e)-2h. Fermé sam midi en août. Repas 15-20 €.* Une taverne moderne fréquentée par les cols blancs du quartier, et bien connue également de la communauté française de Madrid, car voisine de l'église Notre-Dame-des-Français. Des tables hautes pour un déjeuner rapide ou, à l'arrière, une salle cosy et intime, aux tons frais. La carte, en *raciones* et *media-raciones,* décline de bons classiques, avec une belle place aux poissons. Bref, une pause pratique et goûteuse, à privilégier en semaine plutôt que le dimanche.

Très chic (plus de 35 €)

Restaurante El Buey *(plan détachable G3,* **176***) : c/ del General Pardiñas, 10. ☎ 91-431-44-92 ou 91-578-38-71. • elbuey@elbueyll.e.telefonica.net • Sert jusqu'à minuit. Fermé dim soir. Plats 10-23 €.* Un resto de viande aux nappes à carreaux rouges, au cadre intime, avec une carte courte où le bœuf (*buey,* donc, en v.o.) est à l'honneur, tendre et goûteux. Régale depuis plus de 30 ans. Les morceaux sont vendus au kilo (env 45 €).

Luzi Bombón *(plan détachable F1,* **196***) : paseo de la Castellana, 35 (entrée sur Rafael Calvo). ☎ 91-702-27-36. • reservas.luzi@grupotragaluz.com • Ⓜ Rubén Darío. Tlj 12h-2h30. Plats 14-26 €, pâtes 13 €.* Le coup de cœur des hommes d'affaires pour son concept très moderne, son confort, l'atmosphère relax, et l'excellent rapport qualité-prix de sa cuisine. Immense espace au design et mobilier particulièrement épurés, dans les tonalités gris, blanc et crème. Tables bien séparées et faible niveau sonore rendent pour une fois les conversations agréables. Cuisine ouverte traditionnelle, aux accents modernes également. Spécialités d'*arroz al carbón* et de plats francs du collier genre tartare au couteau ou poulet fermier, accompagnés de petits légumes assez élaborés. Belle terrasse.

Où savourer glaces et douceurs ?

Giangrossi *(plan détachable F3,* **280***) : c/ Velázquez, 41, au coin de la c/ de Hermosilla. ☎ 917-81-30-73. Ⓜ Velázquez. Tlj 8h30 (10h w-e)-minuit (1h w-e).* Déco blanche et orange, cadre résolument contemporain, confortables fauteuils ou tabourets hauts, terrasse ombragée, personnel tout de noir vêtu. On n'y sert pas seulement des glaces, mais c'est pour elles qu'on vient, et aussi pour le *turrón* ou le yaourt au miel et noix de macadamia. Gâteaux et autres viennoiseries. D'autres adresses dans Madrid.

Rocambolesc *(plan détachable F2,* ***283****)* **:** *El Corte Inglés, c/ de Serrano, 52. ☎ 915-76-52-34. Ⓜ Serrano. Au 7e étage, dans l'espace Gourmet. Tlj 12h30-minuit (1h ven-sam).* Le maître glacier catalan est parti à la conquête de la capitale en s'installant dans l'espace « gourmet » de ce *Corte Inglés* des beaux quartiers. On y retrouve toute la richesse de leurs arômes et le crémeux des textures ! Allez, en fermant les yeux, on oublie presque qu'on est dans un grand magasin !

Où boire un verre en début de soirée ?

The Geographic Club *(plan détachable G3,* ***360****)* **:** *c/ Alcalá, 141. ☎ 91-578-08-62. • info@thegeographicclub.com • Ⓜ Goya. Tlj : dim-mer 13h-1h, jeu jusqu'à 2h, jusqu'à 3h ven-sam.* C'est surtout pour le magnifique cadre hors du temps que l'on aime venir ici et commencer la soirée autour d'un apéro chic. Riches boiseries et vitraux colorés, objets évoquant le voyage bien sûr, et plusieurs ambiances au choix, dans le registre pub-*lounge* : vaste salle du rez-de-chaussée, résolument pub, la mezzanine plus intimiste, ou, en demi-sous-sol, fumoir tout droit sorti d'un club anglais du XIXe s ! Une trentaine de bons cocktails, du *Singapur Sling* au *Sex on the Beach* en passant par le *Night Cap...* En revanche, resto sans intérêt.

Achats

Pour les achats chic, une seule direction, la calle de ***José Ortega y Gasset*** *(plan détachable F-G2).* À la même hauteur, au nº 61 de la calle Serrano, une ***galerie*** occupe l'ancien immeuble du journal *ABC.*

Pour le plaisir des yeux, le charmant et presque bucolique ***marché couvert de la calle de Ayala (mercado de la Paz*** *; plan détachable F2-3).* Pour de belles antiquités, parcourir aussi la ***calle Conde de Aranda*** *(plan détachable F3).*

À voir

Parque del Buen Retiro *(plan détachable F-G4-5)* **:** *Ⓜ Retiro.* Bien agréable de s'y promener après une surdose de trafic automobile. Il existait déjà au XVIe s, ainsi que le lac *(l'Estanque).* Pourquoi pas en sortant du Prado, pour reprendre des forces après une orgie de peinture ? C'est le bol d'air de Madrid et le lieu idéal pour la sieste. De belles promenades bordées d'arbustes et de larges allées ouvertes convergent vers le bassin central, où l'on peut se relaxer en louant une barque *(4,50 € pour 45 mn).* Le dimanche matin, tout le monde s'y donne rendez-vous. Kiosque à musique, jongleurs et cartomanciennes animent le parc. Également des aires de jeux pour enfants.

Faisant de l'ombre à la pièce d'eau, le monument très baroque dédié à Alphonse XII. Impressionnante colonnade en demi-cercle, surmontée de la statue équestre du souverain. Sur la droite, on parvient au *palacio de Velázquez* (palais des expositions). Édifice original de brique habillé d'azulejos. Derrière, le beau *palacio de Cristal* (vestige de l'Expo universelle de Londres en 1851), tout en légèreté et transparence, présente de temps en temps des expositions temporaires de qualité. Et puis ce vaste parc offre encore une *rosaleda* (roseraie) et un observatoire astronomique... En revenant vers le Prado, nos lecteurs bucoliques découvriront le ***Real jardín botánico*** *(plan détachable E5 ; entrée plaza de Murillo ;*

• rjb.csic.es • ; tlj 10h-21h l'été, puis fermeture selon coucher du soleil entre 18h et 21h selon saison ; entrée : 4 €, réduc, gratuit moins de 10 ans). Au nord du parc, *Recoletos,* prolongement de Salamanca et de ses magasins et restos chic.

Museo arqueológico nacional *(Musée archéologique ; plan détachable F3) : c/ de Serrano, 13. ☎ 91-577-79-12. • man.es • Ⓜ Serrano. ♿ Mar-sam 9h30-20h, dim et j. fériés 9h30-15h. Fermé 1er et 6 janv, 1er mai, 24, 25 et 31 déc. Entrée : 3 € ; réduc ; gratuit sam après 14h et dim.* Après plusieurs années de restructuration et de travaux, les collections archéologiques espagnoles ont retrouvé un écrin à leur dimension, modernisé, agrandi, repensé, enrichi de supports interactifs... 13 000 œuvres sur 3 niveaux illustrent désormais le riche patrimoine ibérique. Au rez-de-chaussée, on débute avec la préhistoire et le processus de peuplement de la péninsule (quelques belles pièces d'orfèvrerie). Au 1er étage, entrée de plain-pied dans la culture ibère (salles 10 à 17) avec les emblématiques et superbes « dames » du 1er millénaire av. J.-C., la *Dame de Baza* et la *Dame d'Elche* entre autres, du matériel issu des sites de Numancia ou Baza, et même la surprenante culture talayotique (présente sur les îles de Minorque et Mayorque, aux Baléares). On enchaîne logiquement avec l'*Hispania Romana* (salles 18 à 22), dont une étonnante pompe hydraulique romaine, des bas-reliefs et de nombreux vestiges issus des sites de Mérida, Medina Sidonia ou Baelo Claudia. C'est dans la section Antiquité tardive – Monde médiéval/Al Andalus (salles 23 à 27) que l'on retrouve les bijoux wisigothiques du « trésor de Guarraza » et de beaux spécimens d'art mudéjar. Puis, au 2e étage, le monde médiéval chrétien (salle 27) avec sa cohorte de gisants, de chapiteaux rescapés d'église ou le portail du monastère San Pedro de Arlanza. L'époque moderne (salles 28 à 30) présente un visage plus varié : collection de porcelaines, bronzes Renaissance, céramiques, instruments de musique ou vitrines d'armes, mais aussi les productions des manufactures royales de l'époque (Alcora, La Granja et Buen Retiro). Enfin, une section Égypte, Nubie et Proche Orient (salle 32 à 35) suivie d'une grande salle consacrée à la Grèce, en particulier une superbe collection de vases. En redescendant, les amateurs s'arrêteront à l'entresol dédié à la numismatique et aux médailles (salles 37 à 40), qui offre un panorama de l'histoire des monnaies depuis la Chine antique jusqu'à nos jours.
Sur place, boutique, cafétéria, etc.

Fundación Juan March *(plan détachable G2) : c/ de Castelló, 77 (angle c/ de Padilla). ☎ 91-435-42-40. • march.es • Lun-sam 11h-20h, dim et j. fériés 10h-14h. GRATUIT.* Cette fondation accueille régulièrement des expos d'art contemporain assez pointues, et organise également des concerts ou des conférences, toujours de bonne qualité. Petite librairie.

Si les deux musées suivants semblent un peu isolés, on les atteint en fait très rapidement en métro, et ils ne sont qu'à 10 mn à pied l'un de l'autre. Franchement, ne vous en privez pas, ce sont de vrais petits bijoux !

Museo Sorolla *(plan détachable E1) : paseo del General Martínez Campos, 37. ☎ 91-310-15-84. • museosorolla.mcu.es • Ⓜ Rubén Darío ou Gregório Marañón. Bus n° 5 depuis la puerta del Sol. Dans le nord de la ville. Mar-sam 9h30-20h, dim et j. fériés 10h-15h ; fermé 1er et 6 janv, 1er mai, 24, 25 et 31 déc. Entrée : 3 € ; gratuit moins de 18 ans et plus de 65 ans, étudiants 18-25 ans ou chômeurs ; gratuit pour ts sam 14h-20h et dim. Visite guidée (en espagnol) : gratuite tlj à 17h sf de mi-juin à fin août ; ou 6 € tlj 11h-13h30.*
L'ancienne demeure-atelier du peintre est devenue un petit musée qui mérite vraiment d'être découvert. D'abord parce que ça change des immenses palais où l'on ingurgite la peinture comme des gâteaux au chocolat, et puis parce que l'endroit est aussi frais et sympathique que la peinture de Sorolla. Il faut dire qu'on a un véritable faible pour Sorolla... Et son atelier, une pièce immense aux superbes proportions, tout au fond de la maison, est une véritable plongée dans son univers : ses livres alignés dans les bibliothèques (quelques-uns en français, d'ailleurs), ses collections d'objets

anciens... ainsi qu'un bel éventail de toiles qui illustrent l'évolution de son travail. Et puis, les petits ***jardins andalous*** qui précèdent la maison-atelier et l'isolent de la rue sont une merveille de finesse et de bon goût, avec le glouglou de leurs petites fontaines. Sous le soleil, le buis et les roses embaument. D'ailleurs, eux sont en accès libre ! Sorolla (1863-1923) exposa beaucoup aux États-Unis sous les auspices de l'*Hispanic Society de New York,* qui lui commanda plusieurs toiles. À Paris, il obtint le grand prix de l'Exposition universelle en 1900. Son évolution picturale est intéressante. Au début du XXe s, il s'est attaché à peindre le réalisme social espagnol. Plus tard, il cherche à faire partager son amour pour la lumière méditerranéenne et les éléments naturels.

Museo Lázaro Galdiano *(plan détachable F1)* **:** *c/ de Serrano, 122. ☎ 91-561-60-84. • flg.es • Ⓜ Núñez de Balboa ou Rubén Darío. Tlj sf lun 10h-16h30 (15h dim) ; fermé 1er et 6 janv, Jeudi et Vendredi saints, 1er et 15 mai, 25 juil, 15 août, 1er nov, et 6, 24, 25 et 31 déc. Entrée : 6 € ; réduc ; gratuit moins de 12 ans et pour ts tlj 15h30-16h30 et dim 14h-15h.*

Musée d'une incroyable richesse, situé dans une superbe maison construite au début du XXe s par un riche homme d'affaires, de surcroît brillant homme de lettres, qui légua ses trésors à l'État en 1947. Pour les amateurs de peinture, un complément indispensable du Prado.

– Le ***rez-de-chaussée*** présente un aperçu de la richesse de la collection. La 1re salle rend hommage à José Lázaro Galdiano, logique. Quelques tableaux du XVe au XVIIIe s des écoles espagnoles et européennes. Ne pas manquer les coffrets hispano-musulmans en ivoire du XIIe au XIVe s (2e salle) : superbes ! Très beau saint Michel en vitrail. Impressionnante *chambre du Trésor* dans laquelle est exposée une remarquable collection de bijoux, d'émaux liturgiques, etc. Dans la salle 6, quelques œuvres acquises par José Lázaro Galdiano qui se sont avérées être des contrefaçons (comme quoi, le problème n'est pas nouveau !) ou tout simplement, dont l'origine fut (ou est toujours) sujette à discussion, comme le *Portrait du torero Joaquím Rodriguez* de Francisco Domingo Marqués, un temps attribué à Francisco de Goya.

– Le ***1er étage*** intéressera les férus de peinture espagnole, avec un large éventail de toiles du XVe au XIXe s. L'âge d'or espagnol (XVIe et XVIIe s) est particulièrement bien représenté (toiles d'*El Greco,* de *Zurbarán,* de *Sánchez Coello...*). Objets d'art religieux et beau mobilier d'époque. Ne pas oublier de lever le nez pour admirer les fresques qui ornent les plafonds joliment sculptés. Avant de grimper au 2e étage, une halte s'impose dans la salle 13, entièrement consacrée à Goya. On peut y admirer son célèbre tableau *El Aquelarre* (« Le Sabbat ») et, à côté, saisissante *Scène d'ensorcellement,* dont les tons bleu et noir augmentent la dimension dramatique.

– Au ***2e étage,*** place aux écoles de peintures italienne (Tiepolo), flamande, hollandaise (féerique *Méditation de saint Jean Baptiste,* de Bosch), allemande (Cranach), française et anglaise. Superbes écritoires et différents objets (bronzes, horloges, plateaux, etc.).

– Au ***3e étage,*** incroyable collection d'armes (mousquets et arbalètes incrustées d'ivoire), superbes bronzes et céramiques.

Avant de partir, faites donc un petit tour dans le jardin du musée comprenant une soixantaine d'espèces végétales différentes, et jetez aussi un œil à l'expo temporaire du moment, dans le bâtiment qui se trouve de l'autre côté de la cour.

ENTRE LE CENTRE DE MADRID ET CHAMARTÍN

Plan d'ensemble ; nord de Madrid

Où manger ?

De plus chic à très chic (de 25 à plus de 35 €)

San Mamès (plan d'ensemble, **250**) : *c/ Bravo Murillo, 88. ☎ 91-534-50-65. • tabernasanmamesmadrid@yahoo.com • Ⓜ Quatro Caminos. Tlj sf lun soir, dim, fêtes et en août 13h30-16h, 20h30-23h15.* Petite taverne définitivement hors des sentiers battus. Pourtant le grand Ferran Adrià, les Premiers ministres Felipe Gonzalez et Zapatero et bien d'autres honorèrent le lieu de leur visite. C'est qu'elle régale les Madrilènes depuis tant d'années (c'est le fils qui officie désormais) et, dit-on, on y déguste parmi les meilleures tripes de la ville. Cadre intime, décor céramique traditionnel, nappes à carreaux et, sur les murs, une flopée de photos de célébrités et d'articles de journaux élogieux. Bonne sélection de vins.

Où boire un verre ? Où écouter de la musique live ?

Vers l'avenida de Brasil (Ⓜ *Santiago Bernabéu*)

Un quartier chic et récent qui bouge. Entre appartements de luxe cachés dans des immeubles à l'architecture banlieusarde et bureaux, un nombre croissant de bars-boîtes à la clientèle *pija* (B.C.B.G.). Ils jouent à touche-touche le long de l'avenida del Brasil. Quelques bars à tapas juste à côté pour prendre des forces.

The Irish Rover (plan d'ensemble, **365**) : *avda del Brasil, 7. ☎ 91-597-48-11. • theirishrover@theirishrover.com • Tlj 10h30-4h. Concerts gratuits mer-ven à partir de 23h.* Surprenant au cœur de Madrid, un minivillage irlandais avec ses rues pavées, son pub, sa pharmacie, son épicerie, sa taverne, ses billards, sa bibliothèque et sa terrasse. Côté concerts, du folk, de la musique irlandaise bien sûr, mais sans exclusivité, du rock, du pop, et du jazz. La bière coule à flots et l'ambiance est garantie. Matchs de rugby retransmis sur écran géant.

Moby Dick Club (plan d'ensemble, **366**) : *avda del Brasil, 5. ☎ 91-555-76-71. • mobydickclub@mobydickclub.com • mobydickclub.com • Fermé août. Mer-jeu 22h-3h, ven-sam 22h-6h. Entrée : 7-25 € selon programme ; gratuit après le concert (vers 23h30).* Cette carène de bateau renversé est un antre sympa pour rockeurs tendance B.C.B.G. Groupes quasiment tous les soirs. Après le concert, la soirée se prolonge avec DJs, dans la même tonalité.

À voir

Plaza de Castilla (plan d'ensemble) : *Ⓜ Plaza de Castilla.* Un autre aspect de Madrid, le Madrid moderne, avec deux immeubles aussi penchés que la tour de Pise, les torres Kio, du nom de l'architecte japonais (et surnommée « porte de l'Europe ») ! Sur le rond-point, monument dédié à Calvo Sotelo (monarchiste assassiné avant la guerre civile), et obélisque de Calatrava.

Estadio Santiago Bernabéu (stade ; plan d'ensemble) : *☎ 91-398-43-70. • realmadrid.com • Lun-sam 10h-19h, dim 10h30-18h30 (horaires différents les jours de match). Fermé 1er janv et 25 déc. Billets sur place, près de la porte 7, sur le paseo de la Castellana. Prix : 20 € (moins de 14 ans : 14 €). Inclus dans la Madrid Card.* Visite des gradins, des vestiaires, de la salle des trophées, du petit musée… Bref, une visite incontournable pour tout supporter qui se respecte.

Corrida

– ***Plaza de toros Las Ventas*** *(plan d'ensemble)* : *c/ Alcalá, 237. ☎ 91-356-22-00. • las-ventas.com • lasventastour.com • Ⓜ Ventas. Tlj 10h-18h30 (19h juil-août). Ferme plus tôt les jours de corrida (ts les dim fin mars-début oct, 9 mai-10 juin, et feria d'oct). Fermé 1er janv et 31 déc. Entrée : 15 €, audioguide en français inclus ; réduc (guichet à la porte principale).*

Las Ventas est la deuxième plus grande *plaza* mondiale (avec plus de 23 000 places) derrière la *Monumental* de Mexico. C'est un passage obligé pour qui veut inscrire ses lettres de noblesse tauromachique. À Madrid, on ne pardonne aucune erreur au torero venu chercher sa *confirmation* ; un public d'aficionados jusqu'à la caricature. Acclamé par les mouchoirs blancs ou humilié par les sifflets de la foule, le torero est seul face au taureau *bravo,* une immense bête sauvage et racée pouvant peser jusqu'à 600 kg et plus. Une corrida y a lieu tous les dimanches, du 10 mars au 17 octobre. Le fin du fin, c'est la *feria de San Isidro* qui se déroule tous les jours vers 19h la 2de quinzaine de mai jusqu'à mi-juin ; elle rassemble les plus grands toreros du moment. En général, les prix officiels des places (toutes numérotées) se situent entre 5 €, tout en haut de l'arène, et 150 €, tout près de la piste. Selon les têtes d'affiche, les prix au marché noir peuvent atteindre des sommets vertigineux, attention aux arnaques ! Franchement, à moins d'être un inconditionnel de tauromachie, on vous conseille de prendre des places en haut, les *andanadas,* c'est vraiment pas cher et, en plus, c'est abrité.

Pour ceux qui ne trouvent plus de billets sur place (cela arrive souvent en pleine *feria de San Isidro* ou *de Otoño*), tout n'est pas perdu, tentez votre chance au guichet ***Localidades Galicia,*** plaza del Carmen, 1, situé entre la puerta del Sol et la Gran Vía. C'est tout petit, donc méconnu. Il faut payer une commission de 20 %, mais on est loin des tarifs pratiqués par les rabatteurs. La dernière solution consiste à négocier courageusement avec ces derniers, sachant que, pour la plupart, ce sont des abonnés à l'année et donc qu'ils ont payé leurs billets la moitié du prix officiel affiché. À vous de jouer, maintenant que vous avez toutes les cartes en main !

QUARTIER DE LA MONCLOA

Plan d'ensemble ; ouest Madrid

À voir

Museo de América *(plan d'ensemble et plan détachable A1)* : *avda de los Reyes Católicos, 6. ☎ 91-549-26-41. • museodeamerica.mcu.es • Ⓜ Moncloa (ligne 3 : sortie Isaac Peral ; ligne 6 : sortie Plaza de Moncloa) ou Islas Filipinas (ligne 7 : sortie Gaztambide). À la sortie du métro, repérer la grande tour futuriste (El Faro), dans le prolongement de l'arc de triomphe : le musée, fléché, est juste derrière ; accès par une voie piétonne arborée en surplomb de la voie rapide voisine. Mar-sam 9h30-15h (19h jeu), dim et j. fériés 10h-15h. Fermé 1er et 6 janv, 1er mai, 24, 25 et 31 déc. Entrée : 3 € ; réduc ; gratuit étudiants, moins de 18 ans, membres de l'UE étudiants ou plus de 65 ans ; et pour ts dim et certains j. fériés.*

Collections d'ethnographie, archéologie et art colonial, montrant l'évolution de la civilisation sur le continent américain de l'Alaska à la Patagonie, depuis la découvertes des civilisations précolombiennes (inca, maya, aztèque...) jusqu'à aujourd'hui. C'est le seul bémol : l'histoire et le peuplement du continent sont assez peu traités pour ce qui est de l'avant de la découverte. Les salles consacrées à l'Amérique latine sont particulièrement intéressantes du fait de la conquête et de l'exploration de l'Amérique par l'Espagne. Intéressante reconstitution d'un cabinet de curiosités du XVIIIe s, riche d'objets et d'échantillons savants (minéraux, bois exotiques, etc.) rapportés des terres lointaines. Parmi les pièces rares : une dalle en pierre de Palenque (civilisation maya, 600-800 apr. J.-C.), un *Codex Tudela* (Mexique, XVIe s), une copie d'un buste en métal doré représentant le conquistador Hernán Cortés, ou le trésor des Quimbayas (superbe ensemble d'objets et statues en or exhumés des tombes de deux caciques en Colombie).

UN VIEUX MUSÉE TOUT NEUF

Un peu comme les cathédrales médiévales, le Museo de América a mis des décennies à sortir de terre... C'est d'abord au sein du cabinet royal d'Histoire naturelle, dès le milieu du XVIIIe s, que furent réunis les premiers objets. Quant à la construction du bâtiment actuel, initiée en 1943, elle fut achevée une première fois en 1954... puis le musée fut complètement remanié (et donc fermé) entre 1981 et 1994. Entre temps, il avait quand même été inauguré en 1965... Ouf !

Faro de Moncloa *(tour de Moncloa ; plan détachable, A1)* **:** *avda de los Reyes Católicos, 6. ☎ 91-550-12-51. • esmadrid.com/faro-de-moncloa • Ⓜ Moncloa (ligne 3 : sortie Isaac Peral ; ligne 6 : sortie Plaza de Moncloa) ou Islas Filipinas (ligne 7 : sortie Gaztambide). Bien visible depuis la plaza de Moncloa, accès par une voie piétonne arborée en surplomb de la voie rapide. Mar-dim 10h-20h. Entrée : 3 € ; réduc ; gratuit jusqu'à 6 ans. Théoriquement, à terme, sera assujetti à des résas à heure fixe. Pour l'instant, il suffit de s'y pointer.* Cette tour de télécommunications (elle a toujours cette fonction), pas forcément très gracieuse dans le paysage, a quand même l'avantage d'offrir, en haut de son ascenseur, une vue panoramique sur Madrid, panneaux de repérage à l'appui. Certes, ils sont très légèrement décalés par rapport au paysage urbain (où l'on découvre toute la verdure de Madrid !) qui s'ouvre à travers les larges baies vitrées, mais si vous passez dans le coin, pourquoi pas...

– Dans le hall au pied de la tour, ***petit office de tourisme municipal*** *(tlj 9h30-20h30).*

Museo del Traje *(musée du Costume ; plan d'ensemble)* **:** *avda Juan de Herrera, 2. ☎ 91-550-47-00. • museodeltraje.mcu.es • Ⓜ Ciudad Universitaria, puis c'est à 5-10 mn à pied (mais mal indiqué) : traverser la glorieta del Cardenal Cisneros, c'est à droite. Ou bus n° 46 depuis Ⓜ Sevilla ou Plaza de España : arrêt devant le musée. Mar-sam 9h30-19h (jusqu'à 22h30 jeu en juil-août), dim 10h-15h. Fermé 1er et 6 janv, 1er mai, 24, 25 et 31 déc. Entrée : 3 €, audioguide inclus ; réduc ; gratuit moins de 18 ans, étudiants 18-28 ans, et plus de 65 ans ; gratuit pour ts le sam à partir de 14h30 et dim, ainsi que 18 mai, 12 oct, 16 nov et 6 déc.* Une belle muséographie didactique et une superbe collection qui, si elle n'oublie pas les costumes masculins, fait la part belle aux costumes des femmes à travers l'histoire. Ou comment le corps social, d'une époque à l'autre, contraint le corps féminin à se plier à ses modèles. Les pièces les plus anciennes, espagnoles, datent du XVIe s, mais le reste de l'Europe, et la France en particulier, sont bien présents aussi : il faut dire que l'arrivée des Bourbons a radicalement modifié les codes vestimentaires. Et dès la fin du XIXe s, grâce à l'apparition et à la circulation des revues, la mode se fait européenne : romantisme, Belle Époque... Enfin, quelques belles pièces de haute couture espagnole et de créateurs contemporains. Ne pas manquer les très belles collections d'accessoires (chaussures, boucles de ceinture, ombrelles, bas-chaussettes, etc.), ainsi que la section des costumes régionaux traditionnels, avec l'adéquation entre travail et vêtement. Pour finir, très agréable cafétéria au rez-de-chaussée, et une boutique plutôt sympa.

La cité universitaire *(plan d'ensemble)* **:** Ⓜ *Moncloa.* Pour nos lecteurs qui ont du temps ou qui sont férus d'urbanisme. Sur l'un des champs de bataille les plus sanglants de la guerre civile, on construisit cette cité universitaire vaste, aérée et verdoyante. À l'entrée se trouve le *museo español de Arte contemporáneo,* qui abritait une importante collection d'art contemporain espagnol désormais transférée au *Centro de Arte Reina Sofía* (voir plus haut). À l'heure actuelle n'y sont plus exposées que des œuvres secondaires. Passé l'arc de triomphe qui en marque l'entrée, l'avenida de la Victoria mène au *palais de la Moncloa,* résidence du Premier ministre.

PARQUE MADRID RÍO

Sud Madrid

Un gigantesque parc de 700 ha aménagé sur les ***rives du río Manzanares,*** en lieu et place de l'ancien périphérique. Ⓜ *Pirámides et Marqués de Vadillo (ligne 5) sont les points d'accès les plus centraux.* Le parc s'étend de l'ouest, vers la gare de Príncipe Pío, jusqu'au quartier de Legazpi au sud-est. Au cours de la balade, on découvre 17 passerelles et des ponts dignes d'intérêt, comme le *puente del Rey* (de 1816), le *puente de Segovia,* du XVIe s (le plus ancien de Madrid), le *puente de Toledo* (début du XVIIIe s) ou le futuriste *puente de Arganzuela,* de 274 m de long, dont la structure rappelle l'ADN (réservé aux piétons et aux cyclistes), le *pont « oblique »*, le *pont vert en « Y »* (en acier avec deux bras sur une rive et un sur l'autre). Pour finir, les *ponts jumeaux de l'Invernadero* et *du Matadero* : deux ponts piétons couverts, avec des voûtes ornées de mosaïques de verre recyclées figurant les habitants du quartier. Pour nos lecteurs bucoliques et fructivores, la *huerta de la Partida,* verger du XVIIe s où l'on a replanté 873 nouveaux arbres fruitiers, plus les jardins du *pont de Toledo.* D'inspiration baroque, dessinant des motifs végétaux, ils mettent superbement le pont en valeur ! Une plage urbaine, de nombreuses aires de jeux pour enfants, 30 km de voies cyclables, des skate-parcs et terrains de sport en font le nouveau poumon de la ville, mais ce sera encore mieux quand les arbres auront eu le temps de pousser !

Matadero *(hors plan détachable par E6 et plan d'ensemble)* **:** *paseo de la Chopera, 14.* ☎ *91-517-73-09.* • *mataderomadrid.org* • Ⓜ *Legazpi. Mar-ven 16h-21h, w-e et j. fériés 11h-21h. En bordure du parque Madrid Río.* Ce sont les anciens abattoirs transformés de manière spectaculaire en centre d'art contemporain et passerelle culturelle interdisciplinaire. Très riche programmation : expos d'avant-garde, cinéma, théâtre, danse, lectures, performances, ateliers divers, cafét', resto (à prix raisonnables). Mais aussi des *fab-lab,* une plateforme spécialisée dans le design, et de très nombreux événements éphémères, dont un marché de producteurs une fois par mois. Visite guidée gratuite sur résa *(infos par tél ou sur* • *info@mataderomadrid.org* •*).*

LES ENVIRONS DE MADRID

LES PARCS D'ATTRACTIONS

Parc Faunia (parque biológico de Valdebernardo) : *avda de las Comunidades, 28. ☎ 91-301-62-10. • faunia.es • Ⓜ Valdebernardo ou Cercanías Vicálvaro (C2). À 15 km de Madrid. Parking : 5 €. En gros : mai-août, tlj 10h-19h (20h le w-e) ; sept, 10h-18h ; le reste de l'année, horaires compliqués, voir leur site internet. Entrée : 26,45 € ; env 20 € enfant (3-7 ans) et senior (plus de 65 ans). Grosse réduc sur le site internet : plus on achète tôt son billet, moins il est cher !* À travers une agréable balade, on découvre les huit écosystèmes de la planète. Au total, 720 espèces animales, des milliers d'arbres et de plantes, des expositions interactives, des ateliers... tout pour mieux connaître les richesses naturelles de la Terre, de façon ludique et créative.

Warner Bros Park (Warner Bros Movie World Madrid) : *à San Martín de la Vega sur la N IV, à 22 km de Madrid (sortie 22). ☎ 91-821-12-34. • parquewarner.com • Parking cher : 8 € (autant y aller en train !). Pour les piétons, trains directs (ligne Cercanías C3) depuis Atocha jusqu'à Pinto, puis des bus jusqu'au parc (détail des horaires sur leur site). Horaires compliqués : vérifier sur leur site ! Juil-août, tlj 11h30-minuit ; le reste de l'année, ouv essentiellement w-e et vac scol, grosso modo 11h-20h (parfois 21h ou 23h) ; fermé janv-fév. Entrée : 40 € adulte ; 30 € moins de 1,40 m et plus de 60 ans ; gratuit pour les enfants de moins de 1 m. Également pass de 2 j. et réduc pour les entrées après 16h et après 20h (parking gratuit à partir de 20h). Réduc en achetant ses billets à l'avance sur Internet.* Sur 150 ha, c'est l'un des plus grands parcs d'attractions d'Europe, composé de 5 zones thématiques : *Hollywood Bld, Cartoon Village, Old West Territory, DC Super Heroes World* et *Warner Bros Studios*. Une trentaine d'attractions, pour tous les âges et tous les goûts, consacrées aux films et personnages de la *Warner Bros* : de la visite des studios aux attractions aquatiques, du ciné en 3D aux montagnes russes... Et, bien sûr, des restos, des boutiques, etc.

MEJORADA DEL CAMPO

Petite ville à 18 km à l'est de Madrid. Accès par l'autoroute R3 (payante), sortie n° 12 (cette bretelle rejoint l'A 3 Madrid-Valence).

Cette banlieue-dortoir n'a d'autre intérêt que sa curieuse cathédrale très contemporaine...

Catedral de Nuestra Señora del Pilar, de Don Justo Gallego : *à l'angle de la c/ Santa Rosa et de la c/ Antonio Gaudí. Sur place, pas de panneau, mais les habitants connaissent bien l'endroit. Entrée par c/ A. Gaudí, 10.*

Une volée de marches précède cette incroyable construction, dont le style évoque à la fois le Facteur Cheval et les visions de Gaudí (le nom de la rue a été prémonitoire). Son maître d'œuvre, Justo Gallego Martínez, est né le 20 septembre 1925 à Mejorada del Campo. À 27 ans, il entre comme moine cistercien au monastère de Soria. Malade de la tuberculose, il doit quitter les ordres, revient dans son village natal et décide de construire un temple à la gloire de Dieu, sur un terrain hérité de ses parents. Sans aucune formation d'architecte ou de maçon, inspiré de sa seule foi, il se lance en 1964 dans la construction de cette grande église, qu'il réalise de ses propres mains, en utilisant essentiellement des matériaux de récupération.

Le résultat est étonnant : des tours de brique et de ciment de 30 m de hauteur, des armatures métalliques surgissant à leur sommet, une coupole ajourée de 25 m, une vaste nef surmontée par une rosace, un cloître, un patio à colonnes, une crypte... Après un demi-siècle de travail de fourmi – labeur de « bénédictin » –, don Justo Gallego, qui a fêté ses 90 ans en 2015, continue son grand ouvrage, avec la charité publique comme source de financement et la main-d'œuvre de plusieurs volontaires. – On laisse une petite donation dans une boîte à l'intérieur de la cathédrale. Ne pas déranger pour rien don Justo, car il travaille à longueur de journée, et de plus, il est à moitié aphone.

ALCALÁ DE HENARES

À l'est de Madrid, sur la route de Saragosse

• Plan *p. 165*

Excursion agréable de 1 journée. Une grande ville de plus de 200 000 habitants, qui cache un centre historique riche en monuments. Alcalá abrite depuis des siècles la plus grande ***université*** de la communauté de Madrid, d'où l'ambiance jeune et les facilités pour se restaurer pas cher. L'édifice qui abrite l'université, classée depuis 1998 au Patrimoine mondial de l'Unesco, date de la Renaissance, et sa façade est le meilleur échantillon de bien des beautés architecturales qu'il abrite. Nombre de cigognes viennent y faire leur nid au printemps et animent la ville de leur vol... Alcalá de Henares est aussi connue pour être la ville natale du célèbre auteur de Don Quichotte, ***Miguel de Cervantes Saavedra*** (1547-1616), dont on visite la maison.

Comment y aller de Madrid ?

Depuis la ***gare routière de l'avda de América*** *(plan d'ensemble et plan détachable G1, **2**).* Bus n° 223. Départs ttes les 6-30 mn. Trajet : env 30 mn. *Infos : Cie Alsa, • alsa.es •*

Depuis les gares ***RENFE-Cercanías d'Atocha ou de Chamartín,*** départ ttes les 10-15 mn sur les lignes C2 et C7. Trajet : 37 mn. ☎ *902-32-03-20. • renfe.com •*

Adresses utiles

Oficina de turismo *(plan B2, **1**) : callejón de Santa María, 1. ☎ 918-89-26-94. • turismoalcala.es • Sur le côté de la plaza de Cervantes, dans une ruelle derrière l'église. Également un **autre bureau** sur la plaza Santos Niños (plan A2, **2**), et un **kiosque** plaza de Cervantes (angle c/ de Libreros, plan A-B2, **3**). Tlj 10h-14h, 17h-20h.* Plan de la ville, brochure en français, agenda culturel...

Où dormir ?

Hotel Evenia Alcalá Boutique *(hors plan par A2, **10**) : Cardenal Cisneros, 22. ☎ 918-83-02-95. • hba.res@eveniahotels.com • eveniahotels.com • À 5 mn à pied de la plaza Cervantes. Doubles 80-150 € selon période, petit déj compris.* En plein centre, dans une pittoresque maison ancienne avec patio, voici des chambres confortables, douillettes et arrangées façon design contemporain. Très bon rapport qualité-prix en période creuse. Une belle adresse de charme.

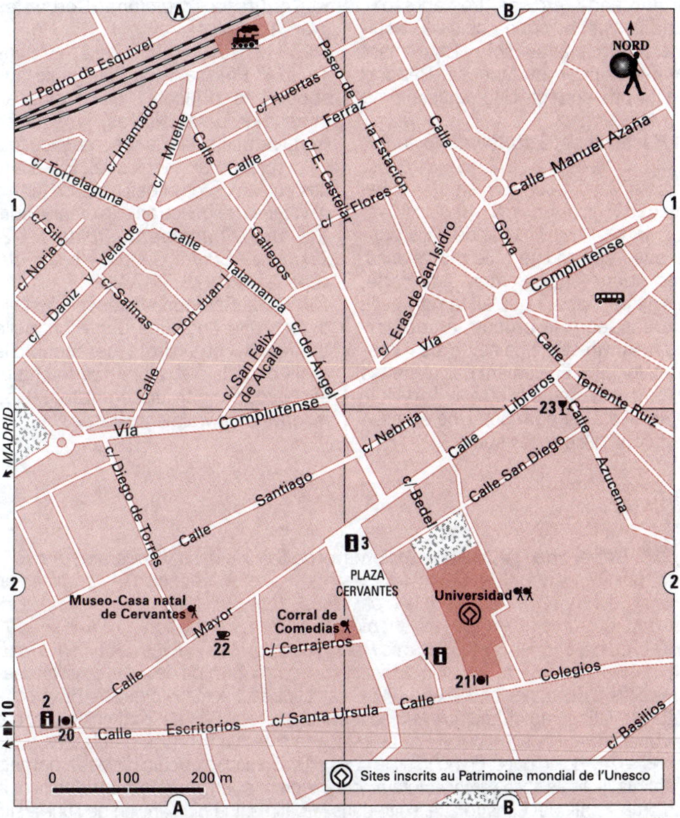

ALCALÁ DE HENARES

Adresses utiles

- **1** et **2** Oficina de turismo
- **3** Kiosque de tourisme

Où dormir ?

- **10** Hotel Evenia Alcalá Boutique

Où manger ? Où boire un verre ? Où déguster une pâtisserie ?

- **20** La Casa Vieja
- **21** Hostería del Estudiante
- **22** Confitería Tradicional Cervantes
- **23** Café Rinacimiento

Où manger ? Où boire un verre ?
Où déguster une pâtisserie ?

La Casa Vieja *(plan A2,* **20***) : c/ San Felipe Neri, 3. ☎ 918-83-62-81. À côté de la plaza Santos Niños. Tlj 13h-2h. Menus 16-27 €, plats 7-19 €, repas env 25 €.* Construit au XVIe s, ce superbe *mesón* reflète bien l'architecture populaire de la Renaissance. Si le temps le permet, demander une table sur la grande terrasse, très agréable. Dans l'assiette, bonne cuisine castillane mijotée avec soin. Également des tapas pour les fauchés. Rapport qualité-prix correct. Une adresse pour tous les budgets.

Hostería del Estudiante *(plan B2,* ***21****) : c/ Colegios, 3. ☎ 918-88-03-30. • alcala@parador.es • Resto de l'hôtel Parador. Tlj sf dim soir, lun et mar. Menu 35 €, plats 14-30 €.* Grande salle chaleureuse aux allures chic-médiévales, avec poutres apparentes. À la carte, cuisine de Castille qui fait la part belle aux viandes à la broche, *croquetas,* poulet au vin et même aux plats « basses calories ». Également des assiettes de fromages, gambas ou salade de foie de volaille à se partager. Une adresse pour ceux qui ont des sous.

Confitería Tradicional Cervantes *(plan A2,* ***22****) : c/ Mayor, 33. ☎ 918-77-68-60. Tlj 10h30-14h, 17h-21h. Moins de 10 €.* Pâtisserie où l'on goûte aux spécialités d'Alcalá : *garra piñadas* (amandes caramélisées), *rosquillas* (sorte de petits beignets) et *costrada* (qui se rapproche du millefeuille). Et encore des gâteaux secs et des parts de tarte à dévorer sur le pouce en explorant la ville.

Café Rinacimiento *(plan B1-2,* ***23****) : plaza Cuatro Caños, s/n (c/ Azucena, 2). ☎ 918-78-73-68. Tlj sf lun 16h30-3h.* Bar-lounge branché, installé dans... une ancienne petite chapelle baroque ! On y sirote des cocktails assis dans la nef, alors que le chœur est occupé par un comptoir. Une reconversion vraiment réussie !

À voir

Universidad de Alcalá (colegio Mayor de San Ildefonso ; l'université ; plan B2) : *plaza San Diego, s/n. ☎ 918-85-64-87. • visitas.uah.es • Visite guidée obligatoire en espagnol à 11h, 12h, 13h (et 14h w-e et j. fériés), 16h, 17h, 18h et 19h. En août : lun-sam ttes les heures 11h-13h, 17h-19h ; dim slt 11h-13h ; palacio Laredo fermé en août. Durée : 45 mn. Entrée : 6 € (7,50 € avec Palacio Laredo, mais lun-ven seulement à midi, w-e mêmes horaires) ; réduc. Audioguide en français 3 €.* L'une des plus prestigieuses universités d'Espagne, fondée en 1499. C'est ici que fut écrite la première Bible polyglotte (en latin, grec et hébreu). Le lieu a été classé en 1998 au Patrimoine mondial de l'Unesco. Après avoir détaillé la belle façade massive flanquée de blasons et de symboles mythologiques, on poursuit la visite en traversant plusieurs patios verdoyants affichant différents styles architecturaux, dont le premier, en granit, est certainement le plus emblématique. Pénétrons ensuite dans le bâtiment le plus ancien de l'université pour y admirer l'impressionnante *salla Paraninfo* avec un plafond rouge, bleu et or très travaillé. C'est ici qu'a lieu la remise des diplômes. Voir encore la *capilla de San Ildefonso* pour son intéressant plafond en bois sculpté, ainsi qu'un tombeau superbement ciselé.

Museo-Casa natal de Cervantes *(plan A2) : c/ Mayor, 48. ☎ 918-89-96-54. • museocasanataldecervantes.org • À l'angle de la c/ Imagen. Mar-dim 10h-18h (dernière entrée à 17h30). Fermé 1er et 6 janv, 1er mai, et 24, 25 et 31 déc. GRATUIT. Visite guidée possible en français (résa à l'office de tourisme).* Petite maison en brique typique du XVIe s, entièrement rénovée (un peu trop d'ailleurs !), où naquit en 1547 le grand écrivain espagnol, figure tutélaire des Lettres du pays depuis plus de cinq siècles ! L'intérieur reproduit un habitat typique de l'époque, dans une version aseptisée. Organisé autour d'un patio central avec puits, le ***rez-de-chaussée*** est dédié aux pièces de vie : cuisine, salle à manger, parloir, boudoir des femmes, cabinet du père de Cervantes, chirurgien de son état. Au ***1er étage,*** on trouve les chambres à coucher de la famille Cervantes, équipées de meubles d'époque : lits, coffres, bureaux, fauteuils, lampes à huile... Au même niveau, également une pièce regroupant quelques vieux livres écrits par l'auteur, dont son fameux *Don Quichotte,* ainsi que des éditions récentes illustrées.

Corral de Comedias *(plan A-B2) : pl. Cervantes, 15. ☎ 91-882-22-42. • corraldealcala.com • Visite guidée de 30 mn : mar-dim à 11h30, 12h30, 13h30, 18h et 19h (modif possible selon représentations théâtrales). Entrée : 3 €.* Mignon petit théâtre fondé en 1601 et toujours en activité. On en découvre les gradins, les balcons, la scène, et les coulisses où se trouvent les amusants dispositifs de bruitage et autres mécanismes de changement de décor. Dans ce bel écrin, représentations en fin de semaine toute l'année pour les hispanophones (se renseigner).

LA RÉGION DE MADRID

SAN LORENZO DE EL ESCORIAL (L'ESCURIAL)

À 50 km de Madrid. Situé à plus de 1 000 m d'altitude au cœur de la sierra de Guadarrama, c'est un imposant monastère doublé d'un palais royal, devenu l'un des plus célèbres musées d'Espagne, abritant notamment l'une des plus importantes collections de peinture du pays. Édifié après la victoire de Philippe II sur l'armée du roi de France, Henri II, à Saint-Quentin en 1557, le jour de la Saint-Laurent (San Lorenzo en espagnol), il doit son nom à ce saint patronage. D'ailleurs le bâtiment a la forme d'un grill en souvenir de saint Laurent, qui subit le supplice du barbecue.
La construction du complexe, commencée en 1563, ne dura qu'une vingtaine d'années ; un record pour l'époque ! Cela explique la grande unité de style de l'ouvrage en granit gris, aux lignes sobres, à l'aspect très austère, et qui définira le style herrérien par la suite... Le monastère et le site de El Escorial ont été classés au Patrimoine mondial de l'Unesco en 1984, et demeurent le coin le plus visité de la communauté de Madrid, par les Madrilènes notamment. C'est aussi un bon point de départ pour des balades à pied dans la sierra.

Comment y aller de Madrid ?

En train

➢ Lignes C3 et C8, depuis la ***station souterraine Madrid-Atocha,*** env 1h de trajet. Départs ttes les 15-55 mn. Passent également par la gare de Chamartín. *Infos : ☎ 902-32-03-20. • renfe.es •* De la ***gare d'El Escorial,*** un bus conduit ensuite au centre de San Lorenzo (sinon, 20 mn de marche).

En bus

➢ Avec la Cie *Herranz,* depuis la ***gare routière*** située calle Princesa, sous la place Moncloa à Madrid *(Intercambiador de Moncloa ; Ⓜ Moncloa).* Bus nos 661 et 664 à prendre au niveau - 1, départs ttes les 10-30 mn. Trajet 55 mn. *Infos : ☎ 918-96-90-28. • autocares herranz.com •* On arrive à la gare routière, à 5 mn à pied du monastère.

Adresses utiles

ℹ ***Oficina de turismo :*** *c/ Grimaldi, 2-4. ☎ 918-90-53-13. • sanlorenzoturismo.org • Dans la rue face à l'entrée du palais. Tlj sf lun et dim ap-m 10h-14h, 15h-18h.* Plan de la ville, petite brochure en français, infos sur les sentiers de randonnée pédestre du coin, salle d'expo sur l'histoire du village, la faune et la flore de la sierra de Guadarrama.

✉ ***Poste :*** *Juan de Toledo, 2. Au rond-point à l'entrée du village, à 200 m du monastère. Lun-ven 8h30-14h30, sam 9h30-13h.*

Où dormir ?

De chic à plus chic (60-120 €)

Hotel de Martín : *c/ Gobernador, 1. ☎ 918-90-39-44. • info@alojamientodemartin.com • alojamientodemartin.com • Doubles 60-80 €, familiales 80-120 €, petit déj inclus.* À deux pas du palais, cette vieille maison de caractère livre une dizaine de belles chambres confortables et récemment aménagées dans un style design bien affûté. Certaines donnent sur la place, d'autres, plus chères, sont dotées d'un jacuzzi.

Où manger ?

De prix moyens à plus chic (15-35 €)

Las Viandas : *pl. de la Constitución, 2. ☎ 918-90-09-86. • info@alojamientodemartin.com • Tlj. Menu midi 11,50 €, sinon 25-30 €, plats 9-21 €. Apéro maison offert sur présentation de ce guide.* Resto propret aux murs parsemés d'affiches d'art. Dans l'assiette, savoureuses spécialités de saison – inspirées des Asturies – avec pas mal de poissons et de viandes. Plats bien présentés et service stylé très aimable. Terrasse ombragée sur la place aux beaux jours. On s'est régalés !

Mesón-taberna La Cueva : *c/ San Antón, 4. ☎ 918-90-15-16. • mesonlacueva@mesonlacueva.com • Tlj sf dim soir et lun. Menus 20-30 €, plats 5-21 €. Cocido le jeu 22 €.* Taverne pittoresque construite en 1768 sur plusieurs niveaux par l'architecte du Prado. Les salles avec leur déco d'époque valent vraiment le détour. Cuisine castillane pleine de saveurs, mitonnée avec les bons produits frais du terroir. Également un bistrot avec terrasse à l'arrière, servant tapas, *raciones* et *bocadillos* à prix doux. C'est la bonne table du village, pour toutes les bourses.

À voir

El Monasterio de San Lorenzo de El Escorial : *paseo Juan de Borbón y Battenberg, s/n. ☎ 918-90-59-03 ou 04. • patrimonionacional.es • Tlj sf lun 10h-20h (18h oct-mars) ; fermé 10 août et 2e dim de sept. Fermeture caisses 1h avt. Entrée : 10 € ; réduc. Gratuit pour les ressortissants de l'UE mer et jeu 17h-20h (15h-18h avr-sept). Audioguide en français 3 €, ou visite guidée en français (sur résa) 7 €.*

Conseil : arriver tôt. En été, ne pas avoir peur de la longue file d'attente ; ça va assez vite. Prévoir au moins 2h de visite en courant, et 3h pour en profiter ! Cafétéria bon marché sur place.

Le site s'explore selon un parcours bien cadré, traversant des salles d'apparat grandioses et souvent richement dotées de tableaux de maîtres, des appartements et autres lieux de vie intéressants mais plus modestes, sans oublier les patios, églises, bibliothèque...

Voici, tout d'abord, une jolie petite série de ***tapisseries flamandes*** provenant de la collection léguée par Charles Quint (Carlos V) à son fils Philippe II. Brodées de fils d'or, de laine et de soie, elles étaient sorties lors des cérémonies religieuses. Certaines sont inspirées du *Jardin des délices* du peintre Jérôme Bosch. Là, ne pas rater le *Martyre de saint Maurice* signé El Greco ; un avant-goût de la somptueuse collection de peintures royales à venir.

On découvre ensuite le ***musée d'architecture,*** qui détaille les techniques utilisées pour bâtir ce palais : plans, outils de levage, éléments en pierre, maquettes de ce bâtiment qui demeure le plus représentatif de la Renaissance espagnole.

Pénétrons à présent dans l'orgie du ***musée de peinture*** et de ses œuvres formidables ! Tableaux de Michel Coxcie, l'un des peintres préférés de Philippe II, aussi appelé « le Raphaël flamand », dont un *Martyre de saint Philippe* aux allures de foire... Puis peinture italienne avec notamment le Titien qui nous étonne dans sa superbe *Sainte Marguerite,* triomphant d'un dragon croix en main. Le Véronèse livre ensuite sa patte souple et lumineuse dans *Dieu le Père et l'Esprit saint.* Également des toiles du Tintoret, puis de la peinture espagnole avec notamment Ribera et son *Apparition de l'Enfant Jésus à saint Antoine de Padoue,* bouche-bée ! Belle série de Luca Giordano, dont *Le Doute de saint Thomas,* et puis des Guercino, etc. On perçoit que les goûts personnels de Philippe II le portaient vers des peintres très conventionnels, voire pompeux, alors même qu'il dédaignait la peinture du Greco, dont il rejetait l'audace...
Ne pas rater ensuite la sublime ***salle des Batailles,*** longue galerie couverte de fresques relatant les grandes victoires espagnoles du XVIe s. Elle demeure l'emblème de la politique d'expansion de Philippe II.
Montons à présent vers les ***appartements royaux*** *(palacio de los Austreas),* aux murs revêtus d'azulejos dans leur partie basse. Quelques meubles et portes marquetées de facture exceptionnelle. Et puis encore de beaux tableaux de valeur. Remarquer au sol la méridienne solaire utilisée pour mettre à l'heure les pendules du palais. Voir la chambre à coucher de Philippe II, attenante à son bureau modeste et sombre. C'est d'ici que le monarque dirigeait son empire !
Passons maintenant au ***panthéon royal,*** au terme d'un impressionnant tunnel de marbre conduisant au sous-sol. On retrouve dans cette crypte circulaire impressionnante pratiquement tous les rois et reines d'Espagne. Débauche de marbre et de bronze. Plus loin, le ***panthéon des Infants,*** assez morbide, présente quelques gisants sculptés d'une extrême finesse...
Ensuite, les ***salles capitulaires*** abritent une formidable débauche d'œuvres de grands peintres. Du Greco, un *Saint-Pierre* en tunique jaune, mais surtout *L'Adoration du nom de Jésus,* où le roi Philippe II apparaît agenouillé. De Velázquez, *La Tunique de Joseph.* Et encore des Tintoret, plusieurs Véronèse, une foule de Ribera...
Entrons à présent dans la ***vieille église*** pour admirer notamment le *Martyre de saint Laurent* peint par Titien. À gauche en sortant, jeter un coup d'œil à l'escalier monumental du palais et sa voûte peinte d'une fresque à la gloire de l'Espagne.
Ensuite, la ***basilique*** se montre glaciale, austère, colossale ; bref, dans le plus pur style herrérien. Haute coupole centrale, immenses fresques aux plafonds, retable de 26 m de haut en marbre avec statues en bronze, représentant notamment les rois Charles V et Philippe II agenouillés et assistant à la messe.
Voir enfin la magnifique ***bibliothèque*** aux plafonds peints. Bibles et corans enluminés, cartes anciennes, scènes de batailles, manuscrits aux graphismes superbes, etc.
Les ***jardins*** du palais-monastère valent eux aussi le détour...

Fête

– ***Saint-Laurent :*** *10 août.* Fête de la ville. Corridas.

LA VALLÉE DE LOS CAÍDOS

À une dizaine de kilomètres de San Lorenzo de El Escorial, la célèbre « vallée des Morts », testament politique et architectural de Franco qui l'inaugura en 1959. On la repère de loin, avec sa croix de granit s'élevant à 150 m de haut. Y aller, ne serait-ce que pour rendre hommage aux nombreuses

vies humaines qu'a englouties la construction de la *basilique souterraine Santa Cruz,* un monument démesuré symbole de la rudesse des années de dictature.

➢ ***Accès :*** ctra Guadarrama-El Escorial. La basilique se trouve à 6 km du portail d'entrée : voiture très conseillée. Sinon, 1 seul bus depuis San Lorenzo de El Escorial *(rens : ☎ 91-896-90-28 ; ligne 660A, 15h15 du terminal des bus, retour à 17h30).*
– ***Visite :*** *infos au ☎ 91-890-56-11 ou 13-98. • patrimonionacional.es • Tlj sf lun 10h-19h (18h oct-mars). Fermeture caisse 1h avt. Messe tlj à 11h, ainsi que dim à 13h et 17h. Entrée (chère !) : 9 € ; réduc.* Comme dans tout édifice religieux, attention à votre tenue (pas de débardeur ou de minijupe).

La basilique souterraine Santa Cruz : elle a été entièrement creusée dans la roche par des prisonniers républicains de la guerre civile. Chantier titanesque : 20 ans de travaux, une esplanade de 30 000 m² et une nef de 260 m de long (bien plus que Saint-Pierre de Rome) aux allures de hall de gare. L'architecture des lieux et la décoration intérieure en disent long sur la psychologie du dictateur et son rapport à la mystique catholique. Thèmes récurrents : la Sainte Croix (croisades), l'Apocalypse et la mort. Beaucoup de souffrance dans les représentations. Couleurs dominantes : le noir et le gris. Assez sinistre, tout ça, brrrr...
Dans le long couloir menant à la nef, deux gigantesques anges de bronze à l'allure martiale terrifiante, épée en main, dont les traits évoquent furieusement l'art officiel de l'Italie fasciste et de l'Allemagne nazie. À la croisée du transept, coupole de 42 m de haut avec une fresque en mosaïque représentant tous les morts de l'Espagne montant vers Dieu. Petite précision : *los caídos* ne signifie pas « les caïds » bien sûr, mais « ceux qui sont tombés » (pour la patrie).
Au sol, des deux côtés de l'autel central, les pierres tombales de Franco et de Primo de Rivera (curieusement, seul son prénom, José Antonio, figure sur la dalle). Le plus désolant, c'est de constater qu'il y a encore des Espagnols pour venir fleurir la tombe de celui qui ensanglanta leur pays... Atmosphère vraiment pesante. On préfère la lumière du jour. Ouf !
De l'esplanade, panorama superbe sur toute la sierra de Guadarrama. Pour le contempler du pied même de la croix, emprunter les escaliers de l'autre côté de la butte, devant la basilique.

UNE DÉPOUILLE ENCOMBRANTE

Ici, dans la crypte, reposent près de 40 000 victimes de la terrible guerre civile qui ensanglanta l'Espagne de 1936 à 1939. Principalement des nationalistes, mais aussi de nombreux républicains. La proximité avec la sépulture de Franco, grand responsable de ces massacres, choque de nombreux citoyens. Lui qui n'est pas mort au combat mais dans son lit... On envisagerait de déménager sa dépouille au cimetière d'El Pardo, dans le caveau de sa femme.

ARANJUEZ (28300) 56 800 hab.

• Plan *p. 173*

« Château, *concierto,* casino, fraises et asperges » : non, ce n'est pas le titre du dernier film d'Almodóvar, mais en résumé les mots-clés

d'Aranjuez, élégante petite ville historique amarrée dans la verdure des bords du Tage, à 49 km au sud de Madrid. Ce « paysage culturel d'Aranjuez » a d'ailleurs été classé au Patrimoine mondial de l'Unesco en 2011. D'abord, un château *royal,* s'il vous plaît ! Aux XVIe et XVIIe s, les alentours immédiats étaient entièrement réservés aux bons plaisirs du roi et nul autre mortel n'avait le droit d'y résider... *Castillo* des Bourbons, sublime petit palais d'été (Casa del Labrador), voies d'eau sinueuses et barques royales témoignent encore de ces fastes passés. *Concierto* comme *Concierto de Aranjuez,* du grand compositeur espagnol Joaquín Rodrigo (1901-1999, enterré ici), et popularisé (entre autres) par Miles Davis. Casino, parce qu'on y vient aussi pour jouer. Fraises, car c'est une spécialité des jardins d'Aranjuez, au beau milieu de paysages arboricoles. Quant aux asperges, on les retrouve à la carte de la plupart des restaurants de la ville !

Aranjuez constitue aujourd'hui l'une des promenades préférées du dimanche des Madrilènes. Étape intéressante donc pour les amateurs de palais et de beaux jardins.

Comment y aller ?

En bus

Gare routière (plan B2) **:** *c/ de las Infantas, 16. ☎ 902-19-87-88.*

➢ **Madrid** (1h) **:** de l'*Estación Sur,* avec les ***bus n°s 423*** et ***419*** *(● redtransporte.com ●),* plusieurs départs par heure. Il existe aussi un ***bus de nuit*** (le *N 402*) depuis la gare d'Atocha, ttes les 1-2h.

En train

Gare ferroviaire (plan A2) **:** *c/ de la Estación, s/n. ☎ 902-320-320. ● renfe.com ● À 1 km à l'ouest du centre.* Pour rejoindre le centre, bus n°s 1, 2, 3 et 4.

➢ ***Madrid*** (45 mn) **:** 2-3 trains/h sur la ligne C3, au départ de la gare d'Atocha. En mai, juin, sept et oct, on peut aussi emprunter certains w-e le ***tren de la Fresa (« train de la Fraise »),*** un vieux vapeur aux wagons de bois – qui fut le 2e à être inauguré en Espagne, en 1851 ! Il quitte la station *Delicias* (derrière Atocha) vers 10h pour arriver à Aranjuez vers 11h ; retour à Madrid le soir même vers 18h, arrivée 19h. Le prix du billet *(env 30 €, réduc enfants)* comprend une dégustation de fraises à bord (!), le transfert en bus vers le centre d'Aranjuez, la visite guidée du Palais royal et du musée des *Falúas reales (infos et résas : ☎ 902-22-88-22 ; ● museodelferrocarril.org ●).*

Adresses et infos utiles

ℹ ***Oficina de turismo*** (plan B2) **:** *pl. de San Antonio, 9 (sous les arcades). ☎ 918-91-04-27. ● aranjuez.es ● Tlj 10h-18h.* Fournit un plan de la ville et 2-3 brochures. Accueil sympa.

■ ***Chiquitrén*** (plan A2, **1**) **:** *départ c/ de Palacio Silvela (face palais royal). ☎ 902-08-80-89. ● turismoaranjuez.com ● Départ tlj (sf lun nov-fév) dès 11h, ttes les 30 mn à 1h. Billet : 5,50 € ; réduc. Durée : 50 mn.* Ce petit train touristique dessert tous les sites, du Palais royal aux arènes en passant par la fameuse Casa del Labrador. Pratique pour ceux qui ne peuvent pas trop marcher.

■ ***Barco turístico « El Curiosity »*** (plan B2, **2**) **:** *embarcadère en contrebas du Puente Barcas, à l'extrémité est du Jardín del Parterre. 📱 638-60-04-09. ● elcuriosity.com ● Slt le w-e, à 12h30 et 17h30. Billet : 12 € ; réduc. Durée : 45 mn-1h (2h30 avec la visite guidée d'un des jardins de la ville).* Une promenade au fil du Tage ? Partant en face du resto *El Rana Verde,* cette espèce de bateau-mouche remonte le cours d'eau jusqu'aux abords de la *Casa del Labrador* en passant devant le camping. Le tour inclut une visite guidée au choix.

Où dormir ?

Camping

Camping Internacional Aranjuez (hors plan par B1, **10**) : *c/ Soto del Rebollo, s/n. ☎ 918-91-13-95. • info@campingaranjuez.com • campingaranjuez.com • ♿. À 1 km au Nord, accès par la route M-305. Ouv tte l'année. Selon saison, 21-31 € pour 2 pers avec tente et voiture ; doubles 44-54 € ; bungalows 65-115 € (4-8 pers). (payant mais dispo dans tt le camping !)* Dans un site tranquille, entre le Tage et des champs agricoles. Les parcelles sont bien délimitées et ombragées, mais le sol est assez dur. Bonne tenue générale. Piscine, bar-resto, épicerie, jeux pour enfants et location de kayaks.

Prix moyens (moins de 60 €)

Hostal Castilla (hors plan par B2, **11**) : *ctra de Andalucía, 98. ☎ 918-91-26-27. • hostalcastilla@yahoo.es • hostalcastillaaranjuez.com • Doubles 48-55 €, petit déj 3 €.* Une adresse sympathique, prisée des Madrilènes en week-end. Autour d'un charmant patio fleuri et carrelé d'azulejos, voici une petite vingtaine de chambres à la déco gentiment rustique, avec AC et, pour la plupart, une salle de bains refaite. Accueil avenant. Bon rapport qualité-prix.

Hostal Santa Marta (plan B2, **12**) : *c/ de las Infantas, 17-19. ☎ 918-92-47-67. • h.santamarta@hotmail.es • hostalsantamartaaranjuez.com • Double 53 € (45 € en sem en hiver), petit déj 3 €.* Modeste et agréable *hostal* proposant des chambres plutôt bien arrangées et très bien tenues, avec AC et petit balcon pour certaines. Au rez-de-chaussée, bistrot et bar de style Art nouveau prolongés d'une terrasse sous les arbres de l'avenue, servant *platos combinados,* tapas et *raciones.*

Chic (60-90 €)

Hotel El Cocherón 1919 (hors plan par B2, **13**) : *c/ Montesinos, 22. ☎ 918-75-43-50. • elcocheron1919@yahoo.es • elcocheron1919.com • ♿. Fermé en août. Doubles 64-70 €, petit déj 4-6 €.* Derrière ces murs modernes en brique, dans une rue calme, se cache un hôtel discret, l'un de nos préférés d'Aranjuez. Déco élégante et subtile mêlant le bois, les matériaux modernes et la couleur marron, dominante de la maison. Certaines chambres sont un peu sombres, d'autres plus claires et plus grandes, ordonnées pour la plupart autour d'un patio. Mais elles sont toutes charmantes, personnalisées et bien équipées. Accueil gentil.

Jardín de Aranjuez (plan B2, **14**) : *avda del Príncipe, 26. ☎ 918-75-42-07. • info@hoteljardindearanjuez.com • hoteljardindearanjuez.com • Doubles 60-80 €, petit déj inclus.* Hôtel central accueillant, offrant une bonne vingtaine de chambres sans charme particulier (sol carrelé, déco classique), mais impeccables et fort bien équipées (AC, minibar, coffre et sèche-cheveux). Celles côté rue sont plus claires.

Où manger ? Où déguster une pâtisserie ?

De bon marché à prix moyens (moins de 25 €)

Pastelería Parras (hors plan par B2, **20**) : *c/ Gobernador, 55. ☎ 918-91-01-56. • pasteleriaparras@gmail.com • Tlj 6h-14h, 17h30-20h30 (7h15-14h le w-e juin-sept).* Boulangerie-pâtisserie-salon de thé réputé dans toute la ville pour ses parts de tartes, viennoiseries et autres gâteaux secs enrobés de chocolat, que l'on accompagne volontiers d'un café. Prépare également de petits en-cas, sandwichs... Idéal aussi pour le petit déj.

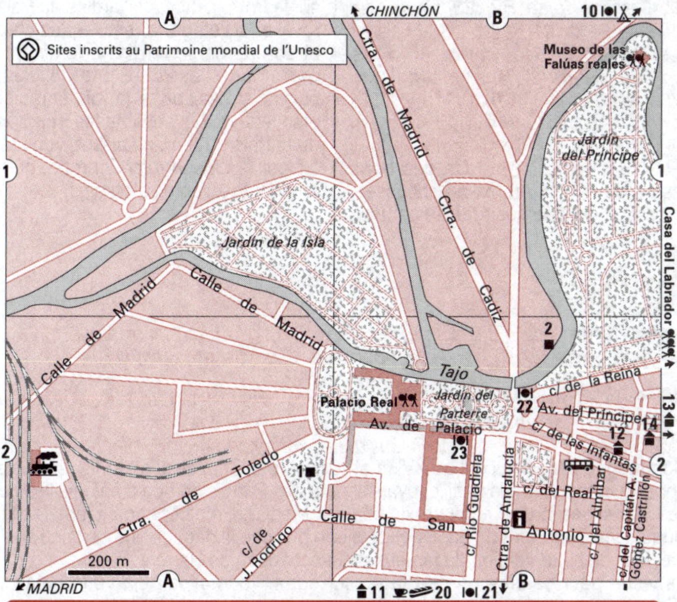

ARANJUEZ

Adresses utiles	13 Hotel El Cocherón 1919
Oficina de turismo	14 Jardín de Aranjuez
1 Chiquitrén	**Où manger ? Où déguster une pâtisserie ?**
2 Barco turístico « El Curiosity »	20 Pastelería Parras
Où dormir ?	21 Taberna-Mesón La Venta
10 Camping Internacional Aranjuez	22 El Rana Verde
11 Hostal Castilla	23 Carême
12 Hostal Santa Marta	

Taberna-Mesón La Venta (hors plan par B2, **21**) : *c/ Stuart, 149. ☎ 918-92-57-69. • mesonlaventa@hotmail.es • Tlj 8h-17h, 20h-minuit. Menu midi en sem 12 €, plats et raciones 8-22 €.* À 10 mn à pied du Palais royal, un bar-resto à la salle soignée ornée d'objets rustiques, et quelques tables sur le trottoir. Le lieu ne paie pas de mine mais propose une excellente cuisine traditionnelle espagnole, qu'il s'agisse des plats, des tapas ou des *raciones*. Même le vin au verre est réjouissant ! En bref, une excellente adresse, très couleur locale, fréquentée par les habitués du quartier.

El Rana Verde (plan B2, **22**) : *c/ de la Reina, 1. ☎ 918-01-15-71. • ranaverde@aranjuez.com • Sur la place, à l'extrémité est du jardín del Parterre. Tlj 9h-23h30. Menus 15-30 €, plats 12-23 €.* Installée au bord du Tage (et du rond-point) depuis 1903, cette institution se repère de loin à sa couleur vert grenouille ou vert asperge – deux spécialités (le batracien et le légume) qui font sa réputation, la 3e étant... les fraises ! On y sert aussi de bonnes viandes, et du gibier. Juste quelques tables en terrasse sur la rivière. Un resto certes un peu touristique, mais également apprécié par les gens du cru.

|●| ***Carême*** *(plan B2,* ***23****) : avda de Palacio, 2. ☎ 918-92-64-86. • reservas@caremejesusdelcerro.com • Le long du jardín del Parterre, au niveau du palais. Lun-sam 11h30-17h, 20h30-minuit ; dim 11h30-20h. Au café, menu 16 €, plats 12-16 € ; au resto, menus 49-52 €, plats 22-24 €.* Un des bons restos de la ville. Au rez-de-chaussée, le café, avec quelques tables semées sur le trottoir, face aux jardins du Palais royal et, à l'étage, le resto – plus cher – et son agréable terrasse dominant le parc. Dans l'assiette, une délicieuse cuisine de saison, à la fois enracinée et inventive, qui sublime les bons produits frais du terroir. Laissez-vous tenter par le pigeon *(pichón)* rôti... ou les artichauts au corail d'oursin !

À voir

– ***Important :*** *la visite du palais et des musées est* ***gratuite*** *mer et jeu de 15h à 18h oct-mars, et de 17h à 20h avr-sept* ***pour les ressortissants de l'UE.***

★★ ***Palacio Real*** (plan B2) : *pl. de Parejas. ☎ 918-91-07-40. • patrimonionacional.es • Tlj sf lun 10h-20h (18h oct-mars). La caisse ferme 1h avt. Entrée : 9 €, réduc ; visite du museo de las Falúas reales comprise. Audioguide en français 3 €.* Commencé par Philippe II au XVIe s et achevé par Charles III au XVIIIe s, le palais appartient toujours à la famille royale espagnole. Parfois comparé à Versailles pour ses immenses jardins et sa proximité avec Madrid, il n'a cependant jamais été le siège de la Cour. Tout de brique et de pierre blanche, il dégage une certaine austérité, fruit de l'intervention du fameux architecte Juan de Herrera.

La visite peut paraître un peu fade, surtout si vous avez déjà vu le palais de l'Escurial. Toutefois certaines salles méritent le coup d'œil. Tout d'abord, la ***salle des hallebardiers*** présente de belles tapisseries bruxelloises du XVIe s. Dans les ***appartements du roi,*** on trouve un étonnant fumoir coloré de style mauresque, réalisé au XIXe s par le restaurateur en chef du palais de l'Alhambra. Suivent ensuite la ***salle de bal*** garnie de miroirs à dorures, la ***chambre de la reine*** et son plumard grand veneur, puis le formidable ***cabinet de porcelaines,*** à la déco rococo-orientalisante exubérante. Ne pas manquer non plus la ***salle du trône*** ornée d'un plafond peint et bardée de velours cramoisis et de lustres à pampilles.

– Après la visite, allez donc flâner dans les trois beaux ***jardins*** qui entourent le palais. Bordés par le Tage, rendez-vous des cygnes et des canards, le *jardín del Parterre,* le *jardín de la Isla* et le *jardín del Príncipe* foisonnent de fontaines et de bosquets, et s'y nichent des potagers et des sections « à la française » fleuries et colorées. Une visite enrichie par les bonnes infos de l'audioguide du Palais royal.

★★★ ***Casa del Labrador*** (hors plan par B2) : *dans le Jardín del Príncipe, à env 3 km à l'est du Palais royal. ☎ 918-91-03-05. • patrimonionacional.es • Accès à pied, en voiture, ou avec le train touristique Chiquitrén (voir « Adresses utiles »). Visite guidée (obligatoire) tlj sf lun 10h-19h (17h oct-mars), ttes les 30 mn-1h, par groupe de 10 pers max. On s'inscrit sur place ou au Palacio Real, ou encore sur le site internet. Entrée : 5 € (paiement slt par carte bancaire !). Durée : env 40 mn.* La visite à ne pas manquer ! Noyé dans un immense parc arboré où s'écoule paisiblement le Tage, on aime beaucoup ce petit palais tout cosy, qui était à l'origine un relais de chasse. C'est Charles IV qui, à la fin du XVIIIe s, lui donna son apparence actuelle et ses intérieurs hautement néoclassiques à taille humaine : statuaire omniprésente, tentures de soie aux murs, plafonds peints de scènes mythologiques, pendules françaises, etc. Superbe salle décorée de mosaïques et de bustes antiques avec cette étonnante horloge animée française autour d'une représentation de la colonne de Trajan. Également un billard et, dans la *salle de bal,* la table en malachite offerte par un prince russe au XIXe s. Dans les pièces attenantes, voir aussi les toiles de Brambilla montrant de délicieux paysages et les jardins du palais royal de la Granja de San Ildefonso, près de Ségovie. Puis l'étonnante *salle* *de platine* de style Empire (conçue à Paris en 1804) avec ses boiseries recouvertes de quelque 14 000 motifs de bronze et de... platine, logique !

Museo de las Falúas reales *(musée des Barques royales ; plan B1)* **:** *dans le Jardín del Príncipe. Tlj sf lun 10h-20h (18h oct-mars). Entrée et audioguide (en français) inclus dans le* ***billet du Palacio Real,*** *à prendre slt à la billetterie du Palacio (qui ferme à 19h).* La famille royale aimait se détendre sur le Tage dans des barques richement décorées, qui étaient aussi utilisées lors des cérémonies d'apparat et des nombreuses fêtes musicales sur l'eau. À deux pas de l'embarcadère royal, ce petit musée en dévoile une demi-douzaine. De fabrication italienne et inaugurées sous Philippe IV (début XVIIe s), la plus impressionnante et la plus ancienne de ces chaloupes voguait sur le lac des jardins du Buen Retiro, à Madrid. Elle foisonne de chérubins, atlantes et autres caryatides incroyables de dorure ! Plus sobres, les autres embarcations datent du XIXe s.

DANS LES ENVIRONS D'ARANJUEZ

CHINCHÓN *(28370)*

Vieux village à 20 km au nord-est d'Aranjuez et à 45 km de Madrid, Chinchón est la capitale de l'anisette. Ne pas hésiter à y faire un petit tour pour admirer sa remarquable *plaza* circulaire, entourée d'anciennes maisons blanches et vertes à galeries, sur deux ou trois niveaux. Détail étonnant, elle est encore recouverte de terre battue... Car toute l'esplanade a été conçue comme un théâtre pour les spectacles taurins. Les galeries, elles, abritent bars et restos (proposant pour la plupart un menu du jour : celui du resto *Arco de Goya* – fermé lundi – est bon et pas cher). Également un château du XIVe s et une église massive, *Nuestra Señora de la Asunción,* où l'on peut admirer un Goya.

Où dormir ? Où manger très chic ?

Parador : *c/ de los Huertos, 1. ☎ 91-894-08-36. • chinchon@parador.es • parador.es • Doubles standard 166-179 €, petit déj 18 €.* Presque en bordure de la place, un ancien monastère augustin du XVIIe s qui ne manque pas de cachet. Joli patio-jardin avec fontaine et galeries où trônent des statues religieuses. Chambres (une petite quarantaine) à la déco sobrement rustique. Piscine aussi, et resto traditionnel (assez cher).

HOMMES, CULTURE, ENVIRONNEMENT

BOISSONS

– ***La bière (cerveza) :*** la boisson la plus répandue ! Dans les bars, plutôt qu'une *cerveza,* demandez *una caña,* l'incontournable et très rafraîchissante bière à la pression, généralement servie dans des verres de 0,2 l (pour un plus grand verre – 0,33 cl ou 0,5 l – demandez *una jarra*). Un panaché se dit *una clara.*

– ***Le vin :*** l'Espagne, et en particulier les régions qui entourent Madrid, produit de bons vins régionaux, connus et moins connus. Parmi les plus réputés, ceux de La Rioja, aussi célèbres en Espagne que nos bordeaux, et de la Castille-León (Ribera del Duero), sans oublier les vins du Somontano dans les environs de Huesca, en Aragon, et ceux de la Manche qui, quoique sans génie, offrent une bonne moyenne. Côté petites productions, on a raffolé d'un petit cru, le *cebreros,* dans la région d'Ávila. Les jeunes Espagnols s'abreuvent allègrement de *calimocho,* une boisson qui n'est ni plus ni moins que du vin rouge mélangé à du... Coca-Cola ! Dur, dur... Plus facile à avaler et très courant, le *tinto de verano,* à base de vin et de limonade (*gaseosa,* mais on dit souvent *casera,* du nom d'une marque) : buvable bien frais, mais avec modération quand même !

– ***Le vermuth al grifo :*** littéralement, vermouth au robinet. Il s'agit de vin cuit (en général d'Andalousie, mais pas nécessairement), macéré avec des herbes et livré dans des petits fûts avec de l'eau gazeuse. On le tire un peu comme de la bière à la pression. C'est léger, rafraîchissant, mousseux, et ça n'a rien à voir avec les vermouths en bouteille. À consommer avec beaucoup de tapas car ça monte vite à la tête.

Très courant aussi, le ***xérès,*** ce vin cuit que l'on associe plutôt en France à nos grands-mères, est servi dans tous les bars espagnols. Il peut être *fino, manzanilla, amontillado* ou *oloroso* (du plus clair au plus ambré).

– ***Le granizado de limón :*** jus de citron, sucre et glace pilée. On trouve aussi la version ***granizado de café*** ou ***de divers fruits*** (orange, pêche, etc.). Rafraîchissant.

– Le ***café,*** généralement très bon, est de tous les petits déjeuners. Les Espagnols l'apprécient particulièrement au lait *(café con leche),* ajouté bien chaud dans les bars. Si vous le voulez noir, demandez un *café solo* – ou un *cortado* si vous le préférez juste avec une touche de *leche.* Un allongé se dit *café largo,* mais les Espagnols ne l'aiment guère, ce traître à son espèce... Et puis : *café helado* (glacé) ou *café con hielo* (servi chaud mais avec un verre rempli de glaçons : à vous de faire le mélange pour obtenir un café frappé !).

– Autre incontournable espagnol depuis la découverte des Amériques, le ***chocolat chaud,*** qui en fait ne ressemble pas au nôtre. Ici, ce n'est pas un breuvage clairet à l'eau, mais une boisson riche et nourrissante, épaissie à la fécule (de maïs en général), dense en arômes, faite tout exprès pour y tremper les fameux *churros,* ces beignets allongés du petit déj. Un régal quand c'est bien fait, mais point trop n'en faut ! À noter, pour la petite histoire, que les Espagnols ont dû obtenir une dérogation de l'UE pour continuer à épaissir leur chocolat.

– La boisson la plus rafraîchissante qu'on trouve beaucoup en été est la ***horchata,*** que tout le monde traduit, à tort, par « orgeat ». Alors que l'orgeat est une boisson à base d'amandes, l'*horchata,* d'origine valencienne, est fabriquée avec le suc des tubercules et des tiges de la *chufa* (en français, le souchet jaune), une sorte de papyrus. Bon et rafraîchissant, avec une texture qui rappelle celle du lait (en plus farineux quand même). La recette semble héritée des Arabes, qui eux-mêmes l'ont reçue de l'Égypte antique, période durant laquelle le souchet était une base importante de l'alimentation. Il existe aussi des *horchatas* d'amandes et d'orge.

CUISINE

Commençons par le début de la journée : au petit déjeuner, les *tostadas* (pain grillé) ne sont pas beurrées, mais arrosées d'huile d'olive (avec ou sans tomates en dés ou en purée), ou tartinées de pâté ou de *sobrasada* (sorte de pâte de chorizo). Grande tradition madrilène du petit déj : le *chocolate con churros* !

Les spécialités culinaires nationales

– ***La paella :*** fond de riz cuit dans l'huile en même temps que le poulet, porc maigre avec jambon, langoustines, petits pois, ail, oignons, épices et safran. La paella est d'origine valencienne. Elle est née au XIXe s dans la région de l'Albufera, une grande lagune aux portes de Valence. Les pêcheurs ajoutèrent au riz les ingrédients trouvés sur place : anguille, lapin, haricots verts, petits pois, artichauts des *huertas* (jardins potagers), etc., ainsi que le safran, l'épice la plus chère au monde, qui donne à la paella sa couleur jaune. Vu son prix, le safran est très souvent remplacé par du curcuma ou un colorant alimentaire sans goût. En plein air, dans une grande poêle *(paellera)* posée sur un trépied, sa cuisson doit être lente, afin que le riz s'imprègne de tous les aliments de la recette, produisant le délicieux *soccarat,* croûte brune et croustillante qui se forme autour du plat. Sinon, c'est un simple « riz accommodé » *(arroz),* moins cher et parfois très bon, mais qui n'a que peu de choses à voir avec la vraie paella, laquelle peut nécessiter jusqu'à 2 bonnes heures de préparation (contre 30-40 mn) !

– ***Le gazpacho :*** soupe froide d'origine andalouse, composée de légumes crus : tomates, poivrons, oignons, concombres, ail, huile d'olive, vinaigre et pain dur.

– ***La tortilla :*** omelette épaisse servie froide ou chaude, le plus souvent aux pommes de terre *(patatas),* voire aux fines herbes, aux queues d'écrevisses (plus rares), au chorizo ou encore oignons, tomates, lardons, petits pois, etc.

– ***Le cocido :*** sorte de pot-au-feu avec plus ou moins de variantes, servi en plat de résistance et très roboratif. En général, servi comme spécialité du jour, dans certains restaurants, une fois par semaine.

– Côté douceurs, les ***churros,*** ces bâtons de pâte à crêpe frits, hérités de l'influence arabe, les ***porras*** (gros *churros*) et les ***buñuelos*** (beignets) à tremper (sans honte) dans le traditionnel chocolat chaud bien épais (qui, pour le coup, a un vrai ancrage dans le petit déjeuner tradionnel à Madrid). Autres délices, le plus souvent à base de lait et d'œufs, la ***leche frita,*** sorte de béchamel sucrée et épaisse, refroidie puis coupée en gros carrés frits dans l'huile puis saupoudrés de sucre (léger !), le ***tocino de cielo*** (gâteau aux cheveux d'ange), les ***natillas,*** crème anglaise épaisse et parfumée à la cannelle ou au citron, l'***arroz con leche*** (riz au lait), les ***torrijas,*** l'équivalent de notre pain perdu...

Les spécialités madrilènes

Madrid, en plein centre de l'Espagne, affiche des spécialités essentillement issues de la culture paysanne, donc plutôt copieuses et riches, et pioche allègrement dans les plats traditionnels de ses voisines, la Castille-León et la Castille-La Manche.

– ***Cocido madrileño :*** la variante madrilène du cocido, souvent complétée de pois-chiche.

– ***Patatas bravas :*** pommes de terre sautées dans l'huile d'olive, nappées d'une mayonnaise épicée au poivron rouge et au piment (rouge aussi). La petite histoire raconte que c'est à Madrid qu'elles furent inventées, dans le bar *Las Bravas* (voir « Où manger ? »). Ils auraient même breveté la recette de leur sauce !

– ***Callos a la madrileña :*** tripes cuisinées dans uen sauce tomate un peu relevée.

– ***Bocata de calamares :*** petit sandwich fourré de rondelles de calamar. Aussi étonnant que cela puisse paraître, c'est l'en'cas traditionnel de la ville, celui que l'on grignote à 6h du mat' en sortant de boîte, par exemple. Car si la mer est loin, le marché au poisson de Madrid est l'un des plus importants d'Europe (le plus grand, d'après certains).

– ***Huevos rotos :*** des frites, des oignons revenus avec du jambon, couvert d'œufs au plat. Dès le petit déj pour les plus affamés.

– ***Rabo de toro :*** queue de taureau (ou de bœuf) longuement mijotée en ragoût. Si la recette est plutôt andalouse, on la trouve sur presque toutes les cartes. Et les jeunes chefs s'amusent souvent à la revisiter.

– ***Cochinillo asado :*** cochon de lait rôti. Là encore, plutôt un plat traditionnel de Castille (en particulier autour de Ségovie), mais présent dans les restos un peu chic.

– ***Migas :*** de petits morceaux de pain rassis, roussis dans de l'huile parfumée à l'ail avec des dés de jambon. Ce plat du pauvre est en vogue dans les bars à tapas, soit seul à grignoter, soit en guise de croûton amélioré sur des salades ou des soupes (froides comme chaudes).

– ***Morcilla :*** spécialité de Burgos, une sorte de boudin noir dans lequel le sang est mêlé de riz, de piment, d'oignon et d'ail.

Petit lexique culinaire

Agneau	*cordero*
Porc	*cerdo*
Bœuf	*vaca, buey*
Jambon	*jamón*
Poulet	*pollo*
Veau	*ternera*
Filet de porc	*solomillo*
Côtelette	*chuleta*
Rôti	*asado*
Grillé	*a la plancha*
Frit	*frito*
Entrecôte, longe	*lomo*
Poisson	*pescado*
Morue	*bacalao*
Fruits de mer	*mariscos*
Hors-d'œuvre	*entremés*
Œufs	*huevos*
Omelette	*tortilla*
Salade	*ensalada*
Légumes	*verduras*
Riz	*arroz*
Dessert	*postre*
Fromage	*queso*
Glace	*helado*
Vin rouge (hic !)	*vino tinto*
Vin blanc (re-hic !)	*vino blanco*
Vin pétillant	*espumoso*
Eau plate/gazeuse	*agua sin gas/con gas*
Bière, panaché	*cerveza, clara*
Café noir	*café solo*
Expresso avec une noisette de lait	*cortado*

Café au lait	*café con leche*
Verre (pour l'eau)	*vaso*
Verre (pour le vin)	*copa*
Sel	*sal*
Poivre	*pimienta*
Moutarde	*mostaza*
Huile	*aceite*
Vinaigre	*vinagre*
Beurre	*mantequilla*
Pain	*pan*
Bouteille	*botella*

FLAMENCO

Expression pure et puissante de ce que l'âme andalouse possède de noble et tragique, voici le flamenco, art bouleversant en vérité, qui sort du ventre et prend au ventre, quelque chose d'indiciblement fort comme jailli du tréfonds de l'être, de la souffrance, du bonheur et de la mort. Cette énergie toute particulière qui passe de l'artiste au public, et du public à l'artiste, dans une communion pleine d'extase, s'appelle le *duende.* Si le flamenco n'est pas madrilène, on trouve cependant à Madrid quelques tablao d'excellente qualité où en découvrir toute la puissance, ainsi que des boutiques spécialisées, et même une école renommée !

Retour aux sources

Vers la fin des années 1980, le flamenco s'est mis à résonner partout. À toutes les sauces, on nous le sert dans les night-clubs, sur la FM, et jusqu'aux robes vivement colorées et froufroutantes des danseuses de flamenco copiées par le prêt-à-porter. Et voici qu'un gitan, nommé Camarón de la Isla, est consacré star, parce qu'il joue du flamenco et enflamme des foules de jeunes. Que se passe-t-il ? Même s'il n'est pas originaire de ces régions d'Espagne, on vous en touche deux mots ici, car vous aurez certainement la possibilité d'assister à des démonstrations, en particulier à Madrid. Les *tablaos,* ces salles de spectacle spécialisées, restent très bien pour une première approche, et le silence des non-initiés, finalement assez gênant devant la passion des danseurs, vous donnera certainement envie d'aller creuser un peu plus loin : il y a des chances, alors, que votre prochaine destination soit l'Andalousie ! Ce n'est pas un hasard si Camarón est fils et petit-fils de gitans. Car ce sont les gitans andalous qui ont créé le genre musical flamenco. Nés pour ainsi dire avec le *cante flamenco,* ils le chantent mieux que personne. Des générations d'apprentissage en ont fait les détenteurs de la sensibilité flamenca. Et pourquoi spécialement les gitans andalous ? Parce que c'est en Andalousie que se sont installés les gitans qui ont le plus voyagé ; et, durant leur périple – depuis l'Inde –, ce peuple a puisé dans tous les chants sacrés qu'il put entendre et chanter à son tour pour endurer sa peine. Alors, riches de cette connaissance unique, ils créèrent le *cante jondo,* la forme la plus puissante du flamenco. Un cri, une déchirure. La prière d'un peuple fier et bafoué, toujours indépendant, longtemps martyrisé. Voir à ce sujet le très beau film de Tony Gatlif, *Latcho Drom,* qui parle de cette épopée musicale.

FLAMENCO, L'ORIGINE

Le mot vient bizarrement de « flamand ». La danse gitane subit l'influence des domestiques, originaires des Flandres, qui entouraient Charles Quint quand il vint s'installer à Grenade.

Dès le début du XIXe s, il s'exprimait dans les tavernes d'Andalousie, notamment celles de Triana à Séville. Ce chant libre était la fierté, l'expression des pauvres. Une langue à part entière.

La première évocation historique du flamenco remonte à 1750, dans un ouvrage intitulé *Le Livre des gitans de Triana,* de Jerónimo de Alba Diéguez. On y évoque une danse *(la danza del Cascabel Gordo)* interprétée par douze vierges gitanes.
Vers 1850, les cabarets connurent en Espagne une vogue subite. De Séville à Madrid, le flamenco fit rugir sa belle voix. À cette même époque, des marins rapportèrent de Cuba, de Puerto Rico et d'Argentine des musiques nouvelles : *milongas, colombianas, guajiras.* Le flamenco, affamé comme les gorges qui le modulaient, se nourrit aussitôt de ces rythmes lointains.
À la fin du XIXe s, le flamenco passa du bar au théâtre. Lentement, il gagna ses lettres de noblesse et imposa sa violence triste et son ardente mélancolie. Vicente Blasco Ibáñez écrivait à l'époque : « Nous sommes un peuple triste, nous avons ça dans le sang. Nous ne savons pas chanter sans menacer ou sans pleurer, et plus nos chansons se mêlent de soupirs, de hoquets douloureux et de râles d'agonie, plus elles sont belles. »
La réhabilitation et, en quelque sorte, la popularisation, passèrent par le biais des élites en pleine ferveur romantique qui trouvèrent dans ce chant une mélancolie, un spleen opportuns. Parmi eux figurait Lorca, promoteur du premier *Concurso de cante jondo* à Grenade, en 1922. Le flamenco s'y teinta de touches d'amour, acquit ses premières lettres de patriotisme et de culture du patrimoine andalou. En quelques mots, il gagna en visibilité et en honorabilité.
Depuis, le flamenco a emprunté mille chemins. Du style le plus épuré (un chanteur pose simplement sa voix sur le rythme d'un marteau frappant une enclume, évoquant le travail d'un maréchal-ferrant) aux arrangements symphoniques des chansons de Camarón, le flamenco se décline sur toutes les gammes de la sensibilité gitane. Depuis 2010, il est inscrit sur la liste du Patrimoine immatériel de l'humanité par l'Unesco.
Le flamenco possède en gros quatre styles de base ou *palos* et fleurit dans les provinces de Cadix, Séville, Málaga et Grenade. Vous apprendrez à reconnaître les *soleares,* les *siguiriyas,* les *tangos* et les *fandangos.* Ces styles se divisent ensuite en mille ramifications et essences rythmiques parallèles : *bulerías, malagueñas* (de Málaga), *cartageneras* (de Carthagène), *granaínas* (de Grenade), *rondeñas* (de Ronda), *alegrías, cantiñas, rumbas, tientos...*
– Chaque année ***en juin*** se tient le festival ***Suma Flamenca,*** qui offre près de 200 concerts dans différentes salles. ● *madrid.org/sumaflamenca* ●
Pour nos lecteurs qui visiteraient Madrid à d'autres saisons, nous proposons quelques adresses. Elles ont l'avantage de présenter des artistes d'excellent niveau, mais le double inconvénient d'être plutôt touristiques et assez chères.

HISTOIRE

Les origines

Madrid constitue un cas d'école en histoire urbaine : voilà en effet une capitale qui ne s'est pas imposée d'elle-même. La ville, dans une forêt dense, peinait à exister face à ses « voisines » Tolède, Grenade, Cordoue ou Séville, beaucoup plus actives commercialement et culturellement.

Madrid arabe...

Si les origines de Madrid restent floues (petite bourgade wisigothique ?), on sait qu'au XIe s ***Mayrit*** était une ***citadelle arabe,*** composée d'un *alcazar* militaire et de quelques ruelles où vivaient essentiellement des agriculteurs et des artisans. Perchée au-dessus du rio Manzanares, à l'emplacement de l'actuel *Palacio Real,* elle protégeait les territoires musulmans des attaques des chrétiens du nord de la Péninsule. Un pan des murailles de cette forteresse est toujours visible dans la Cuesta de la Vega, et des plaques, au gré des rues, rappellent l'existence des diverses portes de la ville. Ces murs en silex, qui projetaient des étincelles sous l'impact des flèches, auraient inspiré l'adage : *Fui sobre agua edificada, mis muros de fuego son* (J'ai été édifiée sur l'eau, mes remparts sont construits de feu), aujourd'hui écrit sur un mur place de la Puerta Cerrada. Et l'eau dans tout ça ? Eh bien, sachez que Madrid repose sur d'abondantes réserves aquifères. Le mot arabe qui les désigne, *mayra,* serait d'ailleurs, selon l'hypothèse la plus répandue, à l'origine du nom de la capitale.

... puis chrétienne : des débuts timides

En 1083, mettant un terme à la période arabe de l'histoire de la ville, les troupes du *roi chrétien Alfonso VI* ont escaladé ces remparts légendaires avec une agilité toute féline, d'où le surnom de *gatos* (chats) que l'on donne toujours aujourd'hui aux Madrilènes de pure souche.
Nouveaux occupants, nouvelle distribution urbaine : la population chrétienne se retrouve à l'intérieur de l'enceinte fortifiée, les musulmans et les juifs dans les faubourgs. Cette ville morcelée serait à l'origine du terme *madriles* (prononcer « madrilès »), Madrid au pluriel, qui a, lui aussi, perduré. C'est alors qu'apparaît, miraculeusement cachée dans les remparts (l'*almudayna* arabe), celle qui sera la patronne de la ville : la ***vierge de l'Almudena,*** sculpture vénérée dans la cathédrale du même nom. Enfin, *El Oso y el Madroño* (l'ours et l'arbousier), blason de la ville dont la statue se situe Puerta del Sol, date aussi de cette période médiévale : la cité était alors entourée de forêts touffues où le gibier était plus qu'abondant. Madrid se dote de nouveaux remparts et son **alcazar** perd son caractère militaire pour devenir une ***résidence royale,*** qui accueillera les rois de plus en plus souvent.
En 1202, la ville est dotée d'un *fuero,* une charte qui (enfin) fait d'elle un petit quelque chose. Dix ans plus tard éclate la bataille de Las Navas de Tolosa, avec à la clé l'Andalousie. Juste avant le déclenchement des hostilités entre les troupes d'Alphonse VIII et de Mohammed al-Nasir, ***saint Isidore le Laboureur*** serait apparu au roi chrétien. Ce petit coucou divin l'aurait galvanisé et devinez quoi ? Les chrétiens gagnent la bataille. Si vous restez circonspect quant à son influence, toujours est-il que saint Isidore est désormais le ***patron de la ville,*** fêté en grande pompe chaque 15 mai.
Pendant les deux siècles suivants, l'influence du catholicisme prend de l'ampleur. En décembre 1474, Isabelle la Catholique se concilie les notables de Madrid et se fait proclamer, un peu au forceps il faut bien le dire, « reine de Castille ». Elle fait bâtir le ***monasterio de San Jerónimo,*** l'***hospital de La Latina,*** distribue allègrement des titres de noblesse à ceux qui l'ont soutenue (on n'appelait pas encore ça du clientélisme), fait paver certaines rues et construire un abattoir. Charles Quint, son petit-fils, fera emprisonner François Ier dans la tour du ***palacio des Lujanes*** (encore debout plaza de la Villa). Malgré cette importance croissante, Madrid reste à Séville ce qu'une partie de thé britannique est à une fiesta colombienne... Mais le (long) processus est enfin lancé, qui fera de la Castille le centre des royaumes d'Espagne, et de Madrid la capitale de la Castille.

Capitale du royaume depuis 1561

Le roi ***Philippe II, fils du grand Charles Quint,*** récupère en 1556 les rênes du royaume par le truchement des alliances, et transfère la cour de Tolède à Madrid en 1561. ***Voici Madrid capitale du royaume !*** Le pourquoi de cette décision n'est pas encore très clair aujourd'hui. Sans doute, la présence à Tolède d'un archevêché encombrant et d'une noblesse trop puissante a joué un rôle décisif. Madrid était une ville relativement neuve, facile à remanier tant au niveau architectural que politique. En outre, le bois et l'eau y abondaient, l'air de la *sierra* était particulièrement pur et les forêts autour regorgeaient de cerfs et autre gibier, prêts à assouvir la passion des Habsbourg pour la chasse. À cette époque, en 1561,

Madrid ne compte que 15 000 habitants.... Devenue capitale du royaume, elle doit alors héberger une nouvelle population, composée de nobles et de fonctionnaires : à la fin du siècle, la ville atteind les 100 000 habitants. Du coup, une loi *(regalía de aposento)* oblige tous les Madrilènes à mettre à disposition de la Couronne la moitié de chaque maison, à condition qu'elle soit d'un bon confort et suffisament vaste. Des constructions *a la malicia* (en trompe l'œil !) apparaissent alors dont les façades toutes simples, aux fenêtres camouflées ou aux étages invisibles de l'extérieur, dissimulent la taille réelle. Les Madrilènes jouent d'ailleurs toujours, dans les quartiers de Los Austrias et La Latina, à repérer ces demeures au cours de leurs balades...

L'empreinte des Habsbourg et le Siècle d'Or

La cité paisible connaît alors une expansion urbaine inédite et devient *Villa y Corte* (Ville et Cour royale). En effet, deux résidences royales encadrent l'agglomération : à l'est, l'***alcazar,*** siège officiel de la Couronne ; à l'ouest, un ***palais de plaisance,*** construit sous Felipe IV, où les rois iront se retirer et chercher le repos (le ***Palacio del Buen Retiro,*** dont les jardins deviendront le célèbre parc). Entre les deux, une ville chaotique qui ne cesse de s'agrandir dans l'anarchie la plus totale. En plus, l'absence d'un système d'égouts fait de Madrid une capitale sale et puante (ce qui était assez commun dans les capitales européennes de l'époque, cela dit). De cette ville-fourmilière, où s'affairent quotidiennement marchands et artisans, mais aussi truands et charlatans, la ***plaza Mayor*** est la construction la plus emblématique. Son style sobre (murs en pierre et briques, toit en ardoise) caractérise l'architecture madrilène de « *los Austrias* » (les Habsbourg, *i claro que si !)* : on le retrouve dans des bâtiments tels que ***l'ancien hôtel de ville*** (plaza de la Villa), ou l'actuel Ministère des Affaires Étrangères. Et il inspirera d'ailleurs le franquisme trois siècles plus tard.

La société baroque du XVIIe s aime la fête et les célébrations. Les visites des rois, les victoires militaires, les événements diplomatiques... Tous les prétextes sont bons pour une course de taureaux plaza Mayor, dont les balcons servent de loges aux rois et à la noblesse, ou pour un défilé calle Mayor. L'autre grande passion des Madrilènes de l'époque est le théâtre. Les pièces sont jouées dans les *corrales de comedias,* simples immeubles d'habitations dont la cour centrale sert de salle, flanquée d'une estrade en guise de scène. La plupart se trouvait dans l'actuel ***barrio de las Letras,*** où de nombreux auteurs ont habité : Tirso de Molina, Calderón de la Barca et, surtout, Lope de Vega, rénovateur du théâtre et chouchou de la Cour. Un certain Miguel de Cervantes est venu également s'installer dans ces rues pour tenter sa chance. Ce sont les auteurs du ***Siècle d'Or*** espagnol, dont l'ironie et le sarcasme n'épargnaient aucun secteur de la société. Il ne faut pas oublier que les artistes d'alors, Velázquez en tête, ont peint des portraits non seulement des puissants mais aussi des miséreux qui survivaient dans cette Cour des Miracles qu'était le Madrid des Habsbourg.

Charles III : roi ou maire ?

Les Bourbons débarquent en Espagne avec ***Philippe V, petit-fils de Louis XIV.*** Habitué à Versailles, il est tout de suite dégoûté par la capitale espagnole et par son vieil *alcazar* médiéval. Aurait-il provoqué l'incendie de la résidence royale la nuit de Noël de 1734 ? Les religieux ont eu chaud : des reliques telles que trois épines de la couronne du Christ et un morceau de la Vraie Croix ont bien failli partir en fumée. Les artistes, en revanche, ont été plus malchanceux. Une douzaine de Velázquez et quelques précieux Rubens ou Titien de la collection royale ne résistèrent pas aux flammes. Si le roi décide de se construire ***son petit Versailles particulier à La Granja,*** il ne néglige pas pour autant la capitale, qu'il essaie d'aménager en ville digne du prestige des Bourbons. Il fait construire des fontaines, élargit des rues pour en faire des avenues... La grandeur à la française !

Napolitain d'origine et troisième des Bourbons, Charles III, sacré roi en 1759, débarque depuis son petit royaume de Naples dans une ville dont il ne cessera de modifier la structure. Son œuvre relève autant du saupoudrage que de la folie bâtisseuse. Aujourd'hui, si on lève la tête, on aperçoit encore de petits azulejos au-dessus des portes des maisons. Une obligation de Charles III. Il fait éclairer les rues, continue le pavage. Il s'entoure d'une clique d'architectes français et italiens. Parmi tant d'autres, les ***jardins du Palais royal*** *(plan détachable B4)* et la **puerta de Alcalá,** sur la plaza de la Independencia *(plan détachable F3-4)* de 1775 portent la marque de Francesco Sabatini. À la même époque (1785), le ***Prado*** *(plan détachable et zoom détachable E4-5)* commence à prendre forme. Le peuple appellera le roi el *mejor alcalde* de Madrid : le meilleur maire. Enfin, les Bourbons fondent les *Reales fábricas* sur le modèle des manufactures royales françaises. Dans le but de stimuler l'industrialisation et le savoir-faire, elles fournissent les palais et maisons seigneuriales en produits de luxe. Les trois plus importantes sont celle du verre à La Granja et celles des porcelaine et des tapisseries, toutes deux à Madrid. Cette dernière, toujours en fonctionnement, embauchera en 1775 le jeune Goya pour la réalisations de toute une série de cartons...
Enfin, un point auquel nous attachons beaucoup d'importance : à partir de Charles III, ***on parle désormais des Madrilènes.*** Certes parce que la misère s'enkyste et que les insurrections se suivent, mais aussi parce que la population trouve enfin une identité, et une fierté à y vivre.

Les troubles des XIXe et XXe siècles

1808 : les troupes de ***Napoléon Bonaparte*** arrivent à Madrid. Le 2 mai, les Madrilènes se révoltent contre cette occupation et des affrontements armés éclatent un peu partout. Goya s'inspirera de ces événements pour créer deux chefs d'œuvre (exposés aujourd'hui au Prado). D'un côté, la lutte entre le peuple de Madrid et les mamelouks de la Garde impériale ; de l'autre, les exécutions massives de civils par les soldats français. Pourtant, ce sera une ***jeune fille du nom de Manuela Malasaña,*** tuée parce qu'elle portait une paire de ciseaux, qui deviendra le symbole de la résistance contre l'occupant et qui donnera son nom à tout un quartier de la capitale. Passons sur les frasques de Joseph Bonaparte, installé par son frère sur le trône espagnol et gentiment affublé du surnom de ***Pepe Botella*** (ou « Jojo, le roi du goulot », en bon français) par les Madrilènes... alors même que les historiens ibériques s'accordent à reconnaître qu'il était sobre !
Sur le plan urbain, deux interventions majeures marqueront ce XIXe s : le Canal d'Isabel II, qui amène l'eau courante aux foyers madrilènes, et l'agrandissement de la ville avec la construction à l'est d'un quartier tiré au cordeau, qui, sous le parrainage du ***marquis de Salamanca,*** devient tout de suite le repaire des classes sociales aisées (le 16e arrondissement à la madrilène !). Au tournant du siècle, Madrid est toujours une ville à l'esprit provincial qui cherche à affirmer son statut de capitale. Les autorités conçoivent alors ***une grande avenue à l'image des grandes villes américaines.*** Le chantier de la ***Gran Vía*** dure trente ans et entraîne la destruction de 312 maisons et de 14 rues. Une révolution urbaine qui a défrayé la chronique de l'époque !
En 1936, un soulèvement militaire met fin à la IIe République et déclenche ***une guerre civile de trois ans.*** Au cri du célèbre *No pasarán* (« ils ne passeront pas »), Madrid résiste à toutes les attaques franquistes et est l'une des dernières villes à se rendre aux forces fascistes. Picasso dépeint les horreurs de la guerre dans son *Guernica,* qui n'arrivera à Madrid qu'en 1981, une fois la démocratie restaurée. Après-guerre, il faudra reconstruire une ville meurtrie, qui doit héberger l'immigration massive venue des quatre coins du pays. Des villes-dortoirs poussent un peu partout en banlieue ; des autoroutes inervent les nouveaux quartiers. L'architecture reflète l'austérité de l'époque dans des constructions massives en briques et en granit. Vous n'aurez aucun mal à reconnaître, une fois sur la plaza de España, l'admirable béton armé franquiste, aussi fin et ciselé que le style pompier peut l'être. On comprend la ***Movida*** au regard de cette période.

Mais qu'est-ce donc que la Movida ? C'est ce mouvement complètement déluré qui s'éclatait dans l'excès et pratiquait la dérision comme discipline sociale. Fêtes, sexe et drogue, mais aussi matins glauques, misère et idéaux. Car tout l'édifice politique et « moral » mis au point par Franco s'est écroulé du jour au lendemain. Le Caudillo, en novembre 1975, passe l'arme à gauche (la seule chose qu'il ait jamais passée à gauche, d'ailleurs). Dès février 1976, un décret royal abolit la censure sur les films. Dans les 2 ans qui suivent, plus de 200 partis politiques sont créés à Madrid ! ***Enrique Tierno,*** ex-militant marxiste, philosophe et professeur agnostique, devient maire de Madrid. Il n'a pas son pareil pour surfer sur la vague de la Movida et réconcilier les Madrilènes avec leur ville, où la fête est passée au rang d'art éphémère.
Mais la massive industrialisation des années 1950-1990 a considérablement changé le visage de la cité, ainsi que l'urbanisation démente des deux décennies suivantes.

Madrid ahora ! (Madrid aujourd'hui !)

Dans les années 2000, les maires du *Partido Popular,* le parti conservateur, se succèdent à la tête du gouvernement municipal, dont Ana Botella, épouse de l'ex-président José María Aznar. De cette période, où l'architecture était parfois plus destinée à satisfaire la mégalomanie des maires (et à remplir les caisses de certains constructeurs) que les besoins de la population, on retiendra quand même la ***mise en valeur des berges du Manzanares*** dans le cadre du projet *Madrid Río.* Longtemps snobé pour son maigre cours, le fleuve de la capitale a enfin trouvé sa place grâce à un ensemble de jardins, fontaines et ponts à l'architecture résolument contemporaine.
Deux moments importants marqueront les premières années de ce nouveau siècle. Le 11 mars 2004, Madrid est frappé par un attentat qui fera 192 morts dans plusieurs trains *Cercanías* (trains de banlieue). Cette barbarie fait suite à la participation de l'Espagne d'Aznar dans l'invasion de l'Irak, aux cotés des États-Unis. Puis, à partir de 2008, le pays, à l'instar de toute l'Europe, plonge dans une crise économique sans précédents. En 2011, face à un système corrompu et à un chômage galopant, des manifestants occupent pendant des mois la Puerta del Sol contestant le capitalisme sauvage. Le ***mouvement des* Indignados** (inspiré du livre *Indignez-vous,* de Stéphane Hessel) s'étend à d'autres villes, en Espagne et à l'étranger, et engendre la naissance de *Podemos,* nouveau parti politique qui mobilise dès le début une partie non négligeable de l'électorat. C'est avec le soutien de cette formation que le parti *Ahora Madrid* remporte les élections municipales de juin 2015. Le nouveau maire, Manuela Carmena, ancienne juge, se démarque tout de suite de la précédente équipe municipale : pour faire face à cette période de crise économique, elle baisse les salaires exorbitants des hauts fonctionnaires municipaux (le sien inclus), supprime les voitures de fonction, ou encore crée un organisme d'aide aux Madrilènes se trouvant dans l'impossibilité de rembourser un prêt immobilier abusif. En plus, elle prévoit de rebaptiser des rues, des places et des monuments portant des noms des personnalités ou d'événements liés au franquisme... Une nouvelle période s'ouvre donc pour Madrid, une ville qui ne finit jamais de se réinventer.

JAMBONS

Vous en trouverez dans tous les bars à tapas dignes de ce nom et vous vous perdrez dans les boutiques spécialisées qui proposent un choix dément à tous les prix et surtout, de toutes les qualités. Parce qu'il n'y a pas en Espagne UN jambon mais bien DES jambons. Le plus commun, et le moins cher, que l'on considère déjà en France – et à juste titre – comme un excellent produit, est le *serrano.* Parmi ceux-ci, citons le très bon jambon de Teruel, produit dans la province du même nom, dans le sud-est de l'Aragon et le premier en Espagne à avoir obtenu l'AOC. Vient ensuite le *jamón ibérico,* une race rustique, proche du sanglier, connu aussi sous le nom de *pata negra* en raison de ses pattes... noires. L'animal est élevé en Estrémadure (ou en Andalousie), le long de la frontière portuga pendant les 6 mois avant l'abattage, moment où le porc aura doublé Sa fabrication demande un tour de main et une patience que l'on n pas au premier abord : pour commencer, la cuisse du porc préparée e enterrée dans du sel à raison de une journée par kilo. Le jambon est ensuite lavé, et pendant 1 mois on le sèche très doucement afin qu'il conserve son moelleux. Traditionnellement, on le transfère alors dans une autre pièce où il passera un an et sera régulièrement enduit de graisse pour ne pas se dessécher. Puis il passe encore un ou deux ans en fonction de sa qualité dans une cave, dans le noir complet et enfin, après tous ces efforts, il sera prêt à être dégusté, à température ambiante, coupé à la main, en tranches fines. Le meilleur d'entre tous étant le *bellota,* qui signifie « gland » en espagnol puisque c'est ainsi que sont nourris les porcs qui serviront à produire cet incomparable jambon à la chair et à la graisse (c'est ce qu'il y a de meilleur, vous passerez pour des barbares si vous la retirez !) fondantes et très goûteuses. Là où ça devient compliqué, c'est que certains jambons sont fabriqués à partir d'un pourcentage variable de *bellota* et reçoivent donc d'autres appellations en fonction également de leur provenance.

Ce jambon haut de gamme a bien sûr un coût élevé (autour de 70 € le kilo minimum). Si vous voulez rester sage, vous pouvez vous rabattre sur l'épaule *(paletilla),* moins chère... Et pour cause, elle est plus petite, mais la chair peut en être tout aussi savoureuse (et moins grasse pour ceux qui font attention à leur ligne... mais autant vous le dire, ici, ce n'est pas l'endroit pour faire un régime !).

L'Espagne ne produit pas seulement d'excellents jambons mais aussi de délicieux *chorizos* (moins chers que les jambons). Également du *lomo* (filet mignon de porc mariné puis fumé) et toutes sortes de saucisses et saucissons *(salchichón)... Bellota* ou ibérique ? *Pata negra* ou non ? C'est reparti pour un tour !

MADRID *DE NOCHE* (MADRID LA NUIT)

En début de soirée

La nuit, le sport favori est la navigation d'un comptoir à un autre, d'un bar de copains à un *bar de copas.* Et si vous avez l'impression que tous les clients du bar se connaissent, c'est souvent une réalité : les Espagnols – et les Madrilènes ne font pas exception –, sortent souvent à deux pas de chez eux... Du coup ils retrouvent en effet leurs potes, mais aussi le patron du lavomatic de la rue d'à côté ou la mère de leur voisine de palier ! Puis, à l'heure où tout ferme (de 1h30 à 2h en semaine, 2h30 ou 3h le week-end), on finit le parcours par une ou deux boîtes (et, pour les plus courageux, une *after* de 6h à 12h).

Et puis, faut-il le rappeler, une bonne sangria bien faite est toujours la bienvenue... à condition qu'elle soit maison, et non une infâme mixture sortie prête à l'emploi d'un cubi. Si vous venez à plusieurs dans les bars, vous pouvez demander une grande *jarra* de sangria accompagnée de tapas appétissantes. Cette pratique des grands formats se rencontre aussi pour la bière, sous le nom de *minis* qui, comme leur nom ne l'indique pas, atteignent presque le litre ! Existe aussi en version whisky-Coca, gin-tonic, Bacardi *naranja, limón,* etc. En plus d'être économique et très pratique à plusieurs, cette trouvaille vous évitera de faire maintes fois la queue au bar ! Histoire de bien commencer les festivités nocturnes...

À noter que, dans de nombreux bars, le prix des boissons est majoré après 22h30.

– Pour assister à un concert, pas besoin d'attendre le week-end et il y en a pour tous les goûts ! On vous indique les bars musicaux que l'on aime bien. Le concert y est souvent payant (5 à 30 €), et après, un DJ prend le relais pour vous faire danser, généralement jusque vers 2-3h du matin... Pour un panel plus exhaustif, n'oubliez pas de consulter la ***Guía del Ocio, Madrid en Vivo*** ou ***Es Madrid Magazine*** (voir « Adresses et infos utiles. Agendas culturels »), ou encore le site internet : ● *lanocheenvivo.com* ●

…oîtes et discothèques

Tremplins de la Movida au début des années 1980, les clubs de Madrid ont une chaude réputation. D'abord par leur nombre (au moins une centaine), mais aussi par leur diversité et leur ouverture. En semaine, il vous sera possible d'entrer presque partout, même dans les clubs qui affichent le week-end un élitisme bon teint. Le physionomiste de l'entrée est plus là pour vous saluer que pour vous refouler. La sélection se fait, en pratique, par l'argent. En semaine, l'entrée des clubs (on les appelle *discoteca* ou *sala*) est souvent gratuite avant 2h, sinon, compter 8 à 12 €. Le week-end, l'entrée, qui comprend une conso, est souvent plus élevée (12 à 20 €). Ne négligez pas les petits coupons (les *flyers*) que l'on distribue dans la rue, les hôtels et restos. Ils donnent droit à une réduction ou parfois même à la gratuité, généralement valable jusqu'à 2h du matin. Sachez aussi que certaines boîtes changent de nom en fonction du jour de la semaine, et qu'il y a rarement du monde avant 3h du matin, heure à laquelle les bars ferment.

Bon, les adresses qu'on vous indique constituent les classiques de la nuit et les in du moment, sachant que leur durée de vie peut être éphémère. À Madrid, on va en boîte comme on va au bar. On y reste 1h et on file dans une autre… Allez, bonne nuit !

La scène électro

Plusieurs boîtes (voir précédemment) organisent des soirées avec DJs de grande renommée. Parmi les plus réputées, on citera le ***Ohm*** ou ***Sala Bash*** *(plan détachable C4, **392** ; pl. Callao, 4 ; Ⓜ Callao. Entrées payantes).* Cette dernière a une forte tendance homo avec d'excellentes soirées électro le vendredi.

MÉDIAS

Votre TV en français : TV5MONDE, la première chaîne culturelle francophone mondiale

Avec ses 11 chaînes et ses 14 langues de sous-titrage, TV5MONDE est distribuée dans plus de 190 pays du monde par câble, satellite et sur IPTV. Vous y retrouverez de l'information, du cinéma, du divertissement, du sport, du documentaire…
Grâce aux services pratiques de son site voyage • *voyage.tv5monde.com* •, vous pouvez préparer votre séjour, et une fois sur place, rester connecté avec les applications et le site • *tv5monde.com* • Demandez à votre hôtel le canal de diffusion de TV5MONDE et contactez • *tv5monde.com/contact* • pour toutes remarques.

MOVIDA ET APRÈS-MOVIDA

L'après-« Movida »

Le terme de « Movida » est déjà ancien : l'expression s'appliquait, dans les années 1980-1990, au profond élan de création et de liberté qui s'était développé dans le monde des arts, de la décoration, de la peinture, du cinéma (avec notamment Pedro Almodóvar) et de la B.D. Il en reste cependant quelques traces dans la liberté débridée qui anime la nuit madrilène. Aujourd'hui, y a-t-il une vie après la Movida ? À vous de dénicher – avec notre aide – les coins et recoins de Madrid qui vous feront répondre par l'affirmative !

Voici déjà quelques-unes des tendances, pour vous mettre l'eau à la bouche.

– ***Les cafés littéraires :*** l'après-midi, les Madrilènes aiment à se poser dans les cafés anciens du centre et de Malasaña. Un héritage de l'art de la *tertulia* : entre copains et copines, on parle pendant des heures de sa voisine de palier, on refait le monde ou on décortique le dernier match du Real Madrid et le dernier épisode de la série du moment (*telenovelas,* les séries guimauve brésiliennes, comme les séries américaines). De temps à autre, on s'y réunit autour d'un spécialiste pour discuter à bâtons rompus d'un thème, d'une idée... Une bonne adresse : le ***Café Libertad 8*** (voir « Où boire un verre ? Où écouter de la musique live ? » dans le quartier de Chueca et alentour). On peut aussi y écouter des conteurs espagnols, tout comme au ***Nuevo Café Barbieri*** (voir « Où boire un verre ? Où écouter de la musique live ? » dans le quartier de Lavapiés et le Rastro) ou au ***Café La Palma*** (voir « Où boire un verre ? Où écouter de la musique live ? » dans le quartier de Malasaña). Autre quartier, autre style, le ***María Pandora*** (voir « Où boire un verre ? Où écouter de la musique live ? » dans le quartier de La Latina), avec ses lectures et ses présentations de livres.

– ***Les jamonerías :*** ce sont des fast-foods espagnols. On y mange un sandwich au jambon pour un prix dérisoire, ou un cornet de copeaux de jambon. Mais le jambon est moyen et le pain pas toujours terrible.

– ***Le quartier gay :*** entre magasins de fringues et de déco, cafés, bars-spectacles et boîtes, le quartier de Chueca bouge bien. Ici, on a un sens aigu de la communication et *flyers* et tracts pullulent ! C'est comme la chasse au trésor.

– ***Les toits-terrasse et les lieux éphémères :*** la capitale espagnole n'échappe pas à cette tendance. Et comme les toits-terrasse sont rares, ils sont prisés ! (et pas très bon marché, faut l'avouer.) Quant aux bars éphémères, c'est surtout entre juin et octobre qu'ils fleurissent, dans des bâtiments en cours de réaffectation. Les *pop-up store* (boutiques éphémères), eux, s'en donnent à cœur joie toute l'année.

– ***Les marchés gourmets :*** depuis la rénovation du Mercado San Miguel, transformé en immense bar à tapas avec tout plein de petits stands spécialisés qui en poisson, qui en jambons, qui en croquettes, etc., à partager ensuite sur de grands tablées communes, tout le monde en ouvre ! Ça a été le tour du Mercado San Antón, à Chueca, et même les grandes enseignes comme le Corte Inglés s'y sont mis. En fait, ça renoue avec le très traditionnel comptoir à tapas du marché de papa, où les commerçants et les clients éclusaient un gorgeon à la pause.

– ***Passer son week-end dans les embouteillages nocturnes (y compris en vélo !) :*** ça signifie qu'au moins vous êtes allé dans les bars à la mode !

– ***Les groupes de rock espagnols :*** très présents sur la scène madrilène. Textes très actuels et musique de qualité.

– ***Le flamenco moderne :*** s'intéresser aussi à ses variantes, comme le flamenco-rock (si ! si ! ça existe !).

– ***Les danses de salon :*** fox-trot, tango, charleston, valse, cha-cha-cha redeviennent à la mode. Certaines discos organisent une fois par semaine une soirée « danses de salon ».

– ***Les zarzuelas :*** style de théâtre musical espagnol, né à Madrid au XVIIe s, la zarzuela reprend du service. Les anciens répertoires sont dépoussiérés et remis à l'affiche. Les Madrilènes redécouvrent ces sortes d'opérettes avec plaisir. On peut assister à des spectacles, notamment au ***théâtre de la Zarzuela*** *(c/ Jovellanos, 4 ; ☎ 91-524-54-00).*

PATRIMOINE CULTUREL

Architecture

Aux origines

Si les Carthaginois et leurs puissants ennemis romains n'ont laissé que peu de traces architecturales, les envahisseurs wisigoths contribuent, eux, à enrichir le patrimoine espagnol. Débarqués au VIe s, ces Ariens (une secte chrétienne) bâtissent des ***églises massives,*** trapues, aux murs parfois cyclopéens, inspirées des traditions romaine et byzantine. On en rencontre encore, souvent perdues en pleine campagne, comme à ***San Pedro de la Nave (Zamora), San Juan Bautista de Baños (Zamora)*** ou en ***Asturies.*** Croix de Malte, pampres et animaux y ornent autel et chapiteaux.

L'architecture romane

Des éléments wisigoths typiques, comme les ***fenêtres en forme de serrures,*** se transmettent au ***préroman,*** qui s'épanouit à partir du IXe s entre Catalogne, Asturies et Galice. Dans les replis montagneux du nord, de miniroyaumes chrétiens, derniers remparts contre l'avancée musulmane, se forment, puis se renforcent tandis que Compostelle prend de l'importance. Le style roman s'impose peu à peu au gré des pérégrinations des pèlerins. Aux côtés des personnages encore naïfs ornant les chapiteaux du cloître du monastère de ***San Juan de la Peña (Aragon)*** apparaissent des statues-colonnes soutenant les portails, des motifs d'entrelacs, des paons, des chimères, des créatures de l'enfer dévorant les pécheurs. L'élégante ***chapelle octogonale d'Eunate,*** aux baies couvertes d'albâtre, le proche ***pont de Puente la Reina (Navarre)*** – parmi d'autres – pavent le chemin vers le salut.

L'époque maure

À ***Cordoue,*** plus grande cité d'Europe occidentale au Xe s, une réalisation incarne le développement et la puissance rayonnante du califat d'Al-Andalus : la ***grande mosquée,*** la plus vaste du monde après celle du Caire, dont les 800 colonnes forment une merveilleuse forêt aux arcades se multipliant comme autant de frondes de palmiers. ***Dans ce monde sûr de lui, qui prend le meilleur des autres cultures sans craindre leurs influences, les artisans de toutes les minorités participent à la construction.*** Ce sont ainsi des Byzantins qui réalisent l'exceptionnelle mosaïque or et bleu cobalt du grand mihrab. Peu d'exemples dans les régions centrales de l'Espagne, cependant.

Le mudéjar

Désunis, les royaumes musulmans succombent peu à peu à la Reconquête espagnole. Tolède est prise en 1085 ; Cordoue tombe en 1236, Séville en 1248. Les rois chrétiens ne se montrent pourtant pas forcément hostiles au monde qu'ils découvrent, et créent sans le vouloir ***un nouveau style architectural, le mudéjar.*** S'inspirant de la tolérance qui prévalait dans la Cordoue omeyyade, ***Alphonse X el Sabio (le Sage !) s'entoure de lettrés espagnols et arabes, de mathématiciens et d'astronomes juifs.*** Les Rois Catholiques raffolaient du raffinement dont bénéficiaient les califes et sultans, et souhaitaient avoir le même décor pour leurs propres palais. Au siècle suivant (1362), Pierre Ier le Cruel ordonne, à Séville, la construction du palais de l'Alcázar, dans un style directement inspiré de l'ornementation maure : arabesques, voûtes en stalactites, arcs en fer à cheval, faïences, broderies de pierre et de stucs, plafonds à caissons marquetés. Le *mudéjar,* mêlant au gothique occidental le savoir-faire des artisans de Grenade, intervenus sur demande personnelle du roi espagnol, atteint son apothéose.

BON SANG, MAIS C'EST BIEN SÛR !

Les grandes familles espagnoles se targuaient d'avoir la peau claire, et les veines bleues apparentes, par opposition aux occupants maures (pas très catholiques) et aux juifs... Les gens bien nés n'allaient jamais au soleil (la mode du bronzage fut créée par Coco Chanel à partir de 1920). Par extension, le sang bleu est devenu synonyme de noblesse. L'expression n'a traversé les Pyrénées qu'au milieu du XIXe s.

Reconquête par la pierre

La Reconquête achevée marque le début d'une période toute de gloire, tournée vers la soumission des Amériques et le triomphe sans partage du catholicisme d'État. Églises, chapelles et monastères de style gothique (bientôt flamboyant, et plus souvent isabellin, du nom de la reine Isabelle la Catholique) se multiplient, souvent en lieu et place des anciennes mosquées. À Cordoue, la *grande mezquita* aux 800 colonnes menace d'être rasée. La municipalité s'y oppose, mais ne peut empêcher l'Église d'éventrer l'édifice et de faire élever, en son centre, une anachronique et colossale cathédrale.

Le plateresque

Le XVIe s subit tardivement l'influence de la Renaissance italienne, mais elle ne s'épanouit pas en Espagne aussi facilement que dans le reste de l'Europe. C'est ainsi un style remodelé, adapté, qui voit le jour : le ***plateresque.*** Son nom vient de la manière dont on ciselait l'argent *(plata),* très minutieusement, comme le faisaient les orfèvres. Le souci du détail et la richesse ornementale qui le caractérisent le rendent parfois lourd à digérer. Les portes et les fenêtres des églises sont le théâtre majeur de son expression. ***Diego de Siloé, l'architecte de Burgos,*** en est l'un des représentants les plus fameux. Les éléments principaux du plateresque sont décoratifs et non structurels : colonnes en forme de candélabres, ornementées de motifs en arabesques et surmontées de chapiteaux corinthiens, intégration de motifs floraux et de sculptures, usage ornemental de blasons héraldiques et d'enroulements, influences mudéjares et gothiques persistantes. On utilise aussi les *azulejos,* ces fameux carreaux de faïence peints, souvent bleus.
Dans la seconde moitié du XVIe s, on assiste à un retour à une certaine austérité, sous la conduite de l'architecte Juan de Herrera, proche de Charles Quint. Dans ce ***style herreriano,*** les volumes se font immenses, les plans rigoristes, les lignes droites ; l'ornementation est réduite à sa plus simple expression. C'est ainsi au Palais royal d'Aranjuez, à l'Alcázar de Tolède ou encore à l'Escurial, son principal chef-d'œuvre.

La réaction churrigueresque

Au début du XVIIe s, le herreriano a vécu. Les Espagnols, aux goûts foncièrement exubérants, s'accommodent mal des architectures ternes. Le ***règne du baroque,*** venu d'Italie, s'affirme. D'abord plutôt sages, les façades et les autels explosent au XVIIIe s en formes rococo, sous l'égide de ***José Benito Churriguera*** (1665-1725), sculpteur de formation. On parle ainsi de ***style churrigueresque.*** Stucs et sculptures polychromes, angelots potelés et dorés, guirlandes, moulures végétales et balustrades entrent en fanfare dans les églises. Vous avez dit surchargé ? Il n'est qu'à voir le retable de l'***église San Esteban de Salamanque,*** l'un des premiers chefs-d'œuvre (1693) du maître, pour s'en convaincre. Salamanque est sans conteste la ville d'Espagne la plus riche en monuments churrigueresques, avec sa plaza Mayor réputée comme étant l'une des plus belles du pays. Mais on trouve ailleurs bien d'autres œuvres-clés de cette époque : le très débridé *Transparente* de la ***cathédrale de Tolède,*** ingénieusement éclairé par un puits de lumière, la façade de l'***hospice San Fernando de Madrid,*** l'***Obradoiro de Compostelle,*** etc. Le churrigueresque s'est aussi particulièrement bien exporté dans les colonies américaines – et surtout au Mexique.

Le modernisme

Autant le style néoclassique n'a guère laissé de chef-d'œuvre en Espagne, autant l'aube du XXe s s'éveille-t-elle sur une nouvelle période faste : celle du modernisme. ***Cousin de l'Art Nouveau,*** celui-ci émerge à Barcelone à l'initiative d'artistes, écrivains et intellectuels œuvrant pour une renaissance catalane. Parmi eux, trois architectes : Josep Puig, Lluís Domènech et Antoni Gaudí. Mais il s'agit d'une autre région d'Espagne !

Petit lexique

– *Abbassides :* nom donné aux califes arabes issus de la dynastie d'Abu Abbas al-Saffah.
– *Alcazaba :* cité ceinte de hauts remparts. À ne pas confondre avec l'*alcázar.*
– *Alcázar :* palais habité par les rois et gouverneurs.
– *Almohades :* nom des Berbères qui dominèrent une bonne partie de l'Espagne et tout le Maghreb du milieu du XIIe s jusqu'au milieu du XIIIe s.

MUDÉJAR ?

Ce mot vient de l'arabe et signifie « domestiqué ». Il s'agit de ces musulmans qui durent rapidement se convertir suite à la victoire des rois catholiques (1492). Ces derniers n'avaient pas la réputation d'être particulièrement tolérants.

– *Azulejos :* carreaux de faïence qui couvrent le bas des murs et qui forment de fantastiques combinaisons géométriques. Les dominantes de couleurs sont le bleu, le vert, l'ocre et l'argenté. Les formes s'entrelacent à l'infini et composent souvent de belles étoiles.
– *Mauresque :* nom donné à l'art musulman utilisé en Espagne de manière générale.
– *Mihrab :* niche vers laquelle on se tourne pendant la prière dans une mosquée. Elle est en général voûtée et ornée de motifs délicats et de textes sacrés calligraphiés.
– *Morisques :* musulmans qui restèrent en Espagne après la Reconquista. La répression qu'ils subirent les poussa à se réfugier dans les Alpujarras, avant d'être chassés du pays en 1609.
– *Mozarabe* (art) *:* art chrétien influencé par l'art musulman pendant l'occupation arabe, à partir du Xe s. C'est l'exact parallèle de l'art mudéjar.
– *Mozarabes :* nom donné aux chrétiens pendant l'occupation musulmane.
– *Omeyyades (ou Umayyades) :* dynastie qui domina l'Espagne du VIIIe s au milieu du XIe s. Fondée par Mu'awiyya, calife au VIIe s. Réputée pour sa tolérance vis-à-vis de la représentation des animaux et des êtres humains.

PERSONNAGES

Cinéma

– ***Victoria Abril** (1959) :* plus de 80 films à son actif, tant en espagnol, en anglais qu'en français, font de la madrilène une actrice incontournable. Sulfureuse et faussement ingénue, Victoria Mérida Rojas excelle aussi bien dans les rôles qu'Almodóvar lui confie (*Attache-moi !, Kika,* et surtout son excellente prestation dans *Talons aiguilles*) qu'aux côtés d'Ana Belén et Ariadna Gil pour la belle saga que fut *Libertarias.* Parallèlement, Victoria Abril renoue avec la chanson, une vieille amie qu'elle avait délaissée. Parmi les personnalités les plus populaires en Espagne, elle continue à tourner autant en France qu'en Espagne.
– ***Pedro Almodóvar** (1951) :* il est né à Calzada de Calatrava, un petit village de la Manche, mais sa renommée est internationale, et il a largement mis en valeur Madrid dans ses films. On doit à l'enfant terrible de la Movida madrilène une fière chandelle pour avoir fait sauter la chape de plomb cinématographique de la dictature. Après quelques courts-métrages, c'est *Pepi, Luci, Bom et les autres filles du quartier* (1980) qui le révèle au grand public. Almodóvar affirme s'inspirer du cinéma espagnol des années 1950. *Femmes au bord de la crise de nerfs* (1987) délaisse le monde des marginaux et propose une satire de l'Espagne postfranquiste, des années fric et du « felipisme ». Almodóvar domine en maître incontesté les années 1980 et 1990 par sa tchatche hyper créative. En 1999, il reçoit le Prix de la mise en scène au Festival de Cannes, puis l'oscar du meilleur film non anglophone, pour *Tout sur ma mère,* dédié

à toutes les mères et à la sienne en particulier, décédée quelques mois après la sortie du film. À partir de 2002, avec le superbe *Parle avec elle* (pour lequel il rafle un oscar du meilleur scénario) puis *La Mauvaise Éducation* (2004), *Volver* (2006), *Étreintes brisées* (2009) et *La piel que habito* (2011), il prend ses distances avec le comique qu'il insufflait à ses films et aborde ses sujets, toujours très contemporains, avec des univers plus intimistes, comme pour provoquer le spectateur à regarder la société droit dans les yeux, sans le filtre de la satire. Retour récent à la comédie avec son dernier film *Les Amants passagers,* sorti en France en mars 2013, où l'angoisse d'un équipage convaincu que l'avion va s'écraser est tournée en dérision.

– ***Luis Buñuel*** *(1900-1983)* **:** cinéaste espagnol naturalisé mexicain. En 1925, il fuit la dictature de Primo de Rivera pour la France où il fait ses premières armes comme assistant du réalisateur Jean Epstein. Avec quelques copains, dont Dalí qu'il fréquentait déjà sur les bancs de la fac de Madrid, il réalise en 1928 *Un chien andalou,* manifeste surréaliste qui fait scandale. Après un exil aux États-Unis, il tourne au Mexique quelques productions commerciales et l'un de ses plus beaux films *(Los Olvidados),* sans toutefois s'éloigner de son précepte surréaliste et de son sens moral, puis retourne à ses premières amours, la France, où il réalise quelques-uns de ses chefs-d'œuvre : *Belle de jour* (1966) et *Tristana* (1970) avec Catherine Deneuve, *Le Charme discret de la bourgeoisie* (1972) et *Cet obscur objet du désir* (1977), avec la belle Carole Bouquet qui y faisait ses débuts au cinéma. Un musée entièrement consacré à sa vie et son œuvre a ouvert à Calanda, dans les environs d'Alcañiz.

– ***Penélope Cruz*** *(1974)* **:** fille d'une coiffeuse et d'un mécanicien, la sublimissime Madrilène est d'abord révélée par José Juan Bigas Luna dans *Jambon Jambon* (1993) avec Javier Bardem. Puis par – devinez qui ? – Almodóvar ! Avec *En chair et en os* (1997), *Tout sur ma mère* (1999), et bien d'autres encore. Almodóvar, fasciné par les personnages féminins, la met sur le devant de la scène dans *Volver* (2006) et *Étreintes brisées* (2009). Entre-temps, sa carrière internationale décolle : on la retrouve dans le western *The Hi-Lo Country* (1999), mais aussi aux côtés de Luc Besson ou de Woody Allen, ou dans *Pirates des Caraïbes* en 2011. En 2009, elle est la première actrice espagnole à remporter un oscar pour son rôle dans *Vicky Cristina Barcelona.* Côté vie privée, on retient ses 3 ans de relation avec Tom Cruise (et non pas Cruz !), mais surtout son mariage avec le beau Javier Bardem en 2010 et la naissance de leurs deux enfants.

– Et aussi : l'acteur ***Javier Bardem,*** certes canarien, mais d'une telle renommée (il fut le premier Espagnol à recevoir un oscar en 2001) qu'il est incontournable partout en Espagne ; ***Carmen Maura,*** qui, après *Tigre de Papel,* collabore pendant la décennie 1980 avec Almodóvar (encore lui) et franchit la frontière pour tourner, entre autres, *Le bonheur est dans le pré, Alice et Martin, ou Les femmes du 6e étage,* tout en restant fidèle à Almodóvar dans *Volver* ; ***Marisa Paredes,*** l'une des inoubliables héroïnes de *Tout sur ma mère.*

Littérature

– ***Miguel de Cervantes Saavedra*** *(1547-1616)* **:** né à Alcalá de Henares (environs de Madrid) dans une famille de *conversos* (juifs convertis). Quant au petit Miguel, il était bègue et... brillant poète. Condamné à l'âge de 20 ans à se faire trancher la main droite, pour avoir blessé quelqu'un en duel, il s'enfuit hors du pays. On le retrouve à Rome, domestique d'un cardinal (qui aurait été son amant). Il s'engage ensuite dans l'armée papale pour combattre les Turcs. Ironie du sort, il perd l'usage de la main gauche à la bataille de Lépante, en 1571. Après d'autres batailles, il est capturé par les Turcs et passe 5 ans emprisonné en Algérie. Selon ses biographes, il y deviendra l'amant du bey d'Alger ! Sa vie privée n'est d'ailleurs qu'une succession de scandales : il se maria pour des raisons financières, eut une fille qui n'était vraisemblablement pas de lui et vécut avec ses sœurs qui vendaient leurs charmes. Souvent endetté, il fit de la prison à plusieurs reprises (comme son père) et ne connut la gloire qu'à la fin de sa vie, avec la parution de

Don Quichotte. Il écrivit pourtant une vingtaine de pièces de théâtre, mais deux seulement sont parvenues jusqu'à nous. Preuve de sa grande force de caractère, il a réussi l'exploit de faire rire des générations de lecteurs avec son *Don Quichotte,* alors que sa propre existence n'aura été qu'une suite de malheurs et de catastrophes. Juste retour des choses : le père du roman moderne est aujourd'hui considéré comme l'un des plus grands écrivains de tous les temps...

– ***Federico García Lorca*** *(1898-1936) :* originaire de Fuente Vaqueros, près de Grenade, le poète publie à 20 ans ses premiers poèmes. Il se sent proche de l'âme gitane, et la tauromachie l'inspire. C'est *Romancero Gitano* qui le fait connaître en 1928, puis il y a *Poeta en Nueva York* qu'il publie à l'issue d'un voyage aux États-Unis. Il revient à Grenade en 1936, en pleine terreur phalangiste. On l'arrête comme sympathisant républicain. Il est très rapidement et sommairement exécuté à Víznar la même année.

– ***Jorge Semprún*** *(1923-2011) :* né à Madrid, Semprún subit très tôt les conséquences du totalitarisme. À l'âge de 14 ans, il s'exile avec sa famille – chassée d'Espagne par Franco – en France, où il étudie la philosophie à la Sorbonne. Quatre années plus tard, il devient résistant et entre au parti communiste espagnol, avant d'être déporté à Buchenwald en 1943. Dès lors, il est de tous les combats politiques, tout en menant parallèlement des activités littéraires : d'abord traducteur pour l'Unesco, il devient un écrivain de renom et décroche des prix. Semprún écrit aussi des scénarios engagés pour les cinéastes Alain Resnais, Joseph Losey et Costa-Gavras *(Z, L'Aveu).* De 1988 à 1991, il est ministre de la Culture du gouvernement espagnol. Il a fini sa vie à Paris où il se consacra essentiellement à l'écriture.

– ***Rosa Montero*** *(1951) :* née à Madrid (et elle y vit toujours), journaliste et romancière, elle signe des textes, comme *Le territoire des Barbares*, *La fille du Cannibale* ou *Instructions pour sauver le monde,* toujours puissant, aux univers très personnels, à mi-chemin de la quête initiatique et du polar. Son talent est d'ailleurs récompensé par plusieurs prix, en Espagne.

Peinture et beaux-arts

El Greco, crétois d'origine, élève de Titien, servit Rome d'abord puis Tolède, et peignit essentiellement des portraits, des images de dévotion et des retables. Le sévillan ***Diego de Silva Velázquez,*** loin de flatter la Cour dont il était pourtant peintre officiel, réalisa avec beaucoup d'audace son plus célèbre tableau, *Les Ménines.* Très influencé par l'Italie où il résidera 2 ans, il y exécutera l'un des seuls nus de la peinture espagnole, *Vénus au miroir.* Quant à ***Goya,*** nous retiendrons surtout *Les Fusillades du 3 mai 1808,* toile inspirée par l'invasion des troupes napoléoniennes en Espagne où l'on voit des condamnés tomber sous le feu du peloton d'exécution et qui célèbre la liberté. ***Zurbarán,*** quant à lui, décora le Buen Retiro de Madrid ; et de ***Miró,*** citons le chef-d'œuvre, *La Naissance du monde.* Vinrent ensuite ***Picasso,*** le monstre sacré, symbole de l'art du XXe s, père du cubisme et du surréalisme, l'exubérant ***Dalí*** et ses célèbres montres molles, ***Gaudí,*** la plus grande figure de l'architecture catalane, pilier de l'Art nouveau, ***Tàpies,*** marqué par la guerre civile et ses atrocités, dont le style mêle huile, marbre pulvérisé, pigments en poudre ou latex,

MYSTICISME OU PRAGMATISME ?

Paradoxalement, le Greco ne connut pas une existence aussi mystique que son œuvre : il vivait à Tolède, en concubinage (pas très catholique...), et lisait de la poésie profane (pour rester pudique, disons profane !). De plus, connaissant la valeur de son art, il vendait ses toiles fort cher... Car, contrairement à certaines légendes, les artistes ne vivent pas seulement d'amour et d'eau fraîche !

altérés par des signes informels, ***Miquel Barceló*** (né aux Baléares), valeur sûre de l'art contemporain espagnol, qui joue avec la matière et ses influences africaines. Et tant d'autres...

Politique

– ***Felipe VI*** *(1968)* **:** ancien prince des Asturies et nouveau roi d'Espagne. Enfant modèle, le benjamin de la fratrie royale fait ses armes à l'académie militaire de Saragosse, étudie le droit à Madrid puis les relations internationales à l'université de Georgetown. En 2004, il épouse Letizia Ortiz, malgré ses origines modestes (qui ne sont pas sans rappeler son pendant britannique, Kate Middleton), sa famille républicaine, et surtout son divorce. Mais l'amour l'emporte et donnera naissance aux infantes Leonor en 2005 et Sofia en 2007. Felipe, plutôt austère et mesuré, voit sa popularité augmenter à mesure que celle de son père diminue. Sérieux, travailleur, moderne (et écolo !) – la presse et l'opinion publique l'encensent – il est apprécié par 66 % des Espagnols en 2013, dans un contexte de récession où l'on remarque davantage sa discrétion et sa simplicité. L'éloquence de ses discours et sa réputation immaculée font de lui un représentant digne de l'Espagne. De plus, sa maîtrise du catalan est un atout dans ce contexte de montée du régionalisme.

FELIPE VI, ROI DE CORSE ?

Lors de son couronnement, Felipe VI n'a pas seulement été sacré roi d'Espagne, il est aussi roi de Corse, duc et comte palatin de Bourgogne, comte du Roussillon, landgrave d'Alsace, comte du Haut-Rhin... Au total, plus d'une centaine de titres farfelus qu'il hérite de ses origines bourboniennes et habsbourgeoises. C'est au nom de la tradition et grâce à ses ancêtres Louis XIV et Charles Quint que Felipe hérite de ces prérogatives obsolètes.

RELIGIONS ET CROYANCES

À ce propos, les clichés ont la vie dure : l'Espagne apparaît à beaucoup comme un pays très catholique, très empreint de religiosité, où toutes les femmes s'appelleraient María Dolores et les hommes Jesús ou José. Qu'en est-il réellement ?

Certes, d'après de récents sondages, 73 % des Espagnols (94 % officiellement) se reconnaissent de confession catholique, ce qui laisse peu de place pour les autres obédiences. Mais ce chiffre, qui donne l'image d'un catholicisme triomphant, cache une baisse prononcée de la fréquentation des églises, notamment lors de la messe dominicale, et surtout chez les jeunes. D'ailleurs, 22 % des Espagnols s'affirment agnostiques ou athées. Se déclarer catholique ne signifie d'ailleurs pas forcément avoir la foi, mais plutôt être de culture catholique et se conformer à certains rites. Et dans ce domaine, on peut affirmer que le pays demeure très traditionaliste. Le baptême, la communion, le mariage à l'église sont autant d'événements sociaux incontournables dans la vie de tout Espagnol qui se respecte. Leur fonction consiste plutôt à étaler ses richesses et à impressionner sa famille et ses voisins qu'à manifester sa foi. Il suffit pour s'en convaincre de jeter un œil sur les accoutrements des communiants : costume de capitaine de frégate pour

L'AURÉOLE DES SAINTS

Partout dans la chrétienté, l'auréole est le symbole des saints. Au départ, on apposait un disque métallique, juste pour protéger la tête des statues de la chute de pierres ou de la tombée des eaux qui suintent des plafonds. Peu à peu, les fidèles ont cru que cette protection était l'attribut de la sainteté...

lui, le plus cher possible, robe de mariée pour elle, couverte de fanfreluches ; c'est clairement l'exhibition méditerranéenne (que l'on retrouve aussi en Italie, par exemple).
En fait, la religion reste souvent le meilleur prétexte pour faire la fête : aux nombreux jours fériés à caractère religieux s'ajoutent les différentes fêtes des villes et des villages données en l'honneur du saint patron local, tandis que la Semaine sainte et ses processions mettent les Espagnols dans un état proche de l'hystérie collective. Une hystérie à travers laquelle se mêlent joie de vivre l'instant et authentique ferveur religieuse.
Et les non-catholiques dans tout ça ? Eh bien, comptez un peu moins de 1 million de musulmans dans tout le pays, issus pour la plupart de l'immigration, bien que se développe un îlot de nouveaux convertis à Grenade. Les quelques protestants et mormons égarés dans le pays (environ 310 000) sont également pour moitié des immigrés, en provenance de l'Europe du Nord. Les juifs seraient environ 50 000. Quant aux sectes, elles paraissent peu implantées, et souvent liées aux mouvements d'extrême droite.

LES MARRANES

En 1492, les rois catholiques obligèrent les juifs à s'enfuir ou à se convertir. Appelés marranes, ils pratiquaient leur religion en secret. Certains sont célèbres : Montaigne, Spinoza, Juan Miró et même... Christophe Colomb. Le grand inquisiteur Torquemada, chargé de chasser les juifs, était marrane. Un comble !

SAVOIR-VIVRE ET COUTUMES

– Au restaurant, le service est compris comme en France. Libre à vous ensuite de laisser ou non un ***pourboire,*** ce dernier étant plus fréquent dans les restos chic que dans les bars ou les cantines.
– Il est un rituel que l'on retrouve dans toute la péninsule Ibérique, celui du ***paseo*** (littéralement la promenade). Vers 19h-20h, avant le dîner, les Espagnols ont l'habitude de déambuler dans les rues de la ville, le long des promenades de bord de mer par exemple, en famille ou entre amis. L'élégance est de mise, chez les grands comme chez les petits. C'est un moment très convivial, souvent ponctué de retrouvailles : on croise un voisin, on dit bonjour à une cousine, « Et comment va Isabel ? », puis on finit par s'asseoir sur un banc pour regarder les autres passer... Un spectacle à ne pas manquer.
– Il y a peu de ***toilettes publiques,*** mais on peut plus facilement qu'en France utiliser les toilettes des cafés et restos.

ON SE DIT TU ?

Le tutoiement est bien plus utilisé qu'en français. Un désir d'amitié et de sympathie qui surprend quand un chauffeur de taxi vous tutoie, par exemple. Il s'agit aussi d'un rejet du formalisme. On vouvoie plutôt les supérieurs hiérarchiques ou les personnes âgées. Mais pas toujours !

Fêtes à toutes les sauces

Toutes les excuses sont bonnes en Espagne pour organiser une fête. Bien sûr, tous les saints y passent mais aussi les escargots, les ânes, les récoltes, les taureaux ! Il y en a pour tous les goûts et pour toutes les folies : on se fait courser par des taureaux aux *San Fermines* de Pampelune, on roue de coups un pauvre âne à Villanueva de la Vera (Cáceres), on est submergé de tomates à Buñol (Valence), on se gave de couleurs au carnaval de Ténérife...

On a compté plus de 25 000 fêtes par an, soit une fête toutes les 20 mn ! Et pour la plupart concentrées en été : il y a de quoi s'amuser ! L'origine de ces fêtes est avant tout religieuse. Le christianisme naissant a récupéré toutes les fêtes païennes pour se faire accepter et, au contraire du protestantisme de l'Europe du Nord, est resté attaché à toutes les commémorations et à tous les vieux rites.
Dans le centre de l'Espagne, il faut retenir surtout la *San Isidro,* fêtée de manière impressionnante à Madrid avec les plus prestigieuses corridas, des concerts, feux d'artifice... En juin, on célèbre le Corpus Christi (Fête-Dieu) partout en Espagne mais c'est à Tolède que les processions attirent le plus les foules !
Fait paradoxal, la chape de plomb franquiste une fois levée n'a pas eu d'effet sur la ferveur festive. Les Espagnols l'affirment eux-mêmes : au-delà de la religion, c'est leur identité qu'ils célèbrent. Comme le souligne Philippe Noury, du *Monde* : « Pas touche à des choses aussi sérieuses ! Devant les assauts de l'Europe puritaine, l'Espagne dressera encore longtemps son mur de fêtes et de beauté. »

SITES INSCRITS AU PATRIMOINE MONDIAL DE L'UNESCO

Organisation des Nations Unies pour l'éducation, la science et la culture

En coopération avec le centre du patrimoine mondial de l'UNESCO

Pour figurer sur la liste du Patrimoine mondial, les sites doivent avoir une valeur universelle exceptionnelle et satisfaire à au moins un des 10 critères de sélection. La protection, la gestion, l'authenticité et l'intégrité des biens sont également des considérations importantes.
Le patrimoine est l'héritage du passé dont nous profitons aujourd'hui et que nous transmettons aux générations à venir. Nos patrimoines culturel et naturel sont deux sources irremplaçables de vie et d'inspiration. Ces sites appartiennent à tous les peuples du monde, sans tenir compte du territoire sur lequel ils sont situés. Pour plus d'informations : • *whc.unesco.org* •
– Dans la province de Madrid : le monastère et le site de l'Escurial (San Lorenzo de El Escorial, 1984), l'université et le quartier historique d'Alcalá de Henares (1998), et le paysage culturel d'Aranjuez (2001).

TAPAS

Bienvenue dans notre chapitre préféré ! La ***tournée des bars à tapas*** est un art (de vivre) espagnol auquel on se doit de rendre hommage... *El Via Crucis* (le chemin de Croix, pardi !) ! On « égrène » les troquets comme les grains d'un chapelet... On arrive à plusieurs dans un endroit, on rencontre d'autres amis, on part avec l'un ou l'autre pour en retrouver d'autres ailleurs, on se donne rendez-vous plus tard avec les précédents... Les tapas font partie de ce pèlerinage convivial. Vous serez vite converti.

Un peu d'histoire

D'où vient la tradition des tapas ? Sachez que dans les couloirs de la rédaction du *Routard,* une querelle fait rage. Un peu similaire à celle des Anciens et des Modernes. Les premiers affirment que l'origine des tapas est d'émanation royale. En effet, pour lutter contre l'alcoolisme, un roi (dont on a oublié le nom) aurait obligé les débits de boissons à poser une assiette avec un en-cas sur le verre de vin. Les Modernes, eux, soutiennent que les tapas auraient été créées dans un but uniquement utilitariste : pour éviter que les mouches ne tombent dans le verre de vin. Comme ça faisait un peu tristounet, une soucoupe vide, on ajouta une olive pour faire joli. Dans une théorie comme dans l'autre, *tapar* signifiant « couvrir,

boucher », l'en-cas prit rapidement le nom de *tapas.* De nombreux bars populaires proposent des tapas mais ne l'affichent pas forcément. Demander : « *¿ De tapeo, qué hay ?* »
Avant, le prix des tapas était toujours compris dans la boisson. C'est encore souvent le cas dans les campagnes et les petites villes, plus rarement dans les grandes – à l'exception des olives et cacahuètes servies parfois gracieusement avec la bière.

Ir de tapeo

Si c'est la première fois que vous débarquez en Espagne, vous vous demandez probablement pourquoi le soir, quel que soit le jour, les bars sont bondés. Tout simplement parce que les Espagnols ont l'habitude de téléphoner à leurs potes pour « aller de tapas en tapas » *(ir de tapeo).* Ils se donnent tous rendez-vous dans leur bar favori et parcourent les *mesones* au gré de leurs envies et des spécialités des maisons. Ici, *morcilla,* là, tortilla. On mange debout (mais ce n'est pas grave, puisque l'on n'y reste pas longtemps) en s'essuyant le coin du bec avec une serviette en papier cigarette, c'est souvent plus économique et moins formel qu'un restaurant où l'on doit s'asseoir et attendre les plats, faire risette au serveur, se faire servir du vin. Pour les néophytes, il ne faut pas avoir peur d'insister auprès des serveurs. Ils sont souvent débordés et il leur arrive d'oublier carrément la commande. Animation garantie, sauf à l'heure de la sieste (entre 15h et 18h-19h environ), où tous les bars sont fermés.
Rappelons que ces infernales gourmandises appelées *tapas* ont vite dépassé le stade des simples amuse-gueules pour devenir de véritables échantillons de dégustation. Certains bars à tapas fonctionnent comme nos traiteurs, avec un choix étonnant de spécialités maison, plats du jour, etc. Ces amuse-gueules, selon l'inspiration du patron, vont des anchois sur toast aux tranches de chorizo, des lamelles de jambon aux salades composées, des minipaellas aux sardines, des champignons à l'ail aux *boquerones* (anchois frais) à l'huile... Généralement préparées le matin et vendues au fil de la journée, il arrive aussi qu'elles soient préparées à la commande – le nec plus ultra. Dans les bars chic, certaines prennent des airs de haute cuisine miniature.
– Si vous n'êtes pas doué dans la langue de Cervantes, pas de panique : les tapas étant généralement conservées sur le bar dans une vitrine réfrigérée, il suffit de pointer le doigt sur ce qui vous inspire. En revanche, il faut parfois demander combien elles coûtent car les prix ne sont pas toujours indiqués – histoire d'éviter les malentendus lors de l'addition. En général, ***trois ou quatre tapas constituent un repas léger.*** Les prix pratiqués sont sensiblement les mêmes partout, allant d'un bon 1,50 € pour les classiques (tortilla, etc.), à 8-12 € environ pour une assiette *(ración)* de jambon cru ou de fromages. Vous croiserez aussi souvent des *pinchos* (ou *pintxos,* un mot basque) : c'est une tapa en quelque sorte, un gros canapé sur une tranche de pain tenu par une pique genre cure-dents.

les ROUTARDS sur la FRANCE 2017-2018

(dates de parution sur • routard.com •)

Découpage de la FRANCE par le ROUTARD

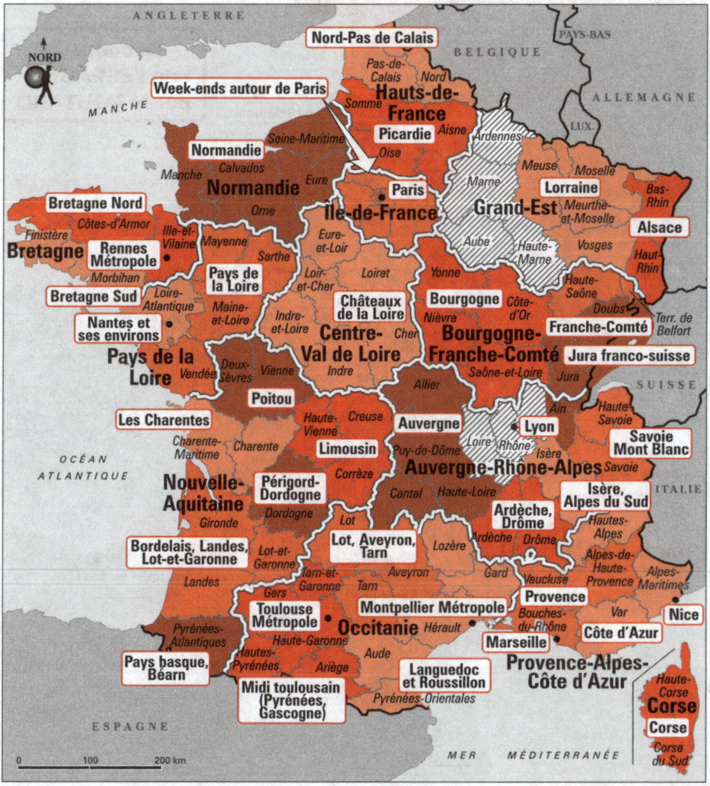

Autres guides nationaux

- Hébergements insolites en France (mars 2017)
- La Loire à Vélo
- La Vélodyssée (Roscoff-Hendaye)
- Nos meilleurs campings en France
- Nos meilleures chambres d'hôtes en France
- Nos meilleurs restos en France
- Les visites d'entreprises

Autres guides sur Paris

- Paris
- Paris balades
- Restos et bistrots de Paris
- Le Routard des amoureux à Paris
- Week-ends autour de Paris

les ROUTARDS sur l'ÉTRANGER 2017-2018

(dates de parution sur • **routard.com** •)

Découpage de l'ESPAGNE par le ROUTARD

Découpage de l'ITALIE par le ROUTARD

Autres pays européens

- Allemagne
- Angleterre, Pays de Galles
- Autriche
- Belgique
- Budapest, Hongrie
- Capitales baltes (avril 2017)
- Crète
- Croatie
- Danemark, Suède
- Écosse
- Finlande
- Grèce continentale
- Îles grecques et Athènes
- Irlande
- Islande
- Madère
- Malte
- Norvège
- Pologne
- Portugal
- République tchèque, Slovaquie
- Roumanie, Bulgarie
- Suisse

Villes européennes

- Amsterdam et ses environs
- Berlin
- Bruxelles
- Copenhague
- Dublin
- Lisbonne
- Londres
- Moscou
- Prague
- Saint-Pétersbourg
- Stockholm
- Vienne

les ROUTARDS sur l'ÉTRANGER 2017-2018

(dates de parution sur • *routard.com* •)

Découpage des ÉTATS-UNIS par le ROUTARD

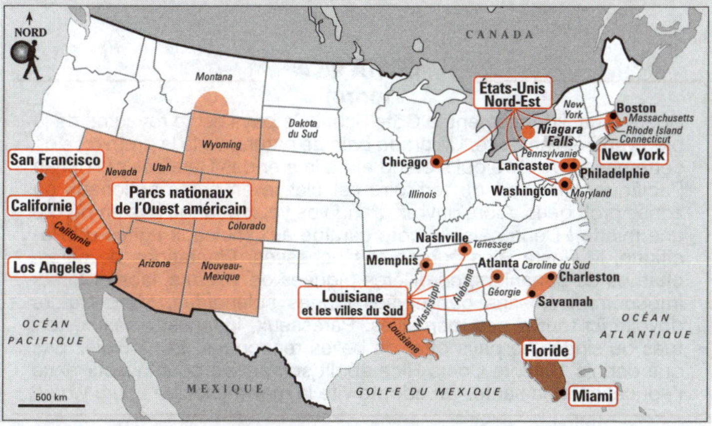

Autres pays d'Amérique

- Argentine
- Brésil
- Canada Ouest
- Chili et île de Pâques
- Costa Rica (novembre 2016)
- Équateur et les îles Galápagos
- Guatemala, Yucatán et Chiapas
- Mexique
- Montréal
- Pérou, Bolivie
- Québec, Ontario et Provinces maritimes

Asie et Océanie

- Australie côte est + Red Centre
- Bali, Lombok
- Bangkok
- Birmanie (Myanmar)
- Cambodge, Laos
- Chine
- Hong-Kong, Macao, Canton
- Inde du Nord
- Inde du Sud
- Israël et Palestine
- Istanbul
- Jordanie
- Malaisie, Singapour
- Népal
- Shanghai
- Sri Lanka (Ceylan)
- Thaïlande
- Tokyo, Kyoto et environs
- Turquie
- Vietnam

Afrique

- Afrique du Sud
- Égypte
- Kenya, Tanzanie et Zanzibar
- Maroc
- Marrakech
- Sénégal
- Tunisie

Îles Caraïbes et océan Indien

- Cuba
- Guadeloupe, Saint-Martin, Saint-Barth
- Île Maurice, Rodrigues
- Madagascar
- Martinique
- République dominicaine (Saint-Domingue)
- Réunion

Guides de conversation

- Allemand
- Anglais
- Arabe du Maghreb
- Arabe du Proche-Orient
- Chinois
- Croate
- Espagnol
- Grec
- Italien
- Japonais
- Portugais
- Russe
- G'palémo (conversation par l'image)

Les Routards Express

Amsterdam, Barcelone, Berlin, Bruxelles, Budapest, Dublin, Florence, Istanbul, Lisbonne, Londres, Madrid, Marrakech, New York, Prague, Rome, Venise.

Nos coups de cœur

- Les 50 voyages à faire dans sa vie (nouveauté)
- Nos 52 week-ends dans les plus belles villes d'Europe
- France
- Monde

NOS NOUVEAUTÉS

COSTA RICA
(paru)

Costa Rica, littéralement la Côte riche. Ce pays est le royaume de la biodiversité planétaire. Un grand bain de nature, voilà la promesse de cette bande de terre qui s'étend entre la mer des Caraïbes et l'océan Pacifique. Un quart du territoire est classé en parcs nationaux ou zones protégées. Alors ouvrez grand vos yeux pour ne pas en perdre une miette ! De la paisible côte caraïbe aux rouleaux agités du Pacifique, le Costa Rica égrène ses richesses. Plantations de cafés, champs de bananiers, cordillères piquées de volcans, lacs et forêts impénétrables, sans oublier ses plages splendides, Mère Nature dévoile ici toutes ses merveilles. Paresseux, iguanes, oiseaux, tortues ou singes, le pays offre de belles rencontres. Et n'oubliez pas que depuis 1948, le Costa Rica abolit son armée pour investir dans l'éducation et la santé. On adopte vite la maxime locale : *pura vida !*

MADRID
(janvier 2017)

Madrid me mata ! Toujours tuante, Madrid, comme le proclamait l'époque Movida ? Oui, de plaisir, et plus que jamais. Madrid se joue des extrêmes. La capitale de l'Espagne aligne des musées stupéfiants et propose aussi des ambiances de village dans chaque quartier, aux identités bien marquées. On plonge dans l'univers de Picasso au Museo Reina Sofia *(Guernica !)* ou une journée d'éblouissement au Prado (Goya, Velázquez, et l'incroyable Jérôme Bosch) ou au Museo Thyssen-Bornemysza, les bars à tapas, traditionnels ou osés. Et la nuit se prolonge souvent : entre deux placettes autour de la plaza Mayor, au long du barrio de Las Letras, en dévalant La Latina et les ruelles cosmopolites de Lavapiés, de Malasaña la rebelle ou du gay-friendly Chueca... Autant de mondes à savourer ! Plus que jamais capitale et dynamique, la ville prend le tournant durable en développant un vaste réseau de pistes cyclabes et en aménageant ses rives de bouffées d'esapces verts. À découvrir entre potes, en famille ou en couple, définitivement.

NOS NOUVEAUTÉS

NOS 52 WEEK-ENDS COUPS DE CŒUR DANS LES VILLES D'EUROPE (paru)

Partir à la découverte des grands canaux à Amsterdam. Se rendre dans le plus vieux pub de Dublin. Sonder l'âme andalouse de Séville. Suivre la trace des écrivains russes à Saint-Pétersbourg. Pénétrer dans le bouillonnant marché du Capo à Palerme. Découvrir le design finlandais à Helsinki. Tester la scène électro à Vienne ou s'offrir une folle nuit dans les boîtes branchées de Barcelone... Que vous partiez en amoureux, entre amis ou bien en famille, vos pieds vont battre le macadam ! Entre culture, itinéraires secrets, gastronomie, *street food* et lieux tendance, voici un nouveau livre de photos. Notre best of des 52 plus belles villes d'Europe. On vous propose aussi bien les grands classiques que les suggestions les plus branchées, voire les plus inattendues. Bref, tous les éléments pour choisir votre prochain weed-end *low cost*. Vous saurez tout sur ces villes mythiques, le temps d'une escapade.

Espace offert par l'annonceur – Avec le soutien de l'agence EURO RSCG C&O
RÉPARER LES VIES
HANDICAP
INTERNATIONAL

Document à caractère publicitaire

routard assurance COURTE DURÉE

routard assurance

Voyages de moins de 8 semaines

RÉSUMÉ DES GARANTIES*	MONTANT MAXIMUM DES GARANTIES
FRAIS MÉDICAUX (pharmacie, médecin, hôpital)	100 000 € U.E. / 300 000 € Monde entier
Agression (déposer une plainte à la police dans les 24 h)	Inclus dans les frais médicaux
Rééducation / kinésithérapie / chiropractie	Prescrite par un médecin suite à un accident
Frais dentaires d'urgence	75 €
Frais de prothèse dentaire	500 € par dent en cas d'accident caractérisé
Frais d'optique	400 € en cas d'accident caractérisé
RAPATRIEMENT MÉDICAL	Frais illimités
Rapatriement médical et transport du corps	Frais illimités
Visite d'un parent si l'assuré est hospitalisé plus de 5 jours	2 000 €
CAPITAL DÉCÈS	15 000 €
CAPITAL INVALIDITÉ À LA SUITE D'UN ACCIDENT**	
Permanente totale	75 000 €
Permanente partielle (application directe du %)	De 1 % à 99 %
RETOUR ANTICIPÉ	
En cas de décès accidentel ou risque de décès d'un parent proche (conjoint, enfant, père, mère, frère, sœur)	Billet de retour
PRÉJUDICE MORAL ESTHÉTIQUE (inclus dans le capital invalidité)	15 000 €
ASSURANCE RESPONSABILITÉ CIVILE VIE PRIVÉE	
Dommages corporels garantis à 100 % y compris honoraires d'avocats et assistance juridique accidents	750 000 €
Dommages matériels garantis à 100 % y compris honoraires d'avocats et assistance juridique accidents	450 000 €
Dommages aux biens confiés	1 500 €
FRAIS DE RECHERCHE ET DE SAUVETAGE	2 000 €
AVANCE D'ARGENT (en cas de vol de vos moyens de paiement)	1 000 €
CAUTION PÉNALE	7 500 €
ASSURANCE BAGAGES	2 000 € (limite par article de 300 €)***

* Les garanties indiquées sont valables à date d'édition du Guide Le Routard. Par conséquent, nous vous invitons à prendre connaissance préalablement de l'intégralité des Conditions générales mises à jour sur www.avi-international.com ou par téléphone au 01 44 63 51 00 (coût d'un appel local).

** 15 000 euros pour les plus de 60 ans.

*** Les objets de valeur, bijoux, appareils électroniques, photo, ciné, radio, mp3, tablette, ordinateur, instruments de musique, jeux et matériel de sport, embarcations sont assurés ensemble jusqu'à 300 €.

PRINCIPALES EXCLUSIONS* (communes à tous les contrats d'assurance voyage)

- Les conséquences d'événements catastrophiques et d'actes de guerre,
- Les conséquences de faits volontaires d'une personne assurée,
- Les conséquences d'événements antérieurs à l'assurance,
- Les dommages matériels causés par une activité professionnelle,
- Les dommages causés ou subis par les véhicules que vous utilisez,
- Les accidents de travail manuel et de stages en entreprise (sauf avec l'option Sports et Loisirs Plus),
- L'usage d'un véhicule à moteur à deux roues et les sports dangereux : surf, rafting, escalade, plongée sous-marine (sauf avec l'option Sports et Loisirs Plus).

Souscrivez en ligne sur www.avi-international.com ou appelez le 01 44 63 51 00*

AVI Travel insurance and much more

INDEX GÉNÉRAL

INDEX GÉNÉRAL

INDEX GÉNÉRAL

LISTE DES CARTES ET PLANS

Nous tenons à remercier tout particulièrement Loup-Maëlle Besançon, Thierry Bessou, Gérard Bouchu, François Chauvin, Grégory Dalex, Fabrice Doumergue, Cédric Fischer, Carole Fouque, Michelle Georget, David Giason, Claude Hervé-Bazin, Emmanuel Juste, Dimitri Lefèvre, Fabrice de Lestang, Romain Meynier, Éric Milet, Pierre Mitrano, Jean-Sébastien Petitdemange et Thomas Rivallain pour leur collaboration régulière.

Emmanuelle Bauquis
Jean-Jacques Bordier-Chêne
Michèle Boucher
Sophie Cachard
Lucie Colombo
Agnès Debiage
Émilie Debur
Jérôme Denoix
Flora Descamps
Louise Desmoulins
Tovi et Ahmet Diler
Clélie Dudon
Sophie Duval
Alain Fisch
Roman Fossurier
Bérénice Glanger
Adrien et Clément Gloaguen
Marie Gustot
Bernard Hilaire
Sébastien Jauffret
Jacques Lemoine
Amélie Mikaelian
Caroline Ollion
Martine Partrat
Odile Paugam et Didier Jehanno
Émilie Pujol
Prakit Saiporn
Jean-Luc et Antigone Schilling
Caroline Vallano

Direction : Nathalie Bloch-Pujo
Contrôle de gestion : Jérôme Boulingre et Adeline Cazabat Barrere
Secrétariat : Catherine Maîtrepierre
Direction éditoriale : Catherine Julhe
Édition : Matthieu Devaux, Géraldine Péron, Olga Krokhina, Gia-Quy Tran, Julie Dupré, Emmanuelle Michon, Sarah Favaron, Ludmilla Guillet, Coralie Piron, Flora Sallot, Elvire Tandjaoui, Quentin Tenneson, Clémence Toublanc et Sandra Vavdin
Préparation-lecture : Muriel Lucas
Cartographie : Frédéric Clémençon et Aurélie Huot
Fabrication : Nathalie Lautout et Audrey Detournay
Relations presse France : COM'PROD, Fred Papet. ☎ 01-70-69-04-69. • *info@comprod.fr* •
Direction marketing : Adrien de Bizemont, Clémence de Boisfleury et Charlotte Brou
Contacts partenariats : André Magniez (EMD). • *andremagniez@gmail.com* •
Édition des partenariats : Élise Ernest
Informatique éditoriale : Lionel Barth
Couverture : Clément Gloaguen et Seenk
Maquette intérieure : le-bureau-des-affaires-graphiques.com, Thibault Reumaux et npeg.fr
Relations presse : Martine Levens (Belgique) et Maureen Browne (Suisse)
Régie publicitaire : Florence Brunel-Jars

Remarque importante aux hôteliers et restaurateurs

Les enquêteurs du *Routard* travaillent dans le plus strict anonymat. Aucune réduction, aucun avantage quelconque, aucune rétribution n'est jamais demandé en contrepartie. Face aux aigrefins, la loi autorise les hôteliers et restaurateurs à porter plainte.

Avis aux lecteurs

Le Routard, ce n'est pas comme le bon vin, il vieillit mal. On ne veut pas pousser à la consommation, mais évitez de partir avec une édition ancienne. Les modifications sont souvent importantes.

Les réductions accordées à nos lecteurs ne sont jamais demandées par nos rédacteurs afin de préserver leur indépendance. Les hôteliers et restaurateurs sont sollicités par une société de mailing, totalement indépendante de la rédaction, qui reste donc libre de ses choix. De même pour les autocollants et plaques émaillées.

Avec routard.com, choisissez, organisez, réservez et partagez vos voyages !

✓ Rejoignez la plus grande communauté francophone de voyageurs : plus de **2 millions** de visiteurs !

✓ Échangez avec les routarnautes : forums, photos, avis d'hôtels.

✓ Retrouvez aussi toutes les informations actualisées pour choisir et préparer vos voyages : plus de 200 fiches pays, une centaine de dossiers pratiques et un magazine en ligne pour découvrir tous les secrets de votre destination.

✓ Enfin, comparez les offres pour organiser et réserver votre voyage au meilleur prix.

Les Routards *parlent aux* Routards

Faites-nous part de vos expériences, de vos découvertes, de vos tuyaux. Indiquez-nous les renseignements périmés. Aidez-nous à remettre l'ouvrage à jour. Faites profiter les autres de vos adresses nouvelles, combines géniales... On adresse un exemplaire gratuit de la prochaine édition à ceux qui nous envoient les lettres les meilleures, pour la qualité et la pertinence des informations. Quelques conseils cependant:

- Envoyez-nous votre courrier le plus tôt possible afin que l'on puisse insérer vos tuyaux sur la prochaine édition.
- N'oubliez pas de préciser l'ouvrage que vous désirez recevoir, ainsi que votre adresse postale.
- Vérifiez que vos remarques concernent l'édition en cours et notez les pages du guide concernées par vos observations.
- Quand vous indiquez des hôtels ou des restaurants, pensez à signaler leur adresse précise et, pour les grandes villes, les moyens de transport pour y aller. Si vous le pouvez, joignez la carte de visite de l'hôtel ou du resto décrit.
- N'écrivez si possible que d'un côté de la lettre (et non recto verso).
- Bien sûr, on s'arrache moins les yeux sur les lettres dactylographiées ou correctement écrites !

En tout état de cause, merci pour vos nombreuses lettres.

122, rue du Moulin-des-Prés, 75013 Paris

• *guide@routard.com* • *routard.com* •

Routard Assurance *2017*

Née du partenariat entre *AVI International* et le *Routard*, *Routard Assurance* est une assurance voyage complète qui offre toutes les prestations d'assistance indispensables à l'étranger : dépenses médicales, pharmacie, frais d'hôpital, rapatriement médical, caution et défense pénale, responsabilité civile vie privée et bagages. Présent dans le monde entier, le plateau d'assistance d'*AVI International* donne accès à un vaste réseau de médecins et d'hôpitaux. Pas besoin d'avancer les frais d'hospitalisation ou de rapatriement. Numéro d'appel gratuit, disponible 24h/24. *AVI International* dispose par ailleurs d'une filiale aux États-Unis qui permet d'intervenir plus rapidement auprès des hôpitaux locaux. À noter, *Routard Assurance Famille* couvre jusqu'à 7 personnes, et *Routard Assurance Longue Durée Marco Polo* couvre les voyages de plus de 2 mois dans le monde entier. *AVI International* est une équipe d'experts qui répondra à toutes vos questions par téléphone : ☎ 01-44-63-51-00 ou par mail • *routard@avi-international.com* • Conditions et souscription sur • *avi-international.com* •

Édité par Hachette Livre (58, rue Jean-Bleuzen, CS 70007, 92178 Vanves Cedex, France)
Photocomposé par Jouve (45770 Saran, France)
Imprimé par Jouve 2 (Quai n° 2, 733, rue Saint-Léonard, BP 3, 53101 Mayenne Cedex, France)
Achevé d'imprimer le 02 janvier 2017
Collection n° 13 - Édition n° 01
84/5547/8
I.S.B.N. 978-2-01-330207-4
Dépôt légal : janvier 2017

PAPIER À BASE DE FIBRES CERTIFIÉES